LOS OBJETIVOS DE DESARROLLO SOSTENIBLE: PRINCIPALES DESAFÍOS JURÍDICOS

MARTA MARCOS CARDONA
VICTORIA SELMA PENALVA
(Directoras)

NORBERTO MIRAS MARÍN
(Coordinador)

LOS OBJETIVOS DE DESARROLLO SOSTENIBLE: PRINCIPALES DESAFÍOS JURÍDICOS

UMU IURIS

laPlataforma
ACCIÓN SOCIAL

Dykinson, S. L.

Este libro ha sido sometido a evaluación por parte de nuestro Consejo Editorial
Para mayor información, véase www.dykinson.com/quienes_somos

Editorial DYKINSON, S.L. Meléndez Valdés, 61 - 28015 Madrid
Teléfono (+34) 91 544 28 46 - (+34) 91 544 28 69
e-mail: info@dykinson.com
http://www.dykinson.es
http://www.dykinson.com

ISBN: 978-84-1377-879-2
Depósito Legal: M-37202-2021

Maquetación:
german.balaguer@gmail.com

ÍNDICE

PRÓLOGO

DAVID LORENZO MORILLAS FERNÁNDEZ
Decano de la Facultad de Derecho de la Universidad de Murcia
Catedrático de Derecho Penal

Quisiera que mis primeras palabras en este prefacio expresaran gratitud y reconocimiento intelectual a todas las personas que han hecho posible esta obra. Si en septiembre de 2021 tuvimos el honor de acoger en la Facultad de Derecho de la Universidad de Murcia el I Congreso Internacional UMU IURIS sobre desarrollo Sostenible, tenemos ahora el privilegio –gracias a la proverbial generosidad de las profesoras Marta Marcos Cardona y Victoria Selma Penalva– de contar con unas breves reflexiones de lo expuesto formando parte de un libro que está llamado a ser, por valor y utilidad de las aportaciones recogidas en sus páginas, un instrumento bibliográfico de referencia.

La presente obra colectiva recoge una mirada holística sobre una materia de permanente interés para el Derecho: el desarrollo económico sostenible. En efecto, la evolución económica de nuestra sociedad siempre ha atraído la atención de especialistas y profanos; de los primeros, porque suscita profundos problemas de índole teórica y práctica; de los segundos, porque constituye un importante motivo de preocupación para buena parte de los ciudadanos. A nadie se le oculta que este tema ha cobrado especial relieve en la actualidad, ya que el complejo escenario en el que nos encontramos está estrechamente ligado a los vaivenes económicos, sociales, medioambientales e incluso sanitarios. No ha sido el Derecho la causa de la crisis perpetua en la que parece que vivimos, pero sí puede ser un medio eficaz que facilite la recuperación y la estabilización.

Es cierto que el panorama no es muy alentador: pandemia, crisis económicas encadenadas, brecha de género y desastres medioambientales. Ante esta situación es lógico pensar que nuestra sociedad debe cambiar y que el ordenamiento jurídico tiene que propiciar con medidas este cambio. Por ello el libro aborda con solvencia las cuestiones más importantes relativas al desarrollo sostenible. A lo largo de sus páginas nos encontraremos con diversos análisis estructurados en torno a los grandes bloques que marca la Agenda de diecisiete Objetivos de Desarrollo Sostenible de la Organización de Naciones Unidas. Así, la profesora Francisca María Ferrando García, estudia en su capítulo la perspectiva de género en la aplicación jurisdiccional del principio de igualdad retributiva por trabajo de igual valor; la profesora Victoria Selma Penalva nos habla de la reforma fiscal verde y de las opciones para la neutralización del dióxido de carbono; el profesor Julio Sigüenza López, realiza una aproximación al derecho de acceso a la Justicia; la profesora Marta Marcos Cardona hace un exhaustivo análisis de la economía circular y, específicamente, de las medidas tributarias en la gestión de residuos; asimismo, la profesora Galdana Pérez Morales nos expone el tema del acceso a la justicia de personas con discapacidad, desde una perspectiva procesal, tras la Ley 8/2021; Fernando López Alonso diserta sobre la participación de las comunidades de regantes en los Objetivos de Desarrollo Sostenible; la profesora María Ángeles Sánchez Jiménez estudia el divorcio internacional entre cónyuges del mismo sexo; la profesora María del Mar de la Peña Amorós nos muestra un interesante capítulo sobre incentivos fiscales a la I+D+i; la profesora María Dolores Ortiz Vidal centra su estudio en las plataformas digitales y el trabajo decente y la profesora Mercedes Farias Batlle diserta sobre entidades de economía social y solidaria como instrumentos idóneos para la consecución de los objetivos de desarrollo sostenible.

La profesora Roberta Alfano dirige un excelente estudio de la Agenda 2030 de las Naciones Unidas y los 17 Objetivos de Desarrollo Sostenible (ODS) y de algunas políticas –fiscales y no fiscales– italianas, dentro del cual la propia profesora Alfano analiza cuestiones de economía circular desde un punto de vista tributario, seguidamente, la profesora Marina Bisogno, nos habla acerca de la evolución de las políticas de fiscalidad sobre el plástico en el ordenamiento italiano; la profesora Mariagiulia Trapanese presenta la evolución de las políticas fiscales italianas para la eficiencia energética de los edificios y la profesora Sofía Paola Alfano realiza un examen sobre la igualdad de género, con referencia al quinto objetivo de Desarrollo Sostenible sobre el caso de la "tampón tax".

Ítem más, la profesora Esperanza Orihuela Calatayud reflexiona sobre la necesaria reforma de la pesca en alta mar para el siglo próximo; el profesor Francisco Miguel Ortiz González-Conde nos muestra el futuro de las pensiones y de nuestro sistema de Seguridad Social; el profesor Santiago Álvarez Carreño realiza un ensayo sobre la relación entre los Objetivos de Desarrollo Dostenible 6 y 13 (agua y cambio climático); Ilhame Echajri Amhaouch escribe acerca de la trata de mujeres inmigrantes con fines de explotación sexual desde la perspectiva de género; la profesora María del Carmen López Aniorte estudia los estereotipos sexistas en el trabajo y en las prestaciones sociales; y la profesora María Fuensanta Gómez Manresa trata en su capítulo sobre la problemática urbanística asociada a la sostenibilidad de las ciudades.

Por otra parte, el profesor Andrés García Martínez nos muestra la posibilidad de utilizar el Derecho Tributario como herramienta contra la despoblación; la profesora Alejandra Selma Penalva nos habla sobre el trabajo de cuidados en España y los injustificables contrasentidos del modelo; la profesora Josefa Muñoz Ruiz sobre el cambio climático, la crisis ambiental subsiguiente y las consecuencias penales que puede tener; el profesor Norberto Miras Marín habla sobre las consecuencias tributarias del cambio de calificación del vinculo en el caso de los denominados «falsos autónomos», en sede del objetivo de trabajo decente; la profesora María Monserrate Rodríguez analiza los

Objetivos de Desarrollo Sostenible números Tres y Ocho en relación con la seguridad y salud en el trabajo; el profesor Francisco Manuel García Costa aborda el Derecho la Educación como derecho prestacional en el marco del Objetivo para el Desarrollo Sostenible Cuarto y, por último, la profesora Eva María Rubio Fernández nos hace participes de la digitalización de la sociedad y el logro de los derechos de las mujeres.

Y sin más preámbulos, estimado lector, dejo que se adentre en las páginas de este libro, por seguro doy que no será tiempo perdido.

CAPÍTULO I.
RELACIÓN ENTRE LOS ODS 6 Y 13 (AGUA Y CAMBIO CLIMÁTICO): REFLEXIONES DESDE EL DERECHO

Santiago M. Álvarez Carreño
Universidad de Murcia[1]

Los efectos del cambio climático sobre la disponibilidad y la calidad de los recursos de agua representan una de los mayores retos que debe enfrentar la humanidad *(IPCC, 2008*). El agua como recurso natural constituye el conector por excelencia de los diferentes compromisos globales que la comunidad internacional ha elaborado para tener opciones de asegurar un futuro sostenible. En efecto, la Agenda 2030 para el Desarrollo Sostenible y sus 17 Objetivos de Desarrollo Sostenible (ODS) dependen en gran medida de una mejora en la gestión del agua. En especial, en esta contribución se tratará mas específicamente de la conexión entre el ODS 6 relativo al agua limpia y saneamiento y el ODS 13 sobre cambio climático.

En concreto, en relación al impacto del cambio climático sobre los recursos hídricos en España[2], se anuncia un aumento generalizado en la intensidad y magnitud de las sequías –meteorológicas e hidrológicas– debido principalmente al aumento de la evapotranspiración y, secundariamente, a la reducción de las precipitaciones. Estos cambios se traducen en proyecciones de escorrentía y recarga subterránea decrecientes, y por tanto una reducción de la aportación hídrica a los ríos.

En este mismo sentido, se destaca que ya se ha observado una reducción del caudal de los principales ríos de la península ibérica durante la segunda mitad del siglo XX, con una tendencia a la baja de los caudales anuales más pronunciada en primavera e invierno, que se puede atribuir a varias causas, incluyendo los cambios en el patrón de lluvias estacionales además de a otros factores no climáticos de gran importancia y que deben tenerse en cuenta para explicar mejor las tendencias temporales y espaciales (Sanz / Galán, 2021, 2).

---

[1] Este trabajo se ha realizado en el marco del Proyecto de Investigación coordinado «Estrategia de Biodiversidad de la Unión Europea 2030» (Ref. PID2020-115505RB-C21).

[2] Sobre impactos generales del cambio climático en España se puede consultar AEMET (2020), *Informe sobre el estado del clima de España 2019* (informe disponible en https://www.aemet.es/documentos/es/conocermas/recursos_en_linea/publicaciones_y_estudios/estudios/Informes%20estado%20clima/Informe_estado_clima_2019.pdf).

El incremento de las temperaturas, la posible disminución de la precipitación anual, el cambio en la estacionalidad, cambio de régimen nival o la intensidad de las precipitaciones, así como el aumento del nivel del mar pueden producir alteraciones en los procesos del ciclo hidrológico tanto en su fase subterránea (salinización, concentración de contaminantes) como en la superficial (inundaciones por eventos extremos o deshielo rápido, etc.)[3].

El aumento de la intermitencia de los flujos de agua o los cambios estacionales pueden impactar muy negativamente en algunos hábitats acuáticos de agua dulce (humedales, manantiales, etc.) y sus especies (Sanz / Galán, 2021, 2).

En general, el MITECO señala que, incluso en los escenarios de bajas emisiones, se prevén considerables repercusiones del cambio climático en el ciclo hidrológico que tendrán como consecuencia la disminución de la disponibilidad de agua y de su calidad.

En especial los ríos representan sistemas naturales dinámicos, complejos y extremadamente sensibles a cualquier tipo de cambio ya sea climático, hidrológico o antrópico. Estos cambios suponen una ruptura en el equilibrio entre su caudal natural y la carga transportada que soportan y afectan también a los equilibrios naturales de su llanura aluvial. Entre las principales actividades humanas que afectan a los sistemas fluviales enumera las siguientes: cambios de usos del suelo, remoción de la vegetación de ribera, obras de defensa contra avenidas, dragados y canalizaciones, extracción de áridos, agricultura y, en general, plantaciones, la regulación de caudales, la contaminación de aguas, abstracción-incorporación de caudales, introducción de especies exóticas y, entre otras, la navegación (García Martínez, 2021).

El nexo entre los efectos del cambio climático sobre el agua y el ordenamiento jurídico se manifiesta en diferentes direcciones. Se debe retener que los impactos del cambio climático relacionados con el agua también incluyen efectos negativos en la seguridad alimentaria, la salud humana, la producción de energía y biodiversidad, sin mencionar los medios de subsistencia de los más vulnerables (UNESCO, 2020)[4]. Como señala el IPCC en su informe de 2018 (IPCC2018) existen todavía una amplia gama de limitaciones en el conocimiento científico antes de que podamos entender plenamente los impactos potenciales del cambio climático en los recursos hídricos. La mayor limitación está sin duda representada por la incertidumbre en la proyección del cambio climático previsto en las complejas interacciones entre la atmósfera, tierra y océanos y, en consecuencia, en los recursos hídricos. Esta incertidumbre nos compele a reforzar la aplicación del principio de precaución cuando se trata de enfrentar

---

[3] Algunos aspectos son especialmente preocupantes como la práctica desaparición de los glaciares ibéricos. *Vid.* sobre su evolución y estado actual el sitio *web* del MITECO (https://www.miteco.gob.es/es/agua/temas/evaluacion-de-los-recursos-hidricos/ERHIN/glaciares-evolucion/).

[4] Sobre el derecho humano al agua *vid.* Mirumachi, N. / Duda, A./ Gregulska, J. / Smetek, J. (2021), *The Human Right to Drinking Water: Impact of large-scale agriculture and industry*. Policy Department for External Relations, Directorate General for External Policies of the Union. European Parliament (accesible en https://www.europarl.europa.eu/RegData/etudes/IDAN/2021/653649/EXPO_IDA(2021)653649_EN.pdf).

normativamente los riesgos derivados del cambio climático a los que nos enfrentamos (De Sadeleer, 2020, 135-358).

*En cualquier caso, los impactos ya producidos ponen en peligro la consecución de los objetivos que imponen los modernos ordenamientos jurídicos (*EEA, 2019). El nivel ya alcanzado de calentamiento del clima en el planeta pone en riesgo la efectividad de las medidas de mitigación y de adaptación reguladas para que puedan impedir la gravedad de los impactos tanto sobre las aguas superficiales como subterráneas debidas a inundaciones y sequías (Puharinen, 2021).

La legislación, tanto a nivel internacional como nacional, sobre el uso, conservación y protección de los recursos hídricos constituye el cimiento para una buena gobernanza del agua y constituye un instrumento primordial para la implementación de las Contribuciones Previstas y Determinadas a Nivel Nacional (INDC) contempladas en el Acuerdo de París de 2015. Desde el punto de vista jurídico, el conocimiento actual y la previsibilidad de los fenómenos catastróficos ligados al cambio climático determinan la posible exigencia de responsabilidad por las consecuencias dañosas (CIS-EU, 2009).

La Ley del Clima europea (Reglamento EU 2021/1119) destaca la interacción entre lucha contra el cambio climático y el agua. Así, cada vez resulta más necesario valorar los recursos hídricos no convencionales en la planificación futura. Por una parte, la reutilización del agua es una alternativa fiable a los recursos hídricos convencionales para una serie de fines, siempre que esté tratada y/o se utilice con seguridad (Reglamento (UE) 2020/741, de 25 de mayo de 2020, relativo a los requisitos mínimos para la reutilización del agua). Por otra, la desalinización puede aumentar el suministro de agua dulce, pero requiere un elevado consumo energético y, por consiguiente, puede contribuir a aumentar las emisiones de gases de efecto invernadero si la fuente de energía empleada no es renovable.

El Derecho de aguas debe incorporar instrumentos de lucha contra la crisis climática que está poniendo en peligro el disfrute del derecho humano al agua en la cantidad y calidad suficiente que requiere la vida digna de las personas (EEA, 2019). En otras zonas del planeta muy dependientes del agua para el riego agrícola y para el abastecimiento humano, se verán acrecentados los conflictos y las tensiones entre usuarios que ven amenazada su seguridad hídrica, lo que amenaza con generar graves conflictos y provocar migraciones masivas de población en busca de otros espacios donde puedan tener mejores esperanzas de vida (UNHCR, 2021).

Los peligros sobre el agua que genera la actual crisis climática ponen en riesgo la conservación de los ecosistemas acuáticos y la posibilidad de que la humanidad se siga beneficiando de los servicios ecosistémicos que esa rica biodiversidad ligada al recurso natural nos presta. En el ámbito de la Unión Europea (UE), la DMA ofrece una base sólida ya que, partiendo de una concepción holística y ecosistémica de los problemas ligados a la gobernanza del agua, permite integrar las consecuencias del cambio climático en las políticas del agua (Keessen/Rijswick, 2012).

En este sentido, en años recientes, las instituciones europeas han puesto en marcha numerosa acciones, estrategias e instrumentos de políticas relacionados con el cambio climático en la UE aunque persiste una distancia entre el conocimiento y las políticas: mientras que los impactos específicos sobre los recursos de agua varían considerablemente entre las diferentes regiones europeas, España es considerada un punto caliente donde un mayor aumento de las temperaturas y una disminución de las precipitaciones, evapotranspiración y escorrentías se dan por anticipado (Estrela Monreal /Vargas Amelin, 2008, 13-42).

La DMA no trata de manera específica la relación entre cambio climático y los planes hidrológicos de cuenca, aunque todos los aspectos cualitativos y cuantitativos del agua referidos en la DMA pueden verse afectados por el cambio climático (Escribano Francés/ Quevauviller/ San Martín González/ Vargas Amelin, 2017, 1-12). En este sentido, el anexo II DMA se refiere a la necesidad de identificar todas las presiones significativas que afectan a las masas de agua. Además, la perspectiva cíclica de la DMA con pasos específicos y la previsión de revisiones periódicas que permite incorporar los progresos científicos y técnicos, y la integración de los ámbitos de otras Directivas dentro de su texto (hábitat, desarrollo agrícola) hacen a esta política, la de la DMA, susceptible de adaptación a y para gestionar los impactos del cambio climático (Quevauviller *et al.*, 2012, 167-177). Finalmente, es importante retener la importancia de anticipar los efectos adversos del cambio climático y actuar de modo estos puedan ser prevenidos o minimizar los daños esperados. Resulta por ello esencial enfrentar las particularidades de los desastres ligados al agua, que caen bajo otras políticas de la UE como las establecidas por la Directiva 2007/60, de 23 de octubre, de evaluación y gestión de los riesgos de inundación o en la estrategia de escasez de aguas y sequías (UE, 2021).

En estos momentos en que la humanidad se encuentra ante una terrible encrucijada cuya solución afecta a su propia supervivencia como especie y pone en juego todas sus capacidades científicas, técnicas y éticas debemos conseguir que la política y gestión de los recursos hídricos colabore en la mitigación de los efectos más devastadores de la crisis climática y constituya un instrumento útil para la necesaria adaptación a los cambios ya provocados.

REFERENCIAS

Bates, B. C., Z. W. Kundzewicz, S. Wu and J.P. Palutikof (eds.), *Climate Change and Water. Technical Paper of the Intergovernmental Panel on Climate Change*, IPCC, 2008 (https://www.ipcc.ch/publication/climate-change-and-water-2/).

Commission EU, *The Common Implementation Strategy for the Water Framework Directive and Floods Directive (CIS) -Guidance Document No 24: River Basin Management in a Changing Climate*, 2009.

De Sadeleer, N. (2020), *Environmental Principles. From Political Slogans to Legal Rules*, 2ª edition, Oxford University Press, New York.

(https://ec.europa.eu/environment/water/water-framework/).

Escribano Francés, G. / Quevauviller, Ph. / San Martín González, E./ Vargas Amelin, E. (2017), "Climate change policy and water resources in the EU and Spain. A closer look into the Water Framework Directive", *Environmental Science & Policy*, vol. 69 (https://www.sciencedirect.com/).

Estrela Monreal, T. / Vargas Amelin, E. (2008), "Water issues, overview of available water resources", en VVAA, *La Desalación en España*, Acuamed, Madrid.

European Environmental Agency, *The European Environment–State and Outlook 2020. Knowledge for Transition to a Sustainable Europe*, 2019 (https://www.eea.europa.eu/soer/2020).

García Martínez, B. (2021), "El grito de socorro de los ríos, asfixiados y convertidos en canales de desagüe", *The Conversation*, 12 de marzo de 2021 (accesible en https://theconversation.com/).

IPCC, *Special Report GlobalWarming of 1.5 C -Summary for Policy-Makers*, 2018 (https://www.ipcc.ch/).

Keessen, A. M. / van Rijswick, H. F.M.W. (2012), "Adaptation to Climate Change in European Water Law and Policy", *Utrecht Law Review*, Volume 8, Issue 3, pp. 38-50 (http://www.utrechtlawreview.org).

Mirumachi, N. / Duda, A./ Gregulska, J. / Smetek, J. (2021), *The Human Right to Drinking Water: Impact of large-scale agriculture and industry*. Policy Department for External Relations, Directorate General for External Policies of the Union (European Parliament).

Puharinen, S.-T. (2021), "Good Status in the Changing Climate? –Climate Proofing Law on Water Management in the EU", *Sustainability, 13* (2), 51. (https://doi.org/10.3390/su13020517).

Quevauviller, P. / Barceló, D. / Beniston, M./ Djordjevic, S./ Harding, R. J./ Iglesias, A./ Ludwig, R./ Navarra, A./ Navarro Ortega, A./ Mark, O./ Roson, R./ Sempere, D./

Stoffel, M./ van Lanen, H.A.J./ Werner, M. (2012), "Integration of research advances in modelling and monitoring in support of WFD River Basin Management Planning in the context of climate change", *Science of Total Environment*, vol. 440 (http://dx.doi.org/10.1016/j.scitotenv.2012.07.055).

Sanz, M. J. / Galán, E (2021), *Impactos y riesgos derivados del cambio climático en España*, Ministerio para la Transición Ecológica y el Reto Demográfico (MITERD) (accesible en https://www.miteco.gob.es/).

UE, *Comunicación de la Comisión al Parlamento europeo, al Consejo, al Comité Económico y Social Europeo y al Comité de las Regiones «Forjar una Europa resiliente al cambio climático –La nueva estrategia de adaptación al cambio climático de la UE»*, COM (2021) 82 final (https://eur-lex.europa.eu).

UNESCO, *ONU-Agua, 2020: Informe Mundial de las Naciones Unidas sobre el Desarrollo de los Recursos Hídricos 2020: Agua y Cambio Climático*, 2020 (https://es.unesco.org/themes/water-security/wwap/wwdr/2020).

UNHCR, Displaced on the frontlines of climate change, 2021 (https://www.unhcr.org/).

CAPÍTULO II.
LA TRATA DE MUJERES INMIGRANTES CON FINES DE EXPLOTACIÓN SEXUAL EN ESPAÑA DESDE LA PERSPECTIVA DE GÉNERO

Ilhame Echajri Amhaouch

Doctoranda del Programa de Doctorado en Sociedad, Desarrollo y Relaciones Laborales

Universidad de Murcia

1. INTRODUCCIÓN

La trata de mujeres con fines de explotación sexual es un fenómeno arcaico que ha ido ganando protagonismo a lo largo de la historia de la Humanidad. Durante la época colonial, mujeres y niñas, particularmente africanas e indígenas, eran desarraigadas de sus lugares de origen y comercializadas como mano de obra, servidumbre y/o como objetos sexuales. Pero la trata como problema social comenzó a reconocerse a finales del siglo XIX en inicios del XX a través de lo que se denominó "trata de blancas" concepto que se utilizaba para hacer referencia a la movilidad y comercio de mujeres blancas, europeas y americanas, para servir como prostitutas o concubinas generalmente en países árabes, africanos y asiáticos[1]. Las nuevas formas de trata de mujeres y niñas no soy muy diferentes y, siguen refiriéndose al mercado matrimonial –forzoso–, al entretenimiento sexual, a la mano de obra barata, a la venta de servicios eróticos a través de Internet, a las actividades turísticas, al comercio sexual[2], a las adopciones ilegales e, incluso, a la extracción de órganos[3].

En pleno siglo XXI, la trata y el tráfico con fines de explotación sexual se ha convertido, lamentablemente, en una nueva variante de esclavitud moderna que afecta, principalmente, a millones de mujeres y niñas en todo el mundo[4]. De hecho, es uno

---

1 LARCO HERRERA, V., *La trata de personas en el Perú: Manual para conocer el problema*, Capital Humano y Social Alternativo, Perú, 2010, p. 8.

2 CHIAROTTI, S., "La trata de mujeres: sus conexiones y desconexiones con la migración y los derechos humanos", *Centro Latinoamericano y Caribeño de Demografía (CELADE)*, núm. 39, 2003, p. 7.

3 FEDERACIÓN MUJERES PROGRESISTAS., *Trata de mujeres con fines de explotación sexual en España*, Federación de Mujeres Progresistas, Madrid, 2000-2001, p. 35.

4 *Vid.* DEPARTAMENT OF STATE. UNIT STATE OF AMERICA, *Trafficking in person report*, Unit State of America, 2018. Fecha de consulta: 29-07-2021. Disponible en https://www.state.gov/wp-content/uploads/2019/01/282798.pdf. El informe tiene por finalidad, por una parte, arrojar luz sobre la oscuridad donde prospera la esclavitud sexual, y por otra, resaltar los pasos específicos que cada Gobierno puede tomar para garantizar la protección a las víctimas de trata, estableciendo así los mecanismos necesarios tendentes a prevenir los delitos y enjuiciar a las personas traficantes en todo el mundo.

de los negocios más rentables, apareciendo siempre en los primeros puestos de la economía negra, junto con el tráfico de armas y de drogas[5]. Según datos proporcionados por la Oficina de Naciones Unidas contra la Droga y el Delito (en adelante, ONUDD), apunta que las víctimas femeninas siguen viéndose especialmente afectadas por este tipo de violencia. Así, en 2018, de cada 10 víctimas detectadas a nivel mundial, 5 eran mujeres adultas y 2 eran niñas[6].

Esta práctica supone, como no puede ser de otra manera, una grave vulneración de derechos humanos que atenta contra la dignidad, la integridad física, la moral, la seguridad, la libertad y la salud de este colectivo. La trata de mujeres, ya sea con fines de explotación sexual o laboral, además de una clara violación de los derechos y libertades es un complejo fenómeno ligado, por un lado, a las desigualdades económicas Norte-Sur y por otro, a la desigualdad de género existente en todas las partes del planeta. De este modo, las desigualdades económicas y de género han forjado procesos de feminización de la pobreza y de las migraciones en los países de origen y una demanda de mujeres migrantes para la realización de servicios sexuales, proceso conocido por el término "trasnacionalización de los cuidados"[7].

El tráfico y la trata de personas con fines de explotación sexual es un tipo de crimen complejo y organizado en el cual se pueden apreciar tres etapas[8]: primero, el enganche, que hace referencia a la captación de la posible víctima; segundo, el viaje y traslado del país de origen hacia el de destino o también puede producirse dentro del propio país; tercero, la detención y explotación que se materializa en diversas formas: ya sea a través de la violencia sexual, física o psicología (prostitución forzada, pornografía, pedofilia, turismo sexual, agencias matrimoniales o embarazos forzados), falsas adopciones (bajo esta fórmula se encuentra la venta de niños y niñas), servidumbre (matrimonios serviles), trabajos militares (niños y niñas soldados), tráfico de órganos (para ser comercializados en el mercado negro) o prácticas esclavistas[9].

La trata de mujeres con fines de explotación sexual no deja de ser un problema social de especial envergadura a nivel internacional, que atenta contra la seguridad nacional y menoscaba el desarrollo sostenible y el Estado de Derecho[10]. Esta agravante situación requiere urgentemente, por una parte, de su inmediata intervención y com-

---

5 GARCÍA CUESTA, S. y HERNÁNDEZ CORROCHANO, E., "Las formas de la trata de mujeres: reflexiones sobre algunas de las tipologías de la explotación en el siglo XXI", *Dilemata*, núm. 16, 2014, p. 102.

6 UNITED NATIONS OFFICE ON DRUGS AND CRIME, *Global report on Trafficking In persons*, United Nations, New York, 2020, p. 9.

7 *Idem*, p. 36.

8 CASTRO RODRÍGUEZ, M.C., "La trata de personas: la esclavitud más antigua del mundo", *Documentos de Trabajo Social*, núm. 51, 2012, pp. 451-452.

9 ORGANIZACIÓN MUNDIAL DE LA SALUD, "Comprender y abordar la violencia contra las mujeres. Trata de personas", *Organización Panamericana de la Salud*, Washington, 2013, p. 3.

10 Párrafo núm. 24 de la Declaración de la reunión de Alto Nivel de la Asamblea General de Naciones Unidas sobre el Estado de Derecho en los planos nacional e internacional. Resolución A/RES/67/1 adoptada el 24 de septiembre de 2012. Fecha de consulta: 07-08-2021. Disponible en https://undocs.org/pdf?symbol=es/A/RES/67/1.

promiso por parte de todos los partidos políticos, las asociaciones, las instituciones, y la sociedad en general, y de otra, que estos agentes, tanto públicos como privados, estén involucrados activamente en erradicar o eliminar en origen este tipo de violencia. Al efecto, es imprescindible la existencia de herramientas efectivas y dinámicas, ya sean jurídicas, materiales o humanas necesarias para luchar con esta lacra social, que sin duda está ocasionando graves consecuencias en el desarrollo de toda mujer o niña.

2. DELIMITACIÓN NORMATIVA INTERNACIONAL Y COMUNITARIA DE LA TRATA DE PERSONAS: ALGUNAS CONSIDERACIONES GENERALES

Al efecto, existe multitud de instrumentos jurídicos supranacionales tendentes a garantizar la protección social a las personas víctimas de trata. Sin embargo, cabe subrayar que, pese a la ingente normativa, esta problemática social aún sigue materializándose hasta conseguir cifras sin precedentes.

Debido a la complejidad que presenta la regulación de la trata de personas, se procede a indicar aquellas disposiciones más transcendentales en la materia. Comenzando por la delimitación normativa internacional, Naciones Unidades (en adelante, NNUU) tiene adoptadas numerosas disposiciones tendentes a ofrecer a los Estados parte mecanismos eficaces y eficientes contra la trata. Entre los instrumentos más culminantes cabe citar el Convenio para la represión de la trata de personas y de la explotación de la prostitución ajena (Nueva York, 1950)[11], que en su Preámbulo enfatiza que la trata de personas para fines de prostitución es incompatible con la dignidad y el valor de la persona humana y ponen en peligro el bienestar del individuo, de la familia y de la comunidad, y que al efecto, los Estados partes se comprometen a castigar a toda persona que promueva este tipo de actividades ilícitas (art. 1). Otro de los instrumentos jurídicos más importantes de NNUU se encuentra el Protocolo para prevenir, reprimir y sancionar la trata de personas, especialmente mujeres y niños, que complementa la Convención de las NNUU contra la Delincuencia Organizada Transnacional (Palermo, 2000)[12]; más conocido como la Convención de Palermo[13]. Se trata de un documento jurídico que codifica por primera vez una definición del delito a nivel internacional, así como los elementos necesarios y los diferentes tipos[14]. Como indica en su Preámbulo, los Estados parte son conscientes de la existencia de una gran variedad de instrumentos jurídicos internacionales que contienen normas y medidas prácticas para combatir la explotación de las personas, pero no hay ningún instrumento universal que aborde todos los aspectos de la trata de personas. En este sentido, existe una Ley modelo de trata de personas cuya función es ayudar a los Estados parte a poner

---

11 Ratificado por España el 18 de septiembre de 1962 (BOE núm. 230, de 25 de septiembre de 1962).

12 Ratificado por España el 13 de diciembre de 2000 (BOE núm. 296, de 11 de diciembre de 2003). Disponible en https://www.boe.es/buscar/doc.php?id=BOE-A-2003-22719.

13 Sobre la Convención de Palermo y sus Protocolos véase CARNEVALI, R.A., "La trata de personas y la normativa internacional. Algunas consideraciones de su regulación en Chile", *Diritto Penale Contemporáneo,* núm. 4, 2013, p. 9.

14 FERNANDO GONZALO, E. *Marco jurídico internacional de la trata de personas. Especial mención al espacio regional europeo,* Cuadernos Deusto de Derechos Humanos, Deusto (Bilbao), 2019, p. 11.

en práctica las disposiciones de este Protocolo para prevenir, reprimir y sancionar la trata[15]. Otras áreas de actuación fue la Resolución aprobada por la Asamblea General el 20 de diciembre de 2006[16] que contiene las medidas para mejorar la coordinación de la lucha contra la trata de personas. A este efecto, declara como indispensable que los Estados miembros tengan la obligación de ofrecer protección a las víctimas, y que es preciso que estos Estados, de conformidad con sus obligaciones internacionales, adopten medidas para enjuiciar a los traficantes, prevenir la trata de personas y proteger y asistir a las víctimas[17].

Por otro lado, la Unión Europea (en adelante, UE) tiene ratificados mecanismos tendentes a garantizar la protección de personas víctimas de trata. Para dar respuesta a esta problemática, el Consejo de Europa tiene adoptados dos Convenios de especial envergadura: el Convenio núm. 197 sobre la lucha contra la trata de seres humanos (Varsovia, 2005)[18], que tiene marcados tres objetivos base: prevenir y combatir la trata de seres humanos, proteger los derechos humanos de este colectivo garantizando la igualdad de género y promover la cooperación internacional en el ámbito de la lucha contra la trata de seres humanos (art. 1). Y el Convenio para la protección de los niños contra la explotación y el abuso sexual (Lanzarote, 2007)[19]. Existen, además, otras disposiciones como la Directiva 2011/36/UE del Parlamento Europeo y del Consejo, de 5 de abril de 2011 relativa a la prevención y lucha contra la trata de seres humanos y a la protección de las víctimas[20], la Directiva 2004/81/CE del Consejo de 29 de abril, relativa a la expedición de un permiso de residencia a nacionales de terceros países que sean víctimas de la trata de seres humanos o hayan sido objeto de una acción de ayuda a la inmigración ilegal que cooperen con las autoridades competentes, la Directiva 2011/92, de 13 de diciembre de 2011, relativa a la lucha contra los abusos sexuales y la

---

15 OFICINA DE LAS NACIONES UNIDAS CONTRA LA DROGA Y EL DELITO, *Ley modelo contra la trata de personas,* Naciones Unidas, Nueva York, 2010. Fecha de consulta: 15-10-2021. Disponible en https://www.unodc.org/documents/human-trafficking/TIP-Model-Law-Spanish.pdf.

16 Resolución A/61/444 aprobada por la Asamblea General de Naciones Unidas el 20 de diciembre de 2006. Fecha de consulta 07-08-2021. Disponible en https://undocs.org/es/A/RES/61/180. Mismo contenido y alcance tiene la Resolución A/64/L.64 aprobada por la Asamblea General el 12 agosto de 2010 que contiene el Plan de Acción Mundial de las NNUU para combatir la trata de personas, disponible en https://violenciagenero.igualdad.gob.es/otrasFormas/trata/normativaProtocolo/internacional/pdf/PlanAccionContraTrata2010NNUU.pdf.

17 Otras disposiciones de NNUU sobre la materia sería la Convención contra la delincuencia organizada transnacional (Nueva York, 2000). Ratificada por España el 13 de diciembre de 2000 (BOE núm. 233, de 29 de septiembre de 2003), la Convención sobre los Derechos del Niño ratificada por la Asamblea General en su resolución 44/25, de 20 de noviembre de 1989. Ratificado por España el 26 de enero de 1990 (BOE núm. 313, de 31 de diciembre de 1990) o la Declaración sobre la eliminación de la violencia contra la mujer (Nueva York, 1979). Ratificada por España el 17 de julio de 1980 (BOE núm. 69, de 21 de marzo de 1984).

18 Ratificado por España el 09 de julio de 2008 (BOE núm.219, de 10 de septiembre de 2009).

19 Ratificado por España el 12 de marzo de 2009 (BOE núm. 274, de 12 de noviembre de 2010).

20 Sobre esta Directiva, véase VILLACAMPA ESTIARTE, C., "La nueva Directiva Europea relativa a la prevención y la lucha contra la trata de seres humanos y a la protección de las víctimas ¿Cambio de rumbo de la política de la Unión en materia de trata de seres humanos?, *Revista Electrónica de Ciencia Penal y Criminología*, núm. 13-14, 2011, pp. p. 14:1-14:52.

explotación sexual de los menores y la pornografía infantil, la Directiva 2012/29/UE del Parlamento Europeo y del Consejo, de 25 de octubre de 2012 o el Plan de la UE sobre mejores prácticas, normas y procedimientos para luchar contra la trata de seres humanos y prevenirla (2005/C 311/01). En el mismo sentido, la Organización para la Seguridad y la Cooperación en Europa (OSCE) tiene adoptadas varios mecanismos de actuación como el Plan de Acción aprobado por el Consejo Ministerial de Maastricht titulado "Luchando contra la trata de Seres Humanos" (2003), la Decisión núm. 685 (2005), contra la trata de personas: medidas especiales de amparo y asistencia para los niños que son víctimas de la trata o la Decisión núm. 1107 (2013), contra la trata de personas: un decenio después.

3. LA TRATA DE MUJERES INMIGRANTES EN ESPAÑA

España, al igual que varios Estados miembros de la UE[21] se ha convertido en un país receptor de personas víctimas de trata, si bien, su magnitud se ha intensificado en la última década, debido, en gran parte, al creciente fenómeno migratorio; hecho que se agrava por la entrada irregular de personas inmigrantes. Los datos afirman que, en la actualidad, España es el país de la UE donde se han detectado un mayor número de casos de explotación sexual y, a nivel internacional, se la considera como la «Tailandia europea»[22]. Existen pocos datos fiables sobre el número de víctimas de trata con fines de explotación sexual en España, pero las pruebas indican que las víctimas son mujeres, de entre 18 y 25 años, originarias principalmente de Brasil, Colombia, Ecuador, Nigeria, Ucrania, Rusia y Rumania; aunque si es cierto que el porcentaje de mujeres nigerianas, en relación con otras nacionalidades, es superior al 65% (en el año 2016 de 323 mujeres víctimas, 212 eran de origen nigeriano)[23]. Asimismo, la misma tendencia de crecimiento de personas con fines de explotación sexual ha ido aumentando; así los últimos datos proporcionados por el Instituto Nacional de Estadística, en el año 2019 cerca de 523 personas han sido víctimas de trata[24]. En el mismo año, el 71% del total de víctimas identificadas en España fueron mujeres y niñas; un porcentaje que llegó hasta el 96% en el caso de trata con fines de explotación sexual[25].

---

[21] COMISIÓN EUROPEA, "Lucha contra la trata de seres humanos: nueva estrategia para prevenir la trata, desarticular los modelos delictivos de negocio y empoderar a las víctimas", 2021. Entre los años 2017 y 2018, se registraron más de 14.000 víctimas de trata de personas dentro de la UE. Fecha de consulta: 01-10-2021. Disponible en https://ec.europa.eu/commission/presscorner/detail/es/ip_21_1663.

[22] BLAZQUEZ VILAPLANA, B., "La trata de personas con fines de explotación sexual en España: elementos para la reflexión", *Revista Espiga*, núm. 34, 2016, p. 186.

[23] FISCALIA GENERAL DEL ESTADO-UNIDAD DE EXTRANJERÍA, "Memoria ejercicio 2016-Unidad de Extranjería", p. 5. Fecha de consulta 02-08-2021. Disponible en https://blogextranjeriaprogestion.org/wp-

[24] INSTITUTO NACIONAL DE ESTADÍSTICA., "Número de víctimas de la trata de personas por cada 100.000 habitantes, desglosado por sexo, edad y tipo de explotación", 2019. Fecha de consulta: 07-08-2021. Disponible en https://www.ine.es/dyngs/ODS/es/indicador.htm?id=5281

[25] MINISTERIO DEL INTERIOR., "Las Fuerzas y Cuerpos de Seguridad del Estado liberaron en 2019 a 1.561 víctimas de explotación y trata de seres humanos", 2020. Fecha de consulta 01-08-2021. Disponible

Según el informe de la ONU, España no es un país de origen, sino que se utiliza como lo definido como un país de tránsito de bajo nivel para víctimas de trata de Brasil, Sur América y África. Sin embargo, según este mismo informe, España es considerada un importante país de destino que recibe víctimas de Colombia, República Dominicana, Nigeria, Rusia, Ucrania, Rumania, Bulgaria, Brasil, Croacia, República Checa, Hungría, Marruecos o Polonia[26].

España tiene adoptadas importantes decisiones políticas conducentes a plasmar en nuestro ordenamiento jurídico los requerimientos normativos dimanantes de instancias internacionales que permiten el reconocimiento de los derechos de las víctimas de la trata de personas. Sin embargo, en algunos casos las víctimas de la trata de personas siguen sin ser identificadas por el sistema. Junto a aquellos supuestos de víctimas no identificadas que permanecen en el territorio del Estado en muchas ocasiones sin contactar jamás con servicios administrativos españoles, los supuestos que más demuestran la inhabilidad institucional para proceder a la identificación son los de víctimas que entran por algún motivo en contacto con instituciones o servicios públicos españoles, al ser usuarias, por ejemplo, de servicios sociales o sanitarios[27]. Hay diversas causas por las que las víctimas no son identificadas. En demasiadas ocasiones los estereotipos de género influyen de manera perjudicial para la identificación de las víctimas de trata. Muchos funcionarios policiales buscan un determinado "perfil de víctima de trata". Cuando no se cumplen los clichés establecidos en el imaginario (existencia de violencia física, coacción, falta de libertad de movimiento, personas anuladas o carentes de documentación) dudan de las mujeres y las descartan demasiado rápido, especialmente a aquellas que están en situación administrativa irregular. Los funcionarios policiales también dan más importancia al control migratorio y penalizan el cruce de fronteras de manera irregular, a pesar de la existencia de indicios de trata o explotación[28].

4. CONCLUSIONES

Primero–. Si es grave para una mujer nacional ser víctima de trata con fines de explotación sexual, qué podríamos decir de las mujeres inmigrantes; que, sin duda, su situación jurídico-social empeora si se encuentran irregularmente. Aquí, entra en

---

en https://www.lamoncloa.gob.es/serviciosdeprensa/notasprensa/interior/Paginas/2020/281120-explotacion-personas.aspx.

26 COMISIÓN EUROPEA, "Comprehensive plan to combat trafficking in human beings for the purpose of sexual exploitation". Fecha de consulta: 12-08-2021. Disponible en https://www.globalwps.org/data/ESP/files/Comprehensive%20Plan%20to%20Combat%20Trafficking%20in%20Human%20Beings%20for%20the%20Purpose%20of%20Sexual%20Exploitation%202009-2011.pdf y UNITED NATIONS OFFICE ON DRUGS AND CRIME (UNODC)., "Trafficking in persons: global patterns", 2006. Fecha de consulta: 10-08-2021. Disponible en https://www.unodc.org/pdf/traffickinginpersons_report_2006ver2.pdf

27 VILLACAMPA ESTIARTE, C., "Mujeres víctimas de trata en prisión en España", *Revista de Derecho Penal y Criminología,* núm. 8, 2012, p. 414-415.

28 AMNISTÍA INTERNACIONAL, "Trata en España. Cadenas Invisibles", Fecha de consulta: 05-08-2021. Disponible en https://www.es.amnesty.org/en-que-estamos/reportajes/trata-en-espana/

juego diversos factores que hacen que esta problemática sea alarmante. La primera condición, y por tanto la más crucial, es que este colectivo sufre lo que se denomina la "discriminación múltiple": mujer, inmigrante, situación irregular o trabajadora de favores sexuales[29]. Se trata, asimismo, de la combinación perfecta para desembocar en una clara discriminación[30].

Segundo–. Se valora positivamente las siguientes líneas de actuación; primera, la presentación por parte Comisión Europea de una nueva estrategia contra la lucha de trata de seres humanos (2021-2025), centrada en la prevención del delito, el enjuiciamiento de los traficantes y la protección y empoderamiento de las víctimas; segunda, la modificación del art. 187 del Código Penal[31] que contempla penas penitenciarias en aquellos casos en los que se promueva la prostitución; tercero, la iniciativa adoptada por el Ministerio de Igualdad sobre la creación de una Ley Integral contra la Trata[32]; medida que será impulsada debido a la inexistencia de un Plan, ya que el último aprobado fue el Plan Integral de lucha contra la trata de seres humanos con fines de explotación sexual (2015-2018)[33].

Tercero–. La entrada continua de personas inmigrantes en situación irregular a nuestro país empeora la situación, y promueve, aún más, el tráfico y la trata de mujeres inmigrantes. Especialmente, las mujeres, son trasladadas de sus países de origen bajo falsas propuestas, entre ellas, la búsqueda de nuevas oportunidades de vida y trabajo. Con frecuencia, la causa principal que conduce a la proliferación de este tipo de esclavitud son las pésimas condiciones de vida sufridas en sus respectivos países de origen. Entre los múltiples motivos que provocan la huida voluntaria o –forzosa– de este colectivo cabe señalar las frecuentemente recurridas: la pobreza, las guerras, los conflictos armados, la miseria, las hambrunas, el terrorismo, las dictaduras, la exclusión social, la violencia generalizada, los denominados conflictos de honor, los matrimonios forzados, las sociedades patriarcales, el terrorismo, la represión política, la xenofobia…, son circunstancias más que suficientes para comprender las causas de este fenómeno.

---

29 Sobre el análisis de las principales sentencias del Tribunal Europeo de Derechos Humanos en materia de igualdad, véase CARMONA CUENCA, E., "Los principales hitos jurisprudenciales del Tribunal Europeo de Derechos Humanos en materia de igualdad de género, *Teoría y Realidad Constitucional UNED*, núm. 42, 2018, pp. 311-334.

30 *Vid.* ECHAJRI AMHAOUCH, I., "Discriminación múltiple de las mujeres inmigrantes en España", AAVV., ORTIZ GONZÁLEZ-CONDE, F.M. (coord..), *Visiones multidisciplinares de la igualdad entre hombres y mujeres*, Laborum, Murcia, 2019, pp. 141-156.

31 Ley Orgánica 10/1995, de 23 de noviembre, del Código Penal.

32 GOBIERNO DE ESPAÑA, "Igualdad inicia sus trabajos para la elaboración de una Ley Integral Contra la Trata", 2021. Fecha de consulta: 15-10-2021. Disponible en https://www.lamoncloa.gob.es/serviciosdeprensa/notasprensa/igualdad/Paginas/2021/180321-ley_trata.aspx.

33 Esta Ley tenía marcadas varias prioridades de actuación entre las cuales cabe citar: 1–. El refuerzo de la prevención y la detección de la trata. 2–. Identificación, protección y asistencia a las víctimas de la trata de seres humanos. 3–. Análisis y mejora del conocimiento para una respuesta eficaz frente a la trata con fines de explotación sexual. 4–. Persecución más activa a los tratantes. 5–. Coordinación y cooperación entre instituciones y participación de la sociedad civil.

5. BIBLIOGRAFÍA

5.1. Fuentes bibliográficas

BLAZQUEZ VILAPLANA, B., "La trata de personas con fines de explotación sexual en España: elementos para la reflexión", *Revista Espiga*, núm. 34, 2016, p. 186.

CARMONA CUENCA, E., "Los principales hitos jurisprudenciales del Tribunal Europeo de Derechos Humanos en materia de igualdad de género, *Teoría y Realidad Constitucional UNED*, núm. 42, 2018, pp. 311-334.

CARNEVALI, R.A., "La trata de personas y la normativa internacional. Algunas consideraciones de su regulación en Chile", *Diritto Penale Contemporáneo*, núm. 4, 2013, p. 9.

CASTRO RODRÍGUEZ, M.C., "La trata de personas: la esclavitud más antigua del mundo", *Documentos de Trabajo Social*, núm. 51, 2012, pp. 451-452.

CHIAROTTI, S., "La trata de mujeres: sus conexiones y desconexiones con la migración y los derechos humanos", *Centro Latinoamericano y Caribeño de Demografía (CELADE)*, núm. 39, 2003, p. 7.

ECHAJRI AMHAOUCH, I., "Discriminación múltiple de las mujeres inmigrantes en España", AAVV., ORTIZ GONZÁLEZ-CONDE, F.M. (coord..), *Visiones multidisciplinares de la igualdad entre hombres y mujeres*, Laborum, Murcia, 2019, pp. 141-156.

FEDERACIÓN MUJERES PROGRESISTAS., *Trata de mujeres con fines de explotación sexual en España*, Federación de Mujeres Progresistas, Madrid, 2000-2001, p. 35.

FERNANDO GONZALO, E. *Marco jurídico internacional de la trata de personas. Especial mención al espacio regional europeo*, Cuadernos Deusto de Derechos Humanos, Deusto (Bilbao), 2019, p. 11.

GARCÍA CUESTA, S. y HERNÁNDEZ CORROCHANO, E., "Las formas de la trata de mujeres: reflexiones sobre algunas de las tipologías de la explotación en el siglo XXI", *Dilemata*, núm. 16, 2014, p. 102.

LARCO HERRERA, V., *La trata de personas en el Perú: Manual para conocer el problema*, Capital Humano y Social Alternativo, Perú, 2010, p. 8.

VILLACAMPA ESTIARTE, C., "La nueva Directiva Europea relativa a la prevención y la lucha contra la trata de seres humanos y a la protección de las víctimas ¿Cambio de rumbo de la política de la Unión en materia de trata de seres humanos?, *Revista Electrónica de Ciencia Penal y Criminología*, núm. 13-14, 2011, pp. p. 14:1-14:52.

VILLACAMPA ESTIARTE, C., "Mujeres víctimas de trata en prisión en España", *Revista de Derecho Penal y Criminología*, núm. 8, 2012, p. 414-415.

5.2. Otras fuentes

AMNISTÍA INTERNACIONAL, "Trata en España. Cadenas Invisibles", Fecha de consulta: 05-08-2021. Disponible en https://www.es.amnesty.org/en-que-estamos/reportajes/trata-en-espana/

COMISIÓN EUROPEA, "Comprehensive plan to combat trafficking in human beings for the purpose of sexual exploitation". Fecha de consulta: 12-08-2021. Disponible en https://www.globalwps.org/data/ESP/files/Comprehensive%20Plan%20to%20Combat%20Trafficking%20in%20Human%20Beings%20for%20the%20Purpose%20of%20Sexual%20Exploitation%202009-2011.pdf

COMISIÓN EUROPEA, "Lucha contra la trata de seres humanos: nueva estrategia para prevenir la trata, desarticular los modelos delictivos de negocio y empoderar a las víctimas", 2021. Fecha de consulta: 01-10-2021. Disponible en https://ec.europa.eu/commission/presscorner/detail/es/ip_21_1663.

DEPARTAMENT OF STATE. UNIT STATE OF AMERICA, *Trafficking in person report*, Unit State of America, 2018. Fecha de consulta: 29-07-2021. Disponible en https://www.state.gov/wp-contentuploads/2019/01/282798.pdf.

FISCALIA GENERAL DEL ESTADO-UNIDAD DE EXTRANJERÍA, "Memoria ejercicio 2016-Unidad de Extranjería", p. 5. Fecha de consulta 02-08-2021. Disponible en https://blogextranjeriaprogestion.org/wp-

GOBIERNO DE ESPAÑA, "Igualdad inicia sus trabajos para la elaboración de una Ley Integral Contra la Trata", 2021. Fecha de consulta: 15-10-2021. Disponible en https://www.lamoncloa.gob.es/serviciosdeprensa/notasprensa/igualdad/Paginas/2021/180321-ley_trata.aspx.

INSTITUTO NACIONAL DE ESTADÍSTICA., "Número de víctimas de la trata de personas por cada 100.000 habitantes, desglosado por sexo, edad y tipo de explotación", 2019. Fecha de consulta: 07-08-2021. Disponible en https://www.ine.es/dyngs/ODS/es/indicador.htm?id=5281

MINISTERIO DEL INTERIOR., "Las Fuerzas y Cuerpos de Seguridad del Estado liberaron en 2019 a 1.561 víctimas de explotación y trata de seres humanos", 2020. Fecha de consulta 01-08-2021. Disponible en https://www.lamoncloa.gob.es/serviciosdeprensa/notasprensa/interior/Paginas/2020/281120-explotacion-personas.aspx.

OFICINA DE LAS NACIONES UNIDAS CONTRA LA DROGA Y EL DELITO, *Ley modelo contra la trata de personas*, Naciones Unidas, Nueva York, 2010. Fecha de consulta: 15-10-2021. Disponible en https://www.unodc.org/documents/human-trafficking/TIP-Model-Law-Spanish.pdf.

ORGANIZACIÓN MUNDIAL DE LA SALUD, "Comprender y abordar la violencia contra las mujeres. Trata de personas", *Organización Panamericana de la Salud*, Washington, 2013, p. 3.

UNITED NATIONS OFFICE ON DRUGS AND CRIME (UNODC)., "Trafficking in persons: global patterns",2006. Fecha de consulta: 10-08-2021. Disponible en https://www.unodc.org/pdf/traffick

CAPÍTULO III. ENTIDADES DE ECONOMÍA SOCIAL Y SOLIDARIA COMO INSTRUMENTOS IDÓNEOS PARA LA CONSECUCIÓN DE LOS OBJETIVOS DE DESARROLLO SOSTENIBLE*

MERCEDES FARIAS BATLLE
Profesora TU, Facultad de Derecho, Universidad de Murcia

1. OBJETIVOS DE DESARROLLO SOSTENIBLE Y EMPRESAS DE ESTRUCTURA CAPITALISTA: BREVE REFERENCIA A LOS CAMBIOS EN LAS POLÍTICAS DE RESPONSABILIDAD SOCIAL Y SOSTENIBILIDAD

El sistema de economía capitalista, sobre el que mayoritariamente se asientan los sistemas de producción, distribución, financiación y servicios en el Planeta, ha venido siendo la estructura de relaciones en las que se han generado o que han promovido muchos de los cambios en el planeta Tierra que demandan con urgencia cambios, si no queremos que deje de ser habitable para las especies que, hasta ahora, lo ocupamos. Los Objetivos de Desarrollo Sostenible (en adelante ODS) tienen todo que ver con la situación mencionada. Aunque es algo que se está poniendo de manifiesto desde hace varias décadas, es imprescindible que los agentes del sistema de economía capitalista (que, con sus variantes en los distintos países, son básicamente las sociedades anónimas, cotizadas o no, y las de responsabilidad limitada) adopten ya cambios fundamentales en su modo de comportamiento porque sus actuaciones impactan de modo esencial en aspectos tan importantes como el medioambiente, la riqueza o la pobreza de las naciones, el derecho a la salud, etc.

La prosecución de los ODS no depende sólo de políticas públicas, ni de la actividad de ONGs (nombre con el que, de forma jurídicamente imprecisa, se hace referencia a Fundaciones, Asociaciones y otras formas de organización colectiva que, sin ánimo de lucro, persiguen la consecución de fines colectivos). También las sociedades mercantiles, que explotan empresas, pueden, a través de su actividad económica en el tráfico jurídico y de sus políticas de Responsabilidad Social y Gobierno Corporativo, promover la consecución de los ODS. Ya hay tendencia a cambios en este sentido que provienen de distintas fuentes. Merece destacarse la reformulación académica del concepto de beneficio. Según se ha propuesto, la riqueza puede conceptualizarse como acceso a seis

* El presente trabajo se enmarca en el Proyecto titulado "Empresas de economía social y nuevos modelos de negocio" (DER2017-87895-R), del Programa estatal de investigación, desarrollo e innovación orientada a los retos de la sociedad (convocatoria 2017).

formas de capital: natural, humano, intelectual, social, manufacturado y financiero[1]. La prosecución de beneficios no financieros augura cambios en las políticas empresariales.

Y no sólo en el ámbito académico. Incluso las grandes empresas han empezado hace unos años a añadir a sus objetivos de Responsabilidad Social (que ya incluían políticas relacionadas con algunos de los ODS), fundamentalmente desde que se les exige introducir información no financiera en sus cuentas anuales (art. 262.5 Ley de Sociedades de Capital), a las políticas de sostenibilidad (conocidas también como criterios ESG, siglas de la expresión inglesa *Enviromental, Social and Gobernance*), para implantar medidas que satisfagan las expectativas de sus inversores en relación con estas materias[2]. Ya se empieza a hablar de "inversión sostenible y responsable" y a introducir en la medida del comportamiento diligente de los administradores la *Due Diligence* ambiental.

Para fomentar esta tendencia, el Foro Económico de Davos en su quincuagésima celebración (2020), aprobó en sus conclusiones finales un conjunto de principios éticos para guiar a las empresas en la era de la Cuarta Revolución Industrial, para avanzar hacia un capitalismo donde el objetivo de las empresas vaya más allá del beneficio y genere valor para todos sus grupos de interés. Sobre la base de que una empresa es algo más que una unidad económica generadora de riqueza, y atiende a las aspiraciones humanas y sociales en el marco del sistema social en su conjunto, destaca que el rendimiento no debe medirse tan solo como los beneficios de los accionistas, sino también en relación con el cumplimiento de los objetivos ambientales y sociales[3].

En esta línea recientemente la Ley 5/2021, de 12 de abril, por la que se modifica el texto refundido de la Ley de Sociedades de Capital, ha introducido cambios en el régimen dispositivo de la Ley de sociedades de capital (en adelante LSC) relacionados con el fomento de la implicación a largo plazo de los accionistas en las sociedades cotizadas, fundamentalmente a través de estrategias por las que se privilegia su voto.

---

1 RIDLEY-DUFF, R/WREN, D./McCULLOCH, M., "Wealth, Social Enterprise and the FairShares Model", disponible en julio 2021 en *Sheffield Hallam University Research Archive* (SHURA) en http://shura.shu.ac.uk/27756/ , especialmente en pág. 2. Este artículo conceptual y empírico explora cómo los campos de la empresa social (ES) y el desarrollo sostenible (DS) cuestionan el concepto de riqueza y lo reformula para incluir resultados no financieros.

2 Sobre estas cuestiones vid SEQUEIRA MARTÍN, A., "El desarrollo de la responsabilidad social corporativa *versus* sostenibilidad, y su relación con el gobierno corporativo en las directivas comunitarias y en el derecho español de sociedades cotizadas", *Revista de derecho de sociedades* (Aranzadi), ISSN 1134-7686, Nº 61, 2021.

3 En este sentido el Preámbulo de la Ley 5/2021, de 12 de abril, por la que se modifica el texto refundido de la Ley de Sociedades de Capital, aprobado por el Real Decreto Legislativo 1/2010, de 2 de julio, y otras normas financieras, en lo que respecta al fomento de la implicación a largo plazo de los accionistas en las sociedades cotizadas. Para un detalle mayor se puede consultar el informe del Foro Económico Mundial *Enabling Investor Stewardship in the Global Public Equity Markets*, Community paper, june 2021, Disponible a 2 de septiembre de 2021 en http://www3.weforum.org/docs/WEF_Enabling_Investor_Stewardship_in_the_Global_Public_Equity_Markets_2021.pdf. Por su parte, en el precitado Preámbulo de la Ley 5/2021 también se hace una cumplida referencia a declaraciones en el mismo sentido de otras organizaciones internacionales, como la OCDE y el G20 a través de los Principios de Gobierno Corporativo de 2015.

Se parte de la idea de que la inversión meramente especulativa en sociedades cotizadas conduce a las empresas a la toma de políticas económico financieras que fomentan la distribución de beneficios a corto plazo mientras que, tal y como se ha argumentado, las inversiones a largo plazo tienden a la toma de decisiones y políticas que consideran la sostenibilidad a medio y largo plazo de las empresas y, con ello, a la sostenibilidad social y medioambiental de las empresas y su entorno[4].

Como ha indicado el Presidente de la Alianza Cooperativa Internacional (ACI), al consenso sobre la necesidad de modelos empresariales apropiados para el desarrollo sostenible hay que sumarle la modificación sobre las reglas de juego del sistema financiero internacional ya que no es posible lograr desarrollo sostenible si las economías reales en los países están subordinadas al capital financiero especulativo internacional[5]. Aunque el diagnóstico que hace el autor de la realidad actual no es muy esperanzador, hay que confiar en que se van a operar los cambios que son precisos y ya urgentes, pero desde la colaboración internacional porque los cambios requieren una estrategia global que incluya a todos y no deje a nadie atrás[6].

2. QUÉ ES LA ECONOMÍA SOCIAL Y SOLIDARIA

Pero, no todos los agentes económicos que actúan en el mercado tienen el lucro económico como fin tipológico primero. Desde hace más de cien años se han ido desarrollando diferentes estructuras jurídico societarias para el ejercicio en común de actividades de empresa que se caracterizan porque entre sus fines no está la obtención de lucro directo y, en cambio, consideran a las personas como eje central de su organización y a la satisfacción de sus intereses se ordenan los principios que las orientan y su régimen jurídico. Persiguen el bien común de los socios y de las comunidades en las que desarrollan su actividad de forma prevalente. Me refiero a las entidades que integran lo que se conoce como Economía Social y Solidaria (en adelante ESS).

Como se muestra en el Preámbulo de la Ley 5/2011, de 29 de marzo, de Economía Social (en adelante LES) y en la *Estrategia Española de Economía Social 2017-2020*[7] (en adelante *la Estrategia*), el concepto y el contexto de la Economía Social (ES) se han ido decantando desde finales del siglo XVIII hasta nuestros días. A pesar del largo recorrido y, tal vez, a causa de la miríada de matices que introduce el hecho de ser un

---

[4] Vid en https://www.esma.europa.eu/policy-activities/sustainable-finance/cross-cutting, disponible a 2 de septiembre de 2021. Un informe reciente de la Autoridad Europea de Valores y Mercados (ESMA) ha destacado la relación que existe entre las inversiones a largo plazo y la sostenibilidad social y medioambiental de las empresas. Según este *Informe sobre las presiones cortoplacistas indebidas sobre las empresas (Undue short-term pressure on corporations)*, de 18 de diciembre de 2019, la inversión a largo plazo suele tener más en cuenta elementos y objetivos relacionados con la sostenibilidad.

[5] GUARCO, A.E., "Una economía global sostenible", *Revista Mediterráneo Económico,* nº 32, pp. 71 y ss.

[6] GUARCO, A.E., "Una economía global sostenible", cit., p. 72.

[7] Aprobada por Resolución de 15 de marzo de 2018, de la Secretaría de Estado de Empleo, por la que se publica el Acuerdo del Consejo de Ministros de 29 de diciembre de 2017, BOE de 18 de marzo de 2018.

fenómeno de implantación en todo el planeta, no existe una concepto único y consensuado de qué ha de considerarse ES ni de cuáles son las entidades a través de las que se canaliza su desarrollo. Ambas cuestiones son precisas para fijar los perímetros dentro de los que se desarrolla, tanto a efectos de dotar de adecuado régimen jurídico como de financiación e impulso a través de políticas públicas. No es este el lugar de entrar al tratamiento detenido de esta materia[8], por lo que vamos a proponer dos conceptos: el vigente en España en la LES y el más avanzado de entre los propuestos por grupos de trabajo internacionales. El primero, por razones obvias; el segundo porque nos permitirá obtener una visión más amplia y, a la vez, ajustada de qué es la Economía Social y Solidaria.

Según la LES, se denomina economía social al conjunto de las actividades económicas y empresariales, que en el ámbito privado llevan a cabo aquellas entidades que, de conformidad con los principios recogidos en el artículo 4, persiguen bien el interés colectivo de sus integrantes, bien el interés general económico o social, o ambos (art. 2 LES). Los citados principios son: a) Primacía de las personas y del fin social sobre el capital, que se concreta en gestión autónoma y transparente, democrática y participativa, que lleva a priorizar la toma de decisiones más en función de las personas y sus aportaciones de trabajo y servicios prestados a la entidad o en función del fin social, que en relación a sus aportaciones al capital social; b) Aplicación de los resultados obtenidos de la actividad económica principalmente en función del trabajo aportado y servicio o actividad realizada por las socias y socios o por sus miembros y, en su caso, al fin social objeto de la entidad; c) Promoción de la solidaridad interna y con la sociedad que favorezca el compromiso con el desarrollo local, la igualdad de oportunidades entre hombres y mujeres, la cohesión social, la inserción de personas en riesgo de exclusión social, la generación de empleo estable y de calidad, la conciliación de la vida personal, familiar y laboral y la sostenibilidad y d) Independencia respecto a los poderes públicos (art. 4 LES). En el art. 5 de la Ley 6/2016, de 4 de mayo, de la Economía Social de Galicia, la más reciente de las publicadas en territorio español y básicamente coincidente en estos temas con la LES, se añaden dos Principios más: el compromiso con el territorio frente a la despoblación y el envejecimiento en el medio rural gallego, inyectando estabilidad y futuro, y el fortalecimiento de la democracia institucional y económica.

En el art. 5 LES se hace una delimitación de cuáles son esas entidades de economía social llamadas a desarrollar su actividad con la finalidad y bajo los principios antes recogidos. Así, se establece que forman parte de la economía social las cooperativas, las mutualidades, las fundaciones y las asociaciones que lleven a cabo actividad económica, las sociedades laborales, las empresas de inserción, los centros especiales de empleo, las cofradías de pescadores, las sociedades agrarias de transformación y las entidades singulares creadas por normas específicas que se rijan por los principios antes indicados. Pero, esta enumeración no es un *numerus clausus*, sino que, como

---

8 Sobre estas cuestiones vid ÁLVAREZ VEGA, I., "El reto del Derecho ante los nuevos modelos de emprendimiento social. Especial referencia a la empresa social", *CIRIEC-España. Revista Jurídica*, Nº 33/2018, disponible el 21 de julio de 2021 en www.ciriec-revistajuridica.es

igualmente se establece en el apartado 2 del indicado precepto, podrán formar parte de la economía social aquellas entidades que realicen actividad económica y empresarial, cuyas reglas de funcionamiento respondan a los principios enumerados en el artículo anterior[9] (art. 6 LES).

Por su parte, en los grupos de trabajo internacionales sobre la materia, a las actividades sobre las que tratamos se las conoce como Economía Social y Solidaria (en adelante ESS). Este segundo calificativo, que enriquece y ensancha el ámbito de actuación de las entidades que la integran, se introdujo por primera vez en Francia en el año 2000 con la entrada en el Gobierno de miembros del partido "los Verdes"[10].

La ESS incluye una amplia gama de formas organizativas y está presente en lugares del mundo de muy distintas cotas de bienestar y progreso social, pero en todos ellos comparte "valores, características y objetivos comunes, combina actividades económicas sostenibles con un impacto social positivo, ajustando al mismo tiempo los bienes y servicios a las necesidades. Desempeña un papel importante en la transformación y evolución de las sociedades contemporáneas, los sistemas de bienestar social y las economías y, por ende, contribuye sustancialmente al desarrollo económico, social y humano ...". Y algo hoy igualmente importante, la economía social y solidaria ha contribuido en el pasado y lo puede hacer ahora a superar las crisis económicas mejor que otros sectores, ya que le es connatural "la búsqueda de soluciones innovadoras a los principales problemas socioeconómicos, muchos de los cuales surgen de la exclusión social y del envejecimiento de la población" [11].

Es un movimiento mundial respaldado e impulsado por múltiples organizaciones internacionales que, en su mayoría, actúan coordinadamente[12].

Las entidades empresariales que integran la ESS adoptan muy diversas formas jurídicas a lo largo y ancho del Planeta, pero todas ellas comparten los siguientes

---

9 La certeza a este sistema de *numerus apertus* se le confiere por la existencia de un registro o catálogo de entidades cuya llevanza, en consulta con las CCAA, le corresponde llevar al Ministerio con competencia en materia de fomento de la economía social (art. 6 LES).

10 Sobre la evolución del perímetro de interés de la entidades de economía social y solidaria y cómo la nomenclatura ha influido al respecto vid HIEZ, D, *Guide pour la rédaction d'un droit de l'économie Sociale et Solidaire*, ESS Forum International, Les Rencontres du Mont-Blanc, junio 2021, pp. 25-26, disponible a 6 de septiembre de 2021 en https://es.essforuminternational.com/guide-pour-un-droit-de-ess

11 CONSEJO UE, *La promoción de la economía social como motor clave del desarrollo económico y social en Europa*, Bruselas, 7 de diciembre de 2015. En esta misma línea, en España la *Estrategia Española de Economía Social 2017-2020*, partiendo de la Ley 5/2011, de 29 de marzo, de Economía Social y de la Ley 2/2011, de 4 marzo, de Economía Sostenible, "pretende conseguir un patrón de crecimiento que concilie el desarrollo económico, social y medioambiental, en una economía competitiva y productiva que sea capaz de favorecer el empleo de calidad, la igualdad de oportunidades y la cohesión social, y de garantizar el respeto del medio ambiente y el uso racional de los recursos naturales". También La economía social y la crisis de la COVID-19: roles actuales y futuros (oecd.org) (disponible en octubre 2021). Sobre los once ejes de la *Estrategia*, vid el estudio de ÁLVAREZ VEGA, I., "El reto del Derecho ante los nuevos modelos de emprendimiento social...", cit.

12 Vid HIEZ, D., *Guide pour la redaction...*, cit. págs. 26 y ss.

principios[13]: 1) El ser humano, su trabajo y sus mecanismos de cooperación, tienen primacía sobre los medios de producción, 2) El espíritu de solidaridad, cooperación, participación y ayuda mutua, 3) Una administración democrática, participativa, autogestionada y emprendedora, 4) Adhesión voluntaria, responsable y abierta, 5) Propiedad colectiva y solidaria de los medios de producción, 6) Participación económica de los socios, bajo los principios de justicia y equidad, 7) Formación e información de sus miembros de forma permanente, oportuna y progresiva, 8) Autogestión, autodeterminación y autonomía de los poderes públicos, 9) Servicio a la comunidad, 10) Colaboración e integración con otras organizaciones del mismo sector y 11) Promoción de la cultura ecológica. Todos los cuales pueden reconducirse a: primacía de la persona, ánimo de lucro, presente, pero limitado, subordinado a la consecución de los demás objetivos, gobierno democrático, propiedad colectiva del capital y de los medios de producción y actividad dirigida a favorecer a las comunidades y/o los entornos en los que se implantan.

Conviene, aunque brevemente, distinguir a las entidades que integran la ESS de otros agentes económicos: obviamente no lo son las personas jurídicas que busquen grandes financiaciones a través de los mercados de capitales ni que pretendan el desarrollo de empresas de grandes escalas (por más que pretenda proyectar la idea de que a través de su plataforma se realiza colaboración, UBER no es una entidad de economía social). Tampoco se integran en este movimiento mundial otros sujetos que, sobre la base de la filantropía, desarrollan actividades sin ánimo de lucro porque las entidades que integran la ESS explotan empresas y persiguen beneficiar económicamente a sus miembros, es decir, lucro, aunque subordinado al cumplimiento de los principios antedichos[14]. Del mismo modo, no se consideran entidades de la ESS las que desarrollan lo que se califica como "economía informal"[15].

3. ECONOMÍA SOCIAL Y SOLIDARIA Y OBJETIVOS DE DESARROLLO SOSTENIBLE (ODS)

Según la Declaración del Grupo Piloto Internacional de la Economía Social y Solidaria de Naciones Unidas (realizado en su septuagésimo tercera sesión), la economía social y solidaria "se basa en prácticas económicas justas, solidarias e inclusivas y, por consiguiente, sustentables así como sitúa al ser humano y su medio-ambiente en el centro de su actividad. Está impulsada por una dinámica del compartir, tiene una utilidad social, ecológica y cívica y se rige por principios de gobernabilidad democrática. Es el

---

[13] HIEZ, D., *Guide pour la redaction…*, cit., pp. 51 y ss.

[14] HIEZ, D., *Guide pour la redaction…*, cit., pp. 66 y ss.

[15] La economía informal incluye la actividad de personas desfavorecidas que actúan al margen del marco legal establecido por el Estado. Hay varios criterios para identificar el sector informal: falta de pago de impuestos, no sometimiento a trámites de registro, no uso de contratos de trabajo regidos por las normas laborales y el uso de formas de financiación fuera del sector bancario tradicional. Los actores del sector informal no están necesariamente desorganizados. Entre ellos hay organizaciones que hacen campaña por la emancipación de los actores económicos más frágiles: trabajadoras domésticas no asalariadas, vendedores ambulantes.. HIEZ, D., Guide pour la redaction…, cit., pp. 71 y ss.

modelo más adecuado para cumplir los diecisiete objetivos de desarrollo sostenible (ODS) establecidos por las Naciones Unidas en el horizonte 2030". Es más, como se afirma por Naciones Unidas, "...no cabe duda de que ESS es un medio estratégico para alcanzar los Objetivos de Desarrollo Sostenible (ODS) y del otro lado, los ODS dan la directriz para un modelo económico social y solidario"[16]; por lo que mutuamente se complementan.

En los documentos y trabajos científicos que se ocupan del estudio de las entidades de economía social es habitual identificar, de forma directa o indirecta, la implantación e impulso de éstas con la consecución de diversos ODS. Como con acierto se ha afirmado, las organizaciones de la economía social "por su propia naturaleza y por sus valores (...) entroncan desde hace mucho tiempo con el desarrollo sostenible, la responsabilidad social y el enfoque en la persona. Su filosofía se sostiene sobre el equilibrio de la perspectiva económica y social, unos pilares sobre los que se cimienta la Agenda 2030 y los ODS[17].

El Eje 11 de la *Estrategia Española de Economía Social 2017-2020* es, precisamente, la "Participación de la Economía Social en el diseño e implantación de la Agenda de los Objetivos de Desarrollo Sostenible (ODS)". En *la Estrategia* se hace referencia a que, durante la 72.ª Asamblea General de las Naciones Unidas, El Grupo Piloto Internacional sobre Economía Social y Solidaria (GPIESS), destacó la importancia de la financiación de la economía social y solidaria como medio para financiar los ODS. Pero fue en la Declaración de este Grupo Piloto en la 73ª Asamblea General de las Naciones unidas, de 25 de septiembre de 2018, en el que se manifestó expresamente el firme compromiso de "promover e implementar políticas públicas para la Economía Social y Solidaria en los cinco continentes porque este modelo se basa en prácticas económicas justas, solidarias e inclusivas y, por consiguiente, sustentables; así como sitúa al ser humano y su medio-ambiente en el centro de su actividad. Está impulsada por una dinámica del compartir, tiene una utilidad social, ecológica y cívica y se rige por principios de gobernabilidad democrática. Es el modelo más adecuado para cumplir los diecisiete objetivos de desarrollo sostenible (ODS) establecidos por las Naciones Unidas en el horizonte 2030"[18]. Según la Confederación empresarial española de economía social (CEPES), las empresas de economía social en España están especialmente comprome-

16 ASAMBLEA GENERAL DE NACIONES UNIDAS, *La economía social y solidaria, fuente de creación de empleos y cohesión social,* Evento de alto nivel, 25 de septiembre de 2018. Disponible a 3 de septiembre de 2021 en https://www.economiasolidaria.org/sites/default/files/news_attachments/ESP%20-%20DECLARATION.pdf

17 HERRANZ, J.Mª. & GARCÍA, S. (2021): "La comunicación de los Objetivos de Desarrollo Sostenible en las organizaciones de la Economía Social", *CIRIEC-España, Revista de Economía Pública, Social y Cooperativa,* 101, 165-191. DOI: 10.7203/CIRIEC-E.101.18393.

18 Declaración del Grupo Piloto Internacional de la Economía Social y Solidaria de la ASAMBLEA GENERAL DE NACIONES UNIDAS, " La economía social y solidaria, fuente de creación de empleos y cohesión social", cit.

tidas con el cumplimiento de la Agenda 2030 de Desarrollo Sostenible aprobada por Naciones Unidas[19].

Debe hacerse hincapié en cinco convergencias particulares: los valores humanistas, la respuesta a las crecientes preocupaciones contemporáneas, la atención a los problemas ecológicos y de generaciones futuras, la actuación en materia de vivienda y urbanización y, finalmente, la cultura democrática. Aunque, más allá de las convergencias generales entre los ODS y la Economía Social y Solidaria, las entidades de ESS comparten cuatro rasgos que pueden facilitar la consecución de los ODS: su esencia democrática y multi participativa que promueve la resolución de conflictos entre los diversos objetivos; su actuación a nivel local, lo que promueve la participación de la población local y la adaptación de los objetivos a las necesidades concretas de la población; el origen popular de la ESS y, en particular, el peso que en su seno tienen las mujeres, lo que favorece políticas para los más desfavorecidos y evita la confiscación de la actividad por parte de las élites o las instituciones[20].

Obviamente, las entidades de ESS necesitan del apoyo e impulso de políticas públicas para optimizar la consecución de sus objetivos y, en particular, los ODS[21]. Por citar sólo un ejemplo de estas prácticas públicas y que sea de nuestro país, en Barcelona Activa, una entidad del Ayuntamiento de Barcelona, se dedican al fomento y fortalecimiento de iniciativas emprendedoras, organizaciones y empresas que se adhieren a los principios de la ESS en la ciudad, desde la perspectiva de la innovación socioeconómica[22].

4. BIBLIOGRAFÍA Y OTRAS FUENTES

ÁLVAREZ VEGA, I., "El reto del Derecho ante los nuevos modelos de emprendimiento social. Especial referencia a la empresa social", *CIRIEC-España. Revista Jurídica*, Nº 33/2018, disponible en julio de 2021 en www.ciriec-revistajuridica.es

[19] Vid https://www.cepes.es/general/economiasocialyods , disponible en octubre 2021. En el sitio hay un gráfico de barras en el que se muestra en qué medida las EES contribuyen a la consecución de cada uno de los ODS.

[20] HIEZ, D., *Guide pour la redaction…*, cit., p. 159 y UNRISD, "L'Économie Sociale et Solidaire pour les Objectifs de développement durable", *Panorama de l'économie sociale à Séoul*, juillet 2018, disponible a 7 de septiembre de 2021 en Social and Solidarity Economy for the SDGs: Spotlight on the Social Economy in Seoul | GSEF (gsef-net.org).

[21] A la pregunta de por qué es necesario promover la ESS, dictando normas y políticas públicas que le den cobertura, Helena Almirati, miembro de la Coordinadora de Economía Solidaria de Uruguay contestó: "Vivimos en un mundo donde la economía pone en el centro la acumulación de capital y no el desarrollo humano ni la preocupación por el medio ambiente, y donde existen políticas públicas, leyes y programas educativos que se han desarrollado a lo largo de la historia del país para fortalecer y desarrollar este sistema y sus valores. Por lo tanto, el desarrollo de la Economía Solidaria, la legislación y las políticas públicas que la promueven merecen toda nuestra atención y todos nuestros esfuerzos" ALMIRATI, H, Entrevista concedida a la Red Intercontinental para la Promoción de la Economía Social Solidaria, disponible a 7 de septiembre de 2021 en Entrevista a Helena Almirati: "Esta ley nos guiará si seguimos trabajando día tras día para que cada capítulo no sea solo eso" - RIPESS.

[22] Disponible en octubre 2021 en https://www.barcelonactiva.cat/en/social-and-solidarity-economy

ASAMBLEA GENERAL DE NACIONES UNIDAS, *La economía social y solidaria, fuente de creación de empleos y cohesión social,* Evento de alto nivel, 25 de septiembre de 2018. Disponible a 3 de septiembre de 2021 en https://www.economiasolidaria.org/sites/default/files/news_attachments/ESP%20-%20DECLARATION.pdf

AUTORIDAD EUROPEA DEL MERCADO DE VALORES (ESMA), *Informe sobre las presiones cortoplacistas indebidas sobre las empresas (Undue short-term pressure on corporations),* de 18 de diciembre de 2019, disponible en septiembre 2021 en https://www.esma.europa.eu/policy-activities/sustainable-finance/cross-cutting

CONSEJO UE, *La promoción de la economía social como motor clave del desarrollo económico y social en Europa,* Bruselas, 7 de diciembre de 2015.

MINISTERIO DE EMPLEO Y ECONOMÍA SOCIAL, *Estrategia Española de Economía Social 2017-2020,* disponible en octubre 2021 en https://www.lamoncloa.gob.es/consejodeministros/Paginas/enlaces/291217estrategia.aspx

FORO ECONÓMICO MUNDIAL, *Enabling Investor Stewardship in the Global Public Equity Markets,* Community paper, june 2021, Disponible a 2 de septiembre de 2021 en http://www3.weforum.org/docs/WEF_Enabling_Investor_Stewardship_in_the_Global_Public_Equity_Markets_2021.pdf.

GUARCO, A.E., "Una economía global sostenible", *Revista Mediterráneo Económico,* nº 32, pp. 71 y ss.

HERRANZ, J.Mª. & GARCÍA, S. (2021): "La comunicación de los Objetivos de Desarrollo Sostenible en las organizaciones de la Economía Social", *CIRIEC-España, Revista de Economía Pública, Social y Cooperativa,* 101, 165-191. DOI: 10.7203/CIRIEC-E.101.18393.

HIEZ, D, *Guide pour la rédaction d'un droit de l'économie Sociale et Solidaire,* ESS Forum International, Les Rencontres du Mont-Blanc, junio 2021, disponible en septiembre de 2021 en https://es.essforuminternational.com/guide-pour-un-droit-de-ess

RIDLEY-DUFF, R/WREN, D./McCULLOCH, M., "Wealth, Social Enterprise and the FairShares Model", disponible en julio 2021 en *Sheffield Hallam University Research Archive* (SHURA) en http://shura.shu.ac.uk/27756/

SEQUEIRA MARTÍN, A., "El desarrollo de la responsabilidad social corporativa *versus* sostenibilidad, y su relación con el gobierno corporativo en las directivas comunitarias y en el derecho español de sociedades cotizadas", *Revista de derecho de sociedades* (Aranzadi), ISSN 1134-7686, Nº 61, 2021.

UNRISD, "L'Économie Sociale et Solidaire pour les Objectifs de développement durable", *Panorama de l'économie sociale à Séoul,* juillet 2018, disponible en septiembre de 2021 en Social and Solidarity Economy for the SDGs: Spotlight on the Social Economy in Seoul | GSEF (gsef-net.org).

CAPÍTULO IV.
LA PERSPECTIVA DE GÉNERO EN LA APLICACIÓN JURISDICCIONAL DEL PRINCIPIO DE IGUALDAD RETRIBUTIVA POR TRABAJO DE IGUAL VALOR

Francisca María Ferrando García
Catedrática de Derecho del Trabajo y de la Seguridad Social
Universidad de Murcia

1. LA IGUALDAD RETRIBUTIVA: UN PUNTO DE INTERSECCIÓN ENTRE LOS OBJETIVOS DE DESARROLLO SOSTENIBLE 5 Y 8

Desde la perspectiva laboral, en un estudio sobre los Objetivos de Desarrollo Sostenible (ODS) incluidos en la Agenda 2030 de Naciones Unidas para el Desarrollo Sostenible[1], no puede faltar el análisis de su alcance en materia de igualdad retributriva, por cuanto en dicha materia convergen dos de los objetivos recogidos en dicha Agenda: el ODS 5, encaminado a "Lograr la igualdad entre los géneros y empoderar a todas las mujeres y las niñas", y el ODS 8, relativo al "Trabajo decente y crecimiento económico".

Y ello, en la medida en que el trabajo decente significa, según la definición recogida por la OIT, "la oportunidad de acceder a un empleo productivo que genere un ingreso justo, la seguridad en el lugar de trabajo y la protección social para las familias, mejores perspectivas de desarrollo personal e integración social, libertad para que los individuos expresen sus opiniones, se organicen y participen en las decisiones que afectan sus vidas, y la igualdad de oportunidades y trato para todos, mujeres y hombres"[2].

De la conexión entre trabajo precario y desigualdad habla, precisamente, el ODS 8 sobre trabajo decente, cuando advierte que "la creación de empleo en condiciones de precariedad es la principal fuente del aumento de la desigualdad y de la modificación de los perfiles de pobreza y exclusión social". En relación con la desigualdad retributiva, la Agenda 2030 denuncia que los hombres ganan 12,5% más que las mujeres en 40 de los 45 países de los que se tienen datos; que la brecha salarial de género en todo el mundo se sitúa en el 23%, y que, si no se toman medidas, se necesitarán otros 68 años para lograr la igualdad salarial[3].

---

[1] Asamblea General de la ONU, 25 de septiembre de 2015.

[2] http://www.oit.org/global/topics/decent-work/lang--es/index.htm

[3] https://www.agenda2030.gob.es/es/objetivos/objetivo-8-trabajo-decente-y-crecimiento-economico

Entre las metas que la Agenda propone alcanzar en 2030, en lo que atañe a la mujer trabajadora, el epígrafe 8.5 intitulado "Pleno empleo y trabajo decente", incluye el objetivo de lograr "el trabajo decente para todas las mujeres y los hombres (…), así como la igualdad de remuneración por trabajo de igual valor".

En el entendimiento de que la igualdad de remuneración constituye un hito esencial para los derechos humanos y la igualdad de género, las Naciones Unidas, junto con las agencias de ONU Mujeres y la Organización Internacional del Trabajo (OIT)[4], han promovido la creación de una Coalición Internacional para la Igualad Salarial (EPIC, por sus siglas en inglés), integrada por Estados Miembros, sociedad civil, organizaciones de mujeres, así como las empresas y las organizaciones de trabajadores y empleadores, destinada a hacer realidad la igualdad de salarial por un trabajo de igual valor y el empoderamiento económico de mujeres y niñas[5].

También, en el ámbito de la UE, se ha aprobado la Estrategia Europea para la Igualdad de Género 2020-2025[6], que establece los objetivos estratégicos y las acciones clave de la Comisión Europea para este período 2020-2025, incluyendo la eliminación de la brecha retributiva de género.

2. LA DISCRIMINACIÓN SALARIAL EN ESPAÑA: CARACTERIZACIÓN GENERAL

Sin perjuicio de los datos globales anteriormente mencionados, y a los que se refiere la Agenda 2030, cabe plantearse si la situación retributiva de las trabajadoras en España, un país desarrollado enmarcado en la vieja Europa, y dentro de esta, en la UE, estandarte de los derechos sociales, requiere de una actuación especial en relación con esta meta de los ODS 5 y 8.

La respuesta a esta cuestión ha de ser afirmativa, dado que, en España, las mujeres todavia perciben salarios más bajos que los hombres. Todavía existe una brecha salarial del 16,2%[7]. España triplica la brecha salarial de otros países como Luxemburgo, Bélgica, Rumanía e Italia. Según datos del INE, el salario medio anual femenino en 2019 fue de 21.682,02 €, mientras que el masculino alcanzó los 26.934,38 €[8].

La brecha se incrementa con las responsabilidades familiares y la edad, de lo que cabe inferir que el desigual reparto de las responsabilidades familiares afecta a su

4 La Conferencia Internacional del Trabajo, en su Declaración del Centenario de la OIT para el Futuro del Trabajo (junio 2019), ha manifestado que esta organización internacional debe orientar sus esfuerzos para "lograr la igualdad de género en el trabajo".

5 https://lac.unwomen.org/es/que-hacemos/empoderamiento-economico/epic

6 Comunicación de la Comisión al Parlamento Europeo, al Consejo, al Comité Económico y Social Europeo y al Comité de las Regiones: Una Unión de la igualdad: Estrategia para la Igualdad de Género 2020-2025, Bruselas, 5.3.2020, COM(2020) 152 final. Disponible en https://eur-lex.europa.eu/legal-content/ES/TXT/PDF/?uri=COM:2020:152:FIN

7 https://www.observatorioigualdadyempleo.es/igualdadsalarialfm-la-brecha-salarial-en-espana/

8 https://www.ine.es/dyngs/INEbase/es/operacion.htm?c=Estadistica_C&cid=1254736177025&menu=ultiDatos&idp=1254735976596

salario. En efecto, según el informe publicado por la Comisión Europea respecto de 2017, los hombres con una pareja e hijos cobran un 37% más que las mujeres en la misma situación[9].

Por profesiones, los salarios más bajos se registran en determinados ámbitos de la agricultura, de la limpieza y de los cuidados[10], que constituyen, precisamente actividades feminizadas, caracterizadas por la precariedad laboral (contratación temporal y a tiempo parcial). La segregación ocupacional por sexo es el factor que más incide en la brecha salarial entre mujeres y hombres, al determinar que las mujeres ocupen profesiones vinculadas a los roles de género, observándose que la brecha salarial aumenta progresivamente a medida que la proporción de mujeres en una ocupación crece[11].

A mayor abundamiento, las peores condiciones laborales y, en particular, retributivas a las que están sometidas las mujeres durante su carrera laboral dan lugar a una brecha prestacional cercana al 35%. En marzo de 2020, la base de cotización media de las mujeres –elemento que condiciona la cuantía de las futuras prestaciones de la Seguridad Social– alcanzaba los 1.662,7 € frente a los 1.984,7 € de media en el caso de los hombres, reflejo de la persistencia de una gran brecha salarial; brecha en la que incide, entre otras circunstancias, el alto peso de la contratación a tiempo parcial en las mujeres –el 74% del total–, el techo de cristal, y la baja remuneración de los trabajos feminizados. Como consecuencia de lo anterior, la pensión media mensual de los hombres era de 1.225 € frente a los 803 € en el caso de las mujeres; concretamente, la pensión de jubilación media masculina era de 1.332,35 € y la femenina de 877,39 €[12].

3. MEDIDAS LEGISLATIVAS PARA LOGRAR LA IGUALDAD RETRIBUTIVA

Una vez descrito el panorama existente en nuestro país, no es de extrañar que, al margen del principio de igualdad y no discriminación por razón de sexto recogido con carácter general en el art. 14 CE, el único precepto que alude a la igualdad por razón de sexo en la Norma Fundamental sea el art. 35.1 CE referido, precisamente, al ámbito laboral. Además, en el plano normativo infraconstitucional, son diversas las previsiones legislativas, como los arts. 4.2.c) y 17 ET y otras a las que se hará oportuna referencia, encaminadas a formular dicho principio y a prohibir la discriminación en materia salarial.

---

9 https://www.epdata.es/datos/brecha-salarial-hombres-mujeres-espana-datos-graficos/320

10 El 34,3 % de las empleadas del hogar en España vive en hogares pobres, según el Estudio Oxfam Intermon en colaboración con el Laboratorio de Derecho Social del Instituo Universitario de Estudios de Género de la Universidad Carlos III (disponible en https://oxfam.app.box.com/s/39bt5j4a98miyug9ckb2hlblojdtb0pb; fecha de consulta: 05/11/2021).

11 DE LA RICA, S., GORJÓN, L., VEGA, A., "Brechas de género en el mercado laboral en Euskadi", Fundación ISEAK, 2019 (disponible en https://www.emakunde.euskadi.eus/contenidos/informacion/publicaciones_informes/es_emakunde/adjuntos/informe_emakunde_final_v4.pdf).

12 Secretaría de Estado de la Seguridad Social, https://revista.seg-social.es/2020/03/06/la-mujer-en-la-seguridad-social-breve-radiografia-de-situacion/

Con todo, como se ha visto, todavía no se ha logrado la igualdad efectiva en materia retributiva, por lo que procede analizar la respuesta ofrecida por los poderes públicos para lograr el objetivo de igualdad retributiva previsto en los ODS 5 y 8, así como en el resto de instrumentos internacionales, comunitarios y de derecho interno.

En la lucha contra la brecha y la discriminación salarial, merecen especial atención las medidas introducidas por el RDL 6/2019 de 1 de marzo, de medidas urgentes para garantía de la igualdad de trato y de oportunidades entre mujeres y hombres en el empleo y la ocupación. Como se sabe, el RDL 6/2019 modifica el art. 28.2 ET para introducir la obligación empresarial de llevar "un registro con los valores medios de los salarios, los complementos salariales y las percepciones extrasalariales de su plantilla, desagregados por sexo y distribuidos por grupos profesionales, categorías profesionales o puestos de trabajo iguales o de igual valor".

En este punto, conviene recordar que el concepto de trabajo de igual valor proviene del Derecho internacional [aparece en el art.11 d) de la Convención sobre la eliminación de todas las formas de discriminación contra la mujer, adoptada de 1979 (CEDAW); Convenio 100 OIT (1951); y art. 4.3 de la Carta Social Europea (1996)] y del Derecho comunitario (art. 157 TFUE; Directiva 2006/54/CE). Dicha noción se ha trasladado al derecho interno, a través del art. 28.1, párrafo 2º ET, a cuyo tenor: "Un trabajo tendrá igual valor que otro cuando la naturaleza de las funciones o tareas efectivamente encomendadas, las condiciones educativas, profesionales o de formación exigidas para su ejercicio, los factores estrictamente relacionados con su desempeño y las condiciones laborales en las que dichas actividades se llevan a cabo en realidad sean equivalentes".

Se trata, pues, de una noción más flexible y amplia que la de "igual trabajo", por cuanto no utiliza como término de comparación los trabajos o puestos de trabajo, sino las funciones o tareas, las condiciones educativas, profesiones o de formación, así como los factores y condiciones laborales, cuya definición se recoge en el art. 4, aptdos. 2 y 3 del RD 902/2020, de 13 de octubre, de igualdad retributiva entre mujeres y hombres.

Esta solución evita fórmulas de discriminación salarial indirecta que tienen su origen en los estereotipos de género que asignan determinados roles a la mujer y que conducen a la infravaloración de características femeninas o actividades tradicionalmente femeninas[13], que influyen en el diseño de la clasificación profesional en las empresas (prohibida por art. 22.4 ET). En este sentido, con relación a la clasificación profesional, el art. 22.3 ET (igualmente modificado por RDL 6/2019), dispone que: "La definición de los grupos profesionales se ajustará a criterios y sistemas que, basados en un análisis correlacional entre sesgos de género, puestos de trabajo, criterios de encuadramiento y retribuciones, tengan como objeto garantizar la ausencia de discriminación, tanto

[13] Sobre la cuestión, puede consultarse LOPEZ ANIORTE, M.C., "Juzgando con perspectiva de género: flexibilización de los requisitos de acceso a la prestación de incapacidad temporal tras el disfrute de excedencias por cuidado de hijo o hija", *Revista de Trabajo y Seguridad Social. CEF*, núm. 433, 2019, pp. 3 y 4.

directa como indirecta, entre mujeres y hombres. Estos criterios y sistemas, en todo caso, cumplirán con lo previsto en el artículo 28.1".

4. LA PERSPECTIVA DE GÉNERO EN LA APLICACIÓN JURISDICCIONAL DEL PRINCIPIO DE IGUALDAD RETRIBUTIVA POR TRABAJO DE IGUAL VALOR

4.1. Detección de los estereotipos de género y tutela judicial antidiscriminatoria en materia retributiva

Una vez planteado el conflicto ante los tribunales, la aplicación de la normativa antidiscriminatoria y la traslación de los criterios anteriormente referidos a la práctica requiere de una concreta metodología de impartición de justicia con perspectiva de género, dirigida a detectar los sesgos y estereotipos de género que influyen en la configuración o definición de categorías profesionales y en la determinación de los correspondientes niveles retributivos, en función de atributos o características tradicionalmente asignados al sexo femenino.

El papel del poder judicial en este punto es esencial. No en vano, con relación al ámbito de la justicia, el ODS, el 16, señala la necesidad de "Promover sociedades justas, pacíficas e inclusivas", mediante el fomento y aplicación de leyes y políticas no discriminatorias en favor del desarrollo sostenible. En España, sin perjuicio de la más reciente incorporación de la perspectiva de género en la actividad jurisdiccional merced a la actividad de un grupo de magistradas y magistrados de lo social, existen importantes antecedentes en la doctrina constitucional en lo que concierne a la igualdad salarial.

Así, en lo que atañe a la materia retributiva, la STC 145/1991, de 1 de julio, afirmaba que la fijación en el Convenio Colectivo aplicable al Hospital Provincial de Madrid "Gregorio Marañón" de un salario inferior para la categoría profesional de limpiadoras al establecido para los peones, carecía de justificación objetiva y razonable y constituía una condición discriminatoria. Y la STC 147/1995, de 16 de octubre, concluyó que la diferencia salarial existente entre la categoría de oficialas de 1ª y 2ª en actividades complementarias en las secciones de envasado y control estadístico, en las que trabajaban exclusivamente mujeres, y la de oficiales especialistas de 2ª y 3ª, en las secciones de mezclas, desmoldado y satinado, integrada únicamente por hombres, comportaba una discriminación retributiva por razón de sexo[14].

[14] La STC 250/2000, de 30 de octubre, sobre el salario establecido en el Convenio para el Manipulado y Envasado de Agrios de Murcia, en la que se planteaba si la diferencia entre el salario percibido por las envasadoras y por los trabajadores de almacen era discriminatoria, entra a analizar si los factores tenidos en cuenta para la asignación del salario son objetivos y razonables, si bien en este caso el máximo intérprete constitucional considera justificada la diferencia salarial en atención al esfuerzo físico que han de desarrollar los trabajadores de almacén, quienes tenían que cargar cajas de 20 kgs., con las dolencias que ello podía acarrear.

La posterior STS de 14 de mayo de 2014 (rec. 2328/2013), relativa a la posible discriminación retributiva indirecta por razón de sexo ocasionada por la cuantificación del "plus voluntario y absorbible", confirmó la existencia de trato discriminatorio porque, a diferencia de lo que sucedía en otros departamentos con mayoría de hombres (camareros de bares y cocina), la cuantía del plus era sensiblemente inferior en otro departamento (camareras de pisos) en el que sólo trabajaban mujeres, sin que se apreciara justificación objetiva y razonable de esa disparidad en el "plus", pese a encontrarse unos y otras en el mismo nivel salarial del Convenio Colectivo de aplicación.

En la doctrina de suplicación, la reciente STSJ Canarias de 27 de julio de 2021 (rec. 867/2021), aplica la perspectiva de género en un caso en el que se impugna la asignación mayoritariamente a trabajadores de la categoría de peon polivalente, en horario nocturno o diurno, que únicamente requiere esfuerzo físico y atención, y se halla mejor retribuida que la categoría de peon que se realiza en horario diurno y también requiere únicamente esfuerzo físico y atención, y que está integrada en proporciones semejantes por hombres y mujeres. La sentencia recuerda "el mandato legal de integrar la perspectiva de género en la valoración e interpretación de las características, requerimientos, condiciones, cualificaciones, capacidades y responsabilidades de las dos categorías profesionales cuestionadas a los efectos de identificar si estamos ante trabajos de igual valor retribuidos de forma diferente con impacto adverso desproporcionado en un colectivo de personas trabajadoras mayoritariamente femenino". Tras valorar la prueba presentada, concluye que se ha feminizado la categoría inferior y masculinizado la categoría superior, sin que quede justificada la diferencia retributiva en las funciones, requerimientos, responsabilidades del puesto, por lo que concluye la existencia de discriminación salarial por razón de sexo.

Otro ejemplo de la aplicación de esta técnica jurisdiccional en la valoración del trabajo a efectos retributivos es la STSJ Canarias de 2 noviembre 2017 (rec. 461/2017), referida al "plus de productividad" recogido en el pacto salarial de determinada empresa dedicada al sector de la hostelería, para el que establecían cuantías distintas incluso entre categorías profesionales del mismo grupo retributivo. A tenor de la sentencia, la regulación del plus era opaca, pues no se explicitaban las concretas razones por las que se asignaban unas u otras cuantías a cada categoría, y, en cualquier caso, no obedecían a parámetros puramente productivos, pese a lo que pudiera deducirse de su denominación. Al no considerar justificado el menor importe (139 euros) previsto para las limpiadoras-camareras de piso, categoría íntegrada en su mayoría por mujeres, respecto de la cuantía (640,67 euros) asignada a las categorías de cocina y camareros de sala (integradas en un 85% por hombres), dicha sentencia declara nula por discriminatoria por razón de sexo la regulación del mencionado "plus de productividad".

Los anteriormente citados son, solamente, algunos ejemplos del enjuiciamiento con perspectiva de género que es preciso valorar positivamente, y que deberían emularse en todos los niveles jurisdiccionales (instancia, doctrina de suplicación, casación y constitucional), en aras de la igualdad efectiva en materia retributiva.

4.2. El enjuiciamiento con perspectiva de género: un mandato legal que requiere formación específica

Es preciso recordar que esta metodología de enjuiciamiento no constituye una opción, sino un mandato dirigido a los órganos judiciales encargados de administrar justicia[15]. Como ha advertido la ya citada STSJ Canarias de 27 de julio de 2021, "es obligación de todo órgano jurisdiccional integrar la perspectiva de género en la impartición de justicia, que debe implementarse como metodología de resolución en toda controversia judicial en la que se involucren relaciones asimétricas o patrones estereotípicos de género, aun cuando las partes no lo soliciten expresamente".

Como recuerda la doctrina, y señala expresamente la mencionada sentencia, dicha obligación tiene su fundamento, además de en "la normativa internacional (que) exige combatir la discriminación mediante el quehacer jurisdiccional, para asegurar el acceso a la justicia y remediar situaciones asimétricas de poder, así como una justicia libre de estereotipos"[16], en los preceptos constitucionales que configuran el principio de igualdad como valor superior del ordenamiento jurídico, y obligan a los poderes públicos a promover las condiciones y remover los obstáculos a su efectiva consecución (art. 9.2 y 14 CE), y, más explícitamente, en los arts. 4 y 15 de la Ley Orgánica 3/2007 de Igualdad efectiva de Mujeres y Hombres, que regulan, respectivamente, la obligación de integrar la perspectiva de género en la interpretación y aplicación de las normas jurídicas, y recogen la transversalidad del principio de igualdad de trato y oportunidades entre mujeres y hombres en la actuación de los poderes públicos[17].

La metodología de impartición de justicia con perspectiva de género es una labor que debe desplegarse en tres fases judiciales concretas[18]: en la tramitación del proce-

---

[15] JIMÉNEZ HIDALGO, A., "Juzgar con perspectiva de género en la jurisdicción de lo social. ¿Es necesaria una reforma legislativa?", Ponencia impartida en las 2as. Jornadas Jurídicas de Derecho Laboral y Sindical del Gabinet Tècnic Jurídic de CCOO de Cataluña "La precariedad laboral: desigualdad y discriminación". Barcelona, 8 de noviembre del 2018, p. 7; y POYATOS I MATAS, G., "Juzgar con perspectiva de género. ¿Opción u obligación?", *Justicia Social*, núm. 3, 2018, p. 23 (disponible en https://issuu.com/colegiooficialdegraduadossocialesde/docs/revista_justicia_social_n__93__web_).

[16] POYATOS I MATAS, G., "Juzgar con perspectiva de género: una metodología vinculante de justicia equitativa", *iQual. Revista de Género e Igualdad,* núm. 2, 2019, p. 10. La autora considera que el fundamento de la obligación de introducir la perspectiva de género en la labor jurisdiccional se situa en el art. 29 de la Directiva 2006/54/CE relativa a la aplicación del principio de igualdad de oportunidades e igualdad de trato entre hombres y mujeres en asuntos de empleo y ocupación (refundición) de la UE; en los arts. 1, 2 c) d), d) y f), 5 a) y 15.2 de la CEDAW (Convención sobre la eliminación de todas las formas de discriminación contra la mujer, aprobada el 18 de diciembre de 1979 por la Asamblea General de las Naciones Unidas y ratificada por España en 1983) y las Recomendaciones Generales nº 19 y 33 del Comité CEDAW; y en los arts. 3 y 49 del Convenio del Consejo de Europa sobre prevención y lucha contra la violencia contra la mujer y la violencia doméstica (Convenio de Estambul, 2011).

[17] En el mismo sentido, véase CAVAS MARTÍNEZ, F., *Perspectiva de género como canon de enjuiciamiento en la jurisprudencia social,* Aranzadi Editorial, 2021; y LOUSADA AROCHENA, F., *El enjuiciamiento de género*, Dykinson, 2020.

[18] POYATOS I MATAS, G., "Juzgar con perspectiva de género: una metodología vinculante de justicia equitativa", cit., p. 17.

dimiento, mediante un conjunto de previsiones destinadas a flexibilizar el proceso y a garantizar la tutela de las víctimas de discriminación; en la valoración de la prueba, mediante previsiones sobre la distribución de la carga de la prueba y el valor de la declaración de la víctima; y en la aplicación e interpretación de las normas sustantivas, estableciéndose diversas medidas de tutela como los conceptos de discriminación indirecta por razón de sexo, discriminación por asociación, acción positiva, etc.[19] Respecto de esta última fase, la STC 26/2011 de 14 de marzo de 2011, ha señalado la necesidad de interpretar la norma de manera más favorable a la efectividad a los derechos fundamentales de las mujeres y no de forma mecánica o formalista en correspondencia al mandato constitucional de remoción de los obstáculos impeditivos de la igualdad real o sustancial.

Por último, de lo anteriormente expuesto se deduce que la técnica de juzgar con perspectiva de género requiere una formación específica por parte de quienes desarrollan la labor jurisdiccional[20], de forma que los órganos judiciales sepan reconocer los estereotipos presentes en normas, convenios, acuerdos y prácticas de empresa aparentemente neutras, reiteradas e, incluso, aceptadas por la sociedad, y adoptar aquellas resoluciones susceptibles de corregir sus perniciosas consecuencias, para hacer efectivo el principio de igualdad salarial por trabajo de igual valor.

5. BIBLIOGRAFÍA CITADA

CAVAS MARTÍNEZ, F., *Perspectiva de género como canon de enjuiciamiento en la jurisprudencia social,* Aranzadi Editorial, 2021.

DE LA RICA, S., GORJÓN, L., VEGA, A., "Brechas de género en el mercado laboral en Euskadi", Fundación ISEAK, 2019 (disponible en https://www.emakunde.euskadi.eus/contenidos/informacion/publicaciones_informes/es_emakunde/adjuntos/informe_emakunde_final_v4.pdf).

JIMÉNEZ HIDALGO, A., "Juzgar con perspectiva de género en la jurisdicción de lo social. ¿Es necesaria una reforma legislativa?", Ponencia impartida en las 2as. Jornadas Jurídicas de Derecho Laboral y Sindical del Gabinet Tècnic Jurídic de CCOO de Cataluña "La precariedad laboral: desigualdad y discriminación". Barcelona, 8 de noviembre del 2018.

LOPEZ ANIORTE, M.C., "Juzgando con perspectiva de género: flexibilización de los requisitos de acceso a la prestación de incapacidad temporal tras el disfrute de excedencias por cuidado de hijo o hija", *Revista de Trabajo y Seguridad Social. CEF,* núm. 433, 2019.

LOUSADA AROCHENA, F., *El enjuiciamiento de género,* Dykinson, 2020.

LOUSADA AROCHECHA, F., "Aplicación de la perspectiva de género en la jurisdicción social", *Cuadernos Digitales de Formación,* CGPJ, núm. 48, 2016.

---

[19] LOUSADA AROCHECHA, F., "Aplicación de la perspectiva de género en la jurisdicción social", *Cuadernos Digitales de Formación,* CGPJ, núm. 48, 2016.

[20] JIMÉNEZ HIDALGO, A., "Juzgar con perspectiva de género en la jurisdicción de lo social. ¿Es necesaria una reforma legislativa?", cit. p. 18.

POYATOS I MATAS, G., "Juzgar con perspectiva de género: una metodología vinculante de justicia equitativa", *iQual. Revista de Género e Igualdad,* núm. 2, 2019 (disponible en https://revistas.um.es/iqual/article/view/341501).

POYATOS I MATAS, G., "Juzgar con perspectiva de género. ¿Opción u obligación?", *Justicia Social,* núm. 3, 2018 (disponible en https://issuu.com/colegiooficialdegraduadossocialesde/docs/revista_justicia_social_n__93__web_).

CAPÍTULO V.
EL INSTRUMENTO FISCAL EN LA LUCHA CONTRA LA DESPOBLACIÓN: A PROPÓSITO DEL RÉGIMEN FISCAL ITALIANO PARA ATRAER A PENSIONISTAS EXTRANJEROS A DETERMINADAS ZONAS GEOGRÁFICAS

Andrés García Martínez
Profesor Titular (acreditado a Catedrático) de Derecho Financiero y Tributario de la Universidad Autónoma de Madrid

1. INTRODUCCIÓN

El *Plan de Acción para la Implementación de la Agenda 2030* elaborado por el Gobierno de España señala que "España presenta un acusado envejecimiento de su población y un alto índice de despoblación rural, que plantea importantes desequilibrios territoriales". Partiendo de los datos del Instituto Nacional de Estadística, el mencionado Plan indica que este problema se produce "en más de 22 de las 50 provincias, existiendo una situación crítica en 14 de ellas, en las que más del 80% de sus municipios están en riesgo de extinción porque tienen menos de mil habitantes (en todo el país son un total de 4.955 municipios) y son localidades con censos demográficos altamente envejecidos"[1]. La lucha contra la despoblación en el entorno rural, por tanto, constituye uno de los grandes caballos de batalla para lograr algunos de los objetivos de desarrollo sostenible de la Agenda 2030, especialmente, el objetivo 10, reducción de las desigualdades territoriales y el objetivo 11, ciudades y comunidades sostenibles, pero que tiene también una proyección transversal sobre otros objetivos fijados en la Agenda 2030, como el logro del acceso a una educación inclusiva y equitativa y el promover oportunidades de aprendizaje permanente para todos, por citar solo un ejemplo, pues está claro que la despoblación proyecta sus consecuencias nefastas sobre el propio mantenimiento de los servicios públicos, especialmente educativos y sanitarios, en las zonas afectadas.

La lucha contra la despoblación ha de librarse desde una multiplicidad de ámbitos, entre los cuales, ocupa un lugar nada desdeñable el ámbito fiscal, pues la adopción de incentivos fiscales encaminados a frenar y revertir el fenómeno de la despoblación de ciertas zonas de nuestro territorio puede tener un efecto muy positivo en este sentido. Algunas Comunidades Autónomas han comenzado a utilizar el instrumento fiscal con

---

1 Vid., GOBIERNO DE ESPAÑA, *Plan de Acción para la Implementación de la Agenda 2030. Hacia una Estrategia Española de Desarrollo Sostenible*, Dirección General de Políticas de Desarrollo Sostenible, documento aprobado por el Consejo de Ministros del 29 de junio de 2018, p. 47. (La versión electrónica del documento se encuentra disponible en http://transparencia.gob.es).

esta finalidad, estableciendo fundamentalmente deducciones autonómicas en el IRPF, como es el caso de la Comunidad Autónoma de Castilla-La Mancha y de la Comunidad Valenciana, que han establecido una deducción autonómica por residir habitualmente en un municipio en riesgo de despoblamiento[2]. Asimismo, en el Impuesto sobre Transmisiones Patrimoniales y Actos Jurídicos Documentados, son varias las CCAA que han establecido bonificaciones fiscales ligadas a la adquisición de una vivienda que esté situada en municipios rurales o con problemas de despoblación[3].

Aunque estas medidas fiscales son de reciente creación, lo cierto es que marcan un camino a seguir por el que seguramente transitarán también otras Comunidades Autónomas afectadas por el fenómeno de la despoblación, y aunque su eficacia para contribuir al objetivo perseguido pueda ser limitada, marcan una tendencia a explorar por los distintos niveles de Hacienda, el estatal, el autonómico y el local, a fin de dotar de un mayor vigor e importancia al instrumento fiscal en la lucha contra la despoblación[4]. En relación con ello, la *Estrategia Nacional frente al Reto Demográfico,* establece como una de sus líneas de actuación "facilitar el retorno de españolas y españoles residentes en el exterior que deseen regresar a España"[5]. Esta línea de actuación nos lleva a poner el foco de nuestro análisis en un régimen fiscal favorable o beneficioso recientemente aprobado por Italia, que persigue propiciar el cambio de residencia a pequeños y medianos municipios de determinadas regiones del país transalpino de personas que perciban una pensión de fuente extranjera, con independencia de que se trate de nacionales italianos o de personas de cualquier otra nacionalidad. Este régimen fiscal beneficioso respecto al régimen ordinario del impuesto que grava la renta de las personas físicas se engloba en el marco de la competencia fiscal que ha surgido entre determinados países del sur de Europa por atraer a su territorio a los pensionistas extranjeros, preferentemente del centro y norte de Europa, esto es, en la utilización de incentivos fiscales para atraer principalmente a los gerontoinmigrantes de retiro[6]. No

---

[2] Así, por ejemplo, la Comunidad Autónoma de Castilla-La Mancha ha establecido una deducción por residencia habitual en zonas rurales de municipios incluidos en zonas escasamente pobladas, regulada en el artículo 12.bis de la Ley 8/2013, introducido por la Disposición Final Novena. Uno de la Ley 2/2021, de 7 de mayo, de Medidas Económicas, Sociales y Tributarias frente a la Despoblación y para el Desarrollo del Medio Rural en Castilla-La Mancha. En las zonas declaradas de intensa despoblación, la deducción es del 20 por 100 si el municipio tiene una población inferior a 2.000 habitantes y del 15 por 100 si tiene una población igual o superior a 2.000 habitantes e inferior a 5.000. En aquellas zonas declaradas como de extrema despoblación, la deducción autonómica sobre la cuota del IRPF se eleva al 25 por 100 y al 20 por 100 en los dos casos que acabamos de indicar, esto es, en municipios para población inferior a 2.000 habitantes y en aquellos de población igual o superior a esta cifra e inferior a 5.000 habitantes.

[3] Así, las CCAA de Galicia, La Rioja, Castilla-La Mancha y Castilla y León.

[4] Al respecto, la COMISIÓN DE DESPOBLACIÓN DE LA FEMP, *Listado de Medidas para luchar contra la Despoblación en España*, Documento de acción, abril de 2017, p. 24, propone "estudiar, a nivel estatal y autonómico, bonificaciones impositivas para familias con hijos residentes en el medio rural, en zonas de prioridad demográfica".

[5] Vid., GOBIERNO DE ESPAÑA, *Estrategia General frente al Reto Demográfico. Directrices Generales*, p. 11, (accesible:https://www.mptfp.gob.es/dam/es/portal/reto_demografico/Estrategia_Nacional/directrices_estrategia.pdf.pdf).

[6] Sobre el fenómeno de la gerontoinmigración de retiro en España, vid., DURÁN MUÑOZ, Rafael, "Atractivo de España para los jubilados europeos: del turismo a la gerontoinmigración, *Panorama Social,*

obstante, en el caso italiano se introducen determinados condicionantes demográficos en la articulación de este régimen fiscal privilegiado, que apuntan claramente al objetivo de lucha contra la despoblación como uno de los elementos que justificaría ese trato fiscal favorable a las rentas de estos pensionistas que fijen su residencia en Italia. Creemos, por ello, que el análisis de este régimen fiscal italiano puede tener un gran interés para España, pues nuestro país, por sus condiciones climatológicas, culturales, gastronómicas, etc., es un destino destacado para los gerontoinmigrantes de retiro, y, en este sentido, al igual que ha hecho Italia, se podrían establecer beneficios fiscales ligados a determinados condicionantes demográficos que contribuyesen también a luchar contra la despoblación, incentivando tanto la gerontoinmigración de retiro, esto es, la de aquellos pensionistas que busquen un lugar al sol para disfrutar de su retiro, como, especialmente, la gerontoinmigración de retorno, esto es, facilitando el regreso a España de nacionales residentes en el extranjero que, a buen seguro, tendrán un incentivo adicional para plantearse la vuelta a sus pueblos y lugares de origen dentro del país.

2. EL INCENTIVO FISCAL ITALIANO PARA PROPICIAR EL CAMBIO DE RESIDENCIA DEL EXTRANJERO A DETERMINADAS ZONAS GEOGRÁFICAS DE ITALIA DE PERSONAS QUE PERCIBEN UNA PENSIÓN EXTRANJERA

La Ley de Presupuestos para 2019[7] ha introducido en el Texto Único del Impuesto sobre la Renta[8] el artículo 24-ter que regula "la opción por el impuesto sustitutivo sobre la renta de las personas físicas titulares de rentas de pensión de fuente extranjera que transfieran la propia residencia fiscal al *Mezzogiorno*", esto es, a determinadas Regiones del sur de Italia.

Se trata de un régimen fiscal bonificado respecto al régimen ordinario del impuesto que grava la renta de las personas físicas, que entró en vigor en el período impositivo de 2019, al que pueden acceder las personas físicas que no sean residentes fiscales en Italia a condición de que perciban una pensión satisfecha por entidades extranjeras (no residentes en Italia) y de que trasladen su residencia fiscal a Italia, estableciéndose en determinadas zonas geográficas del país. El régimen se establece como opcional, por lo que el pensionista puede elegir estar sujeto al régimen general u ordinario que grava la renta de las personas físicas o a este régimen bonificado. El régimen bonificado puede resultar sumamente atractivo para los pensionistas no residentes interesados en fijar su residencia en determinadas zonas de Italia, ya que supone pagar un impuesto sustitutivo del impuesto sobre la renta con un tipo de gravamen del 7 por 100 aplicable a todas las rentas percibidas en el extranjero (no solo a la pensión de fuente extranjera),

---

núm. 16, 2012, p. 151 y ss., así como el libro colectivo coordinado por ECHEZARRETA FERRER, Mayte, *La residencia de los gerontoinmigrantes. Derechos y obligaciones de los jubilados extranjeros en los lugares europeos de retiro*, Tirant lo Blanch, Valencia, 2016.

[7] Se trata de la *Legge de Bilancio 2019*, núm. 145, de 30 de diciembre de 2018, publicada en la *Gazzeta Ufficiale* del 31 de diciembre de 2018. La medida en cuestión se contiene en el artículo 1, párrafos 273 y 274 de la mencionada Ley de Presupuestos para 2019.

[8] El Texto Único del Impuesto sobre la Renta de las Personas Físicas (en adelante, TUIR) fue aprobado por el Decreto del Presidente de la República núm. 917, de 22 de diciembre de 1986.

con lo cual, se evita la progresividad del gravamen general sobre la renta, que queda sustituido por este impuesto que se calcula *a forfait*, con un tipo fijo del 7 por 100.

Este régimen bonificado es temporal, pues tiene una duración máxima de 10 años, a partir de la cual la persona que se ha venido beneficiando del mismo pasará a tributar por su renta mundial de acuerdo al régimen general establecido para el gravamen de la renta percibida por personas físicas residentes[9]. Además de ello, a la persona física que se acoja a este régimen fiscal se le exime de otras obligaciones tributarias, como aquellas relativas al deber de informar de los bienes situados en el extranjero, así como del pago de dos impuestos específicos del sistema fiscal italiano ligados al disfrute de bienes y derechos situados en el extranjero[10]. Ello, además de reducir significativamente la carga fiscal que van a soportar las personas acogidas a este régimen fiscal en los impuestos que gravan la renta, supone una importante simplificación de las obligaciones tributarias ligadas a la posesión de bienes y derechos en el extranjero.

El artículo 24-ter del TUIR establece que la residencia de la persona que percibe una pensión de fuente extranjera ha de fijarse en determinadas zonas de Italia para poder optar a este régimen bonificado, en concreto, el pensionista ha de establecer su residencia en municipios cuya población no supere los 20.000 habitantes, pertenecientes a las Regiones italianas de Sicilia, Calabria, Cerdeña, Campania, Basilicata, Abruzos, Molise y Apulia. Asimismo, este régimen se ha ampliado para comprender también la fijación de la residencia de los pensionistas en municipios que no superen los 3.000 habitantes de las zonas que fueron golpeadas por los terremotos de los días 24 de agosto de 2016, 26 y 30 de octubre de 2016 y del 18 de enero de 2017[11]. Como

9 En la redacción originaria del artículo 24-ter del TUIR el régimen tenía una duración máxima de 6 años, el año en el que se verificaba la consecución de la residencia fiscal en Italia tras el traslado del pensionista al país, esto es, el periodo impositivo de ejercicio de la opción por este régimen fiscal y los cinco años subsiguientes. Una reforma posterior del artículo 24-ter del TUIR, introducida por el artículo 5.bis del *Decreto Legge* de 30 de abril de 2019, núm. 34, convertido, con modificaciones, en la Ley de 28 de junio de 2019, núm. 58, elevó la duración máxima de disfrute de este régimen fiscal a 10 años (el del ejercicio de la opción y los 9 períodos impositivos subsiguientes). Al respecto, MANGIAFICO, Giulio., "Il nuovo regime di attrazione dei pensionati esteri", *dirittobancario.it*, *Approfondimenti*, Marzo 2019, p. 8, había criticado la duración que inicialmente se había dado a este régimen, en el sentido de que el limitado ámbito temporal de disfrute del mismo podría restar atractivo a dicho régimen dado que los destinarios son personas que perciben una pensión y, por tanto, normalmente contarán con una edad avanzada, las cuales deben sostener un traslado a otro Estado e integrarse, como pretende el Legislador, en el tejido económico y social del territorio del sur de Italia, lo cual, lógicamente, entraña sus dificultades y la corta duración del régimen fiscal privilegiado pone, además, en perspectiva la posible vuelta al país de origen tras la expiración de este régimen fiscalmente ventajoso.

10 Como explica la AGENZIA DELLE ENTRATE, Circolare 21/E, de 17 de julio de 2020, quedarán exentos, en primer lugar, del pago del impuesto sobre el valor de los inmuebles situados en el extranjero poseídos a título de propiedad o de otro derecho real, exigible a las personas físicas residentes en Italia, sea cual sea el uso a que tales inmuebles estén destinados. En segundo lugar, quedarán exentos del pago del impuesto sobre los activos financieros poseídos en el extranjero por residentes en Italia a título de propiedad o de cualquier otro derecho real.

11 Estos terremotos se produjeron en la Italia central, en concreto, los de 2016 afectaron a las provincias de Rieti, Ascoli Piceno y Perugia. Los tres seísmos que se dejaron sentir el 18 de enero de 2017 afectaron sobre todo a la provincia de L'Aquila, también en la Italia central. La lista de municipios

señala la Administración tributaria italiana (*Agenzia delle Entrate*), la finalidad de esta norma es la de favorecer las inversiones, el consumo y el establecimiento de estas personas en los municipios de las regiones del centro y sur de Italia comprendidos en la misma[12]. A tal efecto, la Administración tributaria italiana ha recalcado que para acceder a este régimen tributario es necesario trasladar la residencia fiscal del sujeto que quiera beneficiarse del mismo desde un país extranjero a Italia y fijarla en alguno de los municipios señalados por la norma, pues, considerada la finalidad de la misma, que es atraer a estos municipios a los sujetos titulares de capitales y recursos financieros que puedan ser invertidos en Italia, el disfrute del beneficio implica el efectivo traslado de la persona física a Italia[13].

Está claro que, además de atraer al territorio italiano a los gerontoinmigrantes que buscan un lugar al sol para disfrutar de su jubilación, por la reactivación económica para el país de acogida que ello representa, este régimen persigue también otros objetivos adicionales, como es la lucha contra la despoblación de los pequeños municipios y de las zonas rurales, pues la delimitación de los municipios en los que estos gerontoinmigrantes deben fijar su residencia para poder beneficiarse de este régimen fiscal bonificado, por lo que respecta tanto a la ubicación geográfica de los mismos dentro de Italia, como al requisito de que su población empadronada no exceda de 20.000 habitantes, o de 3.000 en el caso de las zonas afectadas por los recientes terremotos, apuntan claramente a políticas de lucha contra la despoblación que afecta a pequeños y medianos municipios, especialmente en zonas rurales, problema éste que, como hemos señalado, también se evidencia en nuestro país con la llamada España vacía o vaciada, de ahí el interés del estudio de este régimen fiscal italiano para nuestro país[14]. Al respecto, como señala PULTRONE, la población residente ha disminuido en la Italia

---

afectados por estos seísmos, en los que cabe fijar también la residencia para poder beneficiarse de este régimen tributario siempre que no excedan de 3.000 habitantes, está establecida en los anexos 1, 2 y e-bis del Decreto-Legge número 189, de 17 de octubre de 2016, convertido, con modificaciones, en la ley número 229, de 15 de diciembre de 2016.

[12] Cfr., AGENZIA DELLE ENTRATE, *Circolare núm. 21/E*, de 17 de julio de 2020.

[13] Así lo señala la AGENZIA DELLE ENTRATE en la *Risposta núm. 280,* de 27 de agosto de 2020, en relación con la consulta planteada por un contribuyente residente en Boston (EE.UU) desde el año 2006 que cobra distintas pensiones y quiere trasladar su residencia a Italia.

[14] Como señala DANIELE, Vittorio, "Pensioni e flat tax: Senza investimenti pubblici sarà inutile", *Economia e Politica. Rivista online de critica della política económica* (economiaepolitica.it), núm. 17, 14 de enero de 2019, p. 1, esta medida favorecerá a los pequeños municipios del sur en vías de despoblamiento. En este sentido, ARCURI. Giovanni, "La nuova imposta sostitutiva sui redditi da pensione di fonte estera per coloro che si trasferiscono nel Mezzogiorno", *Novità fiscale*, núm, 2/2019, p. 64, señala dos objetivos perseguidos por la norma, el primero, incentivar el turismo en el sur de Italia, por el efecto llamada para los no residentes que perciban pensiones de fuente extranjera y que decidan trasladar su residencia fiscal a esa zona de Italia y, el segundo objetivo, favorecer la repoblación de las Regiones del sur de Italia invitando a los abuelos que tiempo atrás dejaron su tierra en busca de fortuna, a retornar. Desde mi punto de vista, el primer objetivo señalado por Arcuri también produce el efecto de repoblación de los pequeños y medianos municipios del sur de Italia, ya que en la mayor parte de los casos, para adquirir la residencia fiscal en Italia se va a requerir una presencia física en el territorio italiano de más de 183 días en el año natural, por lo que, además de promocionar el turismo, la norma tiene un sentido más profundo encaminado a fijar a esta población extranjera en el territorio de forma estable.

meridional y en las islas un 2,3% en los últimos años, lo que supone 420.000 habitantes menos respecto al año 2011[15]. Ante la evidencia de un fenómeno de despoblación que afecta sobre todo a pequeños y medianos municipios de estas zonas de Italia, considero que esta medida fiscal puede contribuir de forma eficaz a combatir tal fenómeno y, en este sentido, es una medida que si se aplicase en España, circunscrita a determinadas zonas del territorio en las que se observa también este fenómeno de despoblación, podría contribuir junto con otro tipo de medidas a revertir en parte la despoblación sufrida en las últimas décadas[16].

Ello tiene también una dimensión cultural, pues conservar los pequeños municipios contribuye a mantener vivas multitud de tradiciones locales, por ejemplo, de corte festivo, gastronómico y, en un sentido amplio, de cultura popular[17].

La localización en esas zonas de la geografía italiana tiene gran importancia en la aplicación del régimen fiscal bonificado para pensionistas de fuente extranjera, ya que si una vez instalada la residencia en uno de estos municipios y acogido a este régimen, el pensionista cambiase su residencia efectiva a un municipio que no cumpliese esos requisitos, por ejemplo, a un municipio que aún ubicado en alguna de las Regiones italianas contempladas en la norma, excediese de los 20.000 habitantes, el sujeto perdería el derecho a seguir aplicándose este régimen fiscal bonificado y pasaría desde entonces a tributar por sus rentas de acuerdo al régimen general u ordinario constituido por el Impuesto sobre la Renta de las Personas Físicas.

La elección de estos pequeños municipios del sur de Italia como posibles destinos para los pensionistas extranjeros que quieran beneficiarse de este régimen fiscal privilegiado, además de la ventaja fiscal en sí misma considerada, ofrece una ventaja económica adicional que potencia el incentivo económico para trasladarse a residir a estas zonas, pues el nivel de los precios en las mismas, esto es, el coste de la vida, es muy

---

15 PULTRONE, Giorgia, "Capitale Umano" en AA.VV., *Tax Expenditures: Definizione e Applicazione*, Università degli Studi di Torino, 2021, p. 120 y 121.

16 No compartimos en este punto la crítica que realiza PULTRONE, Giorgia, "Capitale Umano", cit., p. 121, para la que la medida adoptada por el Legislador italiano no es eficaz para combatir la despoblación dado que, en su opinión, atraer al territorio población anciana no parece lo más acertado a este fin y, además, no extender el beneficio fiscal al núcleo familiar del jubilado tampoco contribuye a esa finalidad. Antes bien, considero que atraer a los jubilados que perciben una pensión de fuente extranjera para que se establezcan en estas zonas del país contribuye eficazmente a combatir la despoblación, pues la mayor parte de esos jubilados van a gozar durante años de un envejecimiento activo en el que disfrutarán del turismo, de la gastronomía, de la cultura del país, contribuyendo con ello a la reactivación económica de la zona y con ello, de forma indirecta, contribuirán también a que existan nuevas oportunidades de negocio para la población activa, pues a mayor actividad económica en la zona, se requerirá también el concurso de empresas y trabajadores para ofrecer servicios a estos nuevos residentes jubilados. Respecto a la no extensión del beneficio fiscal al núcleo familiar del jubilado, hay que tener en cuenta que en la casi totalidad de los casos los descendientes del jubilado tendrán una vida independiente de ese núcleo familiar y, con total probabilidad, desarrollarán su trabajo en otro país, por lo que tampoco tiene excesivo sentido extender tal beneficio fiscal a los mismos.

17 Ello es destacado por PULTRONE, Giorgia, "Capitale Umano", cit., p. 112, para la que es importante preservar los pequeños municipios porque de ello depende la variedad cultural de nuestro país, en cuanto custodios de antiguas tradiciones.

inferior al existente en el centro y en el norte de Italia[18]. En el sur, en efecto, especialmente en los pequeños municipios, el nivel de los precios al consumo es mucho más bajo que en el resto del país, lo que permitiría al pensionista que se establezca en estas zonas disfrutar de un mejor nivel de vida en términos económicos, pues aumentaría su capacidad de gasto[19].

Para garantizar el éxito de este régimen fiscal dirigido a la atracción de los pensionistas extranjeros es necesario que se produzca una inversión pública en áreas como la sanidad y el transporte en esas zonas del sur de Italia, que mejoren sustancialmente esos servicios públicos, pues en estas zonas el nivel medio de prestación de los servicios públicos es netamente inferior al del resto del país, lo que puede, en última instancia, desincentivar el traslado y establecimiento del pensionista no residente en esta zona de Italia[20]. Es razonable pensar que los pensionistas, a la hora de adoptar la decisión de trasladar su residencia a un país extranjero tengan en cuenta algunos factores decisivos como el coste de la vida, el valor de los inmuebles, el clima, la calidad de los servicios sanitarios, la gastronomía, la posibilidad de integración, el paisaje natural, la accesibilidad y las infraestructuras[21]. Como destaca PULTRONE, el sur de Italia puede satisfacer algunas de esas condiciones, pero hay que considerar que especialmente en los pequeños municipios es muy dificultoso el acceso a los servicios públicos, lo que puede restar atractivo al régimen fiscal diseñado por el Legislador italiano[22].

Este régimen fiscal bonificado se va a aplicar a las personas que opten por el mismo con independencia de cuál sea su nacionalidad, siempre que acrediten no haber

---

18 Como destaca DANIELE, Vittorio, "Pensioni e flat tax....", cit., p. 1, los pensionistas no solo son atraídos por los países que ofrecen ventajas fiscales, sino también por aquellos con un menor nivel de precios. Precios más bajos y menor tributación se traducen en un alza del nivel de vida.

19 Señala DANIELE, Vittorio, "Pensioni e flat tax...", p. 1 y 2, que según estimaciones, el nivel de los precios en el sur sería entre un 13 y un 17 por 100 más bajo que en el resto del país. Indica este autor que en el año 2017, el umbral de pobreza absoluta, calculado para una persona de edad comprendida entre 60 y 74 años, habitante en un pequeño municipio, era de 710 euros mensuales en el norte, de 680 euros en las Regiones del centro y de 534 euros mensuales en el sur.

20 Así lo destaca DANIELE, Vittorio, "Pensioni e flat tax...", cit., p. 2, para el que junto a la ventaja económica, la presencia de servicios culturales y recreativos, de transporte y, sobre todo, la calidad de los servicios sanitarios puede tener un papel muy importante en la decisión de los más ancianos. En muchas zonas del sur, el estándar medio de los servicios públicos es netamente inferior respecto al resto del país. Una desventaja que, inevitablemente, se refleja sobre la capacidad de atraer residentes de otras Regiones.

21 En este sentido, resulta interesante el estudio de ÖNDER, Ali Sina; SCHLUNK, Herwig, "State Taxes, Tax Exemptions, and Elderly Migration", *The Journal Of Regional Analysis & Policy*,, núm. 45, 2015, p. 47 y ss., en el que analizan distintos factores que influyen en los movimientos migratorios de las personas mayores (jubilados) que se producen entre los distintos Estados de los Estados Unidos de América, poniendo especialmente el énfasis en la influencia que al respecto tienen las distintas políticas fiscales, llegando a la conclusión de que los factores que más influencia ejercen para atraer a los jubilados de otros Estados son el menor coste de la vida en el Estado de destino, la exención en el impuesto estatal sobre la renta de las pensiones, la exención de los medicamentos de los impuestos sobre las ventas, un bajo impuesto sobre las sucesiones y la existencia de un nivel de gasto adecuado en el Estado de destino en servicios públicos ligados a la salud, además de unas condiciones climáticas atractivas en el lugar de destino.

22 PULTRONE, Giorgia, "Capitale Umano", cit., p. 121.

residido en Italia en los últimos 5 años antes del traslado de su residencia al país y de que su última residencia en el extranjero lo haya sido en países con los que Italia tenga suscrito y en vigor un acuerdo de cooperación administrativa en materia fiscal que permita el intercambio de información fiscal[23].

[23] Como señala la AGENZIA DELLE ENTRATE, Circolare núm. 21/E, de 17 de julio de 2020, p. 7, se trata esencialmente, además de los países europeos, de los países con los que Italia haya firmado un Convenio de Doble Imposición Internacional, un Acuerdo de Intercambio de Información Fiscal (*Tax Information Exchange Agreement*) o que se hayan adherido al Convenio sobre asistencia administrativa mutua en materia fiscal.

CAPÍTULO VI.
EL DERECHO A LA EDUCACIÓN COMO DERECHO PRESTACIONAL EN EL MARCO DEL ODS Nº 4

Francisco Manuel García Costa
Profesor Titular de Derecho Constitucional de la Universidad de Murcia

1. INTRODUCCIÓN

En estas breves líneas se caracteriza el ODS Nº 4 como elemento integrante de la Educación Constitucional. Para ello procedemos a través de una serie de círculos concéntricos que delimitan, en primer lugar, el ámbito del derecho a la educación como derecho fundamental de contenido social y de naturaleza prestacional (apartado 2) enderezado a la consecución de determinados fines (apartado 3.1), entre los que se encuentran los propios de la Educación Constitucional, entendida esta como la "enseñanza de la Constitución de un concreto Estado en los niveles obligatorios de su sistema educativo". A partir de esta comprensión de la Educación Constitucional, la meta 4.7 ("De aquí a 2030, asegurar que todos los alumnos adquieran los conocimientos teóricos y prácticos necesarios para promover el desarrollo sostenible, entre otras cosas mediante la educación para [...] los derechos humanos, la igualdad de género, la promoción de una cultura de paz y no violencia"), cabe entenderla integrada como elemento de la Educación Constitucional.

2. EL DERECHO A LA EDUCACIÓN COMO DERECHO FUNDAMENTAL DE CONTENIDO SOCIAL Y DE NATURALEZA PRESTACIONAL

La Constitución española de 1978, por primera vez en nuestra historia constitucional, incluye específicamente el derecho a la educación que se contiene en el punto 1º del artículo 27. Consagra así nuestra Constitución la vertiente prestacional del acceso a la enseñanza. Junto con la libertad en la generación del conocimiento que suponen las libertades de creación científica y artística, y las libertades en la transmisión del conocimiento, que representan las libertades de enseñanza, aparece consagrada la efectividad en el acceso a ese saber mediante este derecho social de contenido prestacional que confiere un título a los ciudadanos para oponerlo frente a los poderes públicos, los cuales habrán de garantizar la efectividad de este acceso a la educación. Recordemos que la legislación internacional ya contemplaba la existencia del derecho a la educación: así, el artículo 26.1 de la Declaración Universidad de los Derechos Humanos de 10 de diciembre de 1948

(Toda persona tiene derecho a la educación), el artículo 18.1 del Convenio de Roma para la protección de los derechos humanos y de las libertades fundamentales (A nadie se le puede negar el derecho a la educación) o el artículo 14.1 de la Carta de los Derechos Fundamentales de la Unión Europea (Toda persona tiene derecho a la educación). La característica más importante del derecho a la educación reside en que comparece como uno de los pocos derechos sociales (junto con la libertad sindical y el derecho a la huelga) y como el único derecho de naturaleza prestacional que se concibe como auténtico derecho fundamental y, consiguientemente, susceptible de tutela judicial y de recurso de amparo ante el Tribunal Constitucional y ante el Tribunal Europeo de Derechos Humanos. A continuación examinaremos algunos de sus extremos:

(i) En cuanto a la titularidad del derecho a la educación, la misma se predica de todos. Por consiguiente, son titulares de este derecho tanto los nacionales españoles, como los extranjeros que se hallen en situación regular en España e, incluso, los extranjeros irregulares menores de edad (STC 236/2007).

(ii) El objeto de este derecho es el acceso a las enseñanzas regladas, es decir, las que componen el sistema educativo del Estado garantizado por los poderes públicos "mediante una programación general de la enseñanza" (art. 27. 5 C.E.).

(iii) En coherencia con ello, su contenido se manifiesta en los siguientes cinco ámbitos:

- El derecho de acceso a las enseñanzas del sistema educativo;
- El derecho a la enseñanza básica obligatoria y gratuita (art. 27. 4 C.E.);
- El derecho a una enseñanza de calidad;
- El derecho a una evaluación objetiva, a la progresión en el sistema y a la permanencia en el centro;
- El derecho a la participación de los profesores, los padres y, en su caso, los alumnos, quienes intervendrán en el control y gestión de todos los centros sostenidos por la Administración con fondos públicos, en los términos que la ley establezca. (art. 27.7).

(iv) En cuanto a los fines del derecho a la educación, remitimos al punto siguiente

3. LOS FINES DEL DERECHO A LA EDUCACIÓN EN EL MARCO DEL ODS Nº 4

3.1. Los fines del derecho a la educación

Recordemos que el propio artículo 27 señala que la educación tendrá por objeto el pleno desarrollo de la personalidad humana en el respeto a los principios democráticos de convivencia y a los derechos y libertades fundamentales (art. 27.2 C.E.).

Consiguientemente, este precepto nos recuerda que el derecho a la educación no solo consiste en el acceso a las enseñanzas regladas, es decir, a las que componen el sistema educativo del Estado, sino a unas enseñanzas regladas que están orientadas a la consecución de ciertos fines mediante la transmisión de determinados valores y contenidos, consecuencia todo ello de la función transformadora de la sociedad propia del Estado social. Por ello, la mayor parte de las constituciones no regulan incondicionadamente el derecho a la educación de sus ciudadanos, sino que lo supeditan a la consecución de ciertos fines o lo estructuran conforme a ciertos contenidos, que son los propios del Estado Constitucional, tanto en el orden político como social: desde el respecto a los derechos humanos hasta la protección del medioambiente o de la salud. Consiguientemente, allí donde el derecho a la educación presenta fines específicos –como es el caso del ordenamiento jurídico español– no nos encontramos ante democracias abiertas, sino –por el contrario– ante democracias militantes orientadas a la defensa de ciertos valores en los que se fundamenta el orden constitucional en las que su sistema educativo se orienta hacia el pleno desarrollo del individuo en el respecto a los principios democráticos de convivencia y a los derechos y libertades fundamentales. Tales fines son, pues, los propios del Estado Constitucional, pues no olvidemos que el movimiento constitucional pretende garantizar la libertad individual de los ciudadanos mediante una organización del poder político del Estado conforme al principio democrático y a la garantía de los derechos fundamentales y las libertades públicas.

3.2. La Educación Constitucional como uno de los fines del derecho a la educación

En nuestra opinión, estos fines de la educación cristalizan en una serie de contenidos, que son los que aparecen recogidos en los artículos primero y tercero de la Ley 19/1979, de 3 de octubre, por la que se regula el conocimiento del ordenamiento constitucional en Bachillerato y en Formación Profesional de primer grado: "el Conocimiento del Ordenamiento Constitucional en general y su desarrollo estatutario en las nacionalidades y regiones que tengan aprobado Estatuto de Autonomía (art. 1)" entendiendo por tal "una información suficiente de los derechos y libertades que integran la Constitución Española, así como los contenidos en los Tratados y Convenios Internacionales ratificados por España; la organización del poder en el Estado español y su estructuración territorial" (art. 3). Esta norma introduce entre nosotros la denominada "Educación Constitucional", es decir, el conjunto de enseñanzas enderezadas a la exposición de los contenidos de la Constitución española de 1978. Dada la neutralidad ideológica del Estado español, así como la prohibición, derivada de la libertad de cátedra en su dimensión negativa, de la existencia de una ciencia oficial, la Educación Constitucional no puede exceder de los estrictos valores y principios constitucionales.

Asimismo, y dado el pluralismo político que aparece consagrado como valor superior de nuestro ordenamiento jurídico, la Educación Constitucional no puede versar sobre desarrollos constitucionales que han quedado a la libre decisión de las sucesivas mayorías sucesivas (dialéctica política) como consecuencia de que sea la propia Constitución la que se abra a posibilidades, constitucionalmente legítimas, pero contradictorias. Cuestión relacionada con la anterior es la de que corresponde al legislador optar por que esta finalidad del derecho a la educación cristalice, bien transversalmente, bien como una disciplina específica. En este sentido, el legislador de la LOE optó por crear una asignatura específica, Educación para la ciudadanía, cuyo contenido no se identifica, en todo caso, con el de la Educación constitucional. En la actualidad, la educación constitucional aparece configurada como una materia transversal, sin asignatura específica, tal como recoge el artículo 6.1 del Real Decreto 1105/2014, de 26 de diciembre, por el que se establece el currículo básico de la Educación Secundaria Obligatoria y del Bachillerato: "En Educación Secundaria Obligatoria, sin perjuicio de su tratamiento específico en algunas de las materias de cada etapa, la comprensión lectora, la expresión oral y escrita, la comunicación audiovisual, las Tecnologías de la Información y la Comunicación el emprendimiento y la educación cívica y constitucional se trabajarán en todas las materias".

3.3. El ODS nº 4 como elemento integrante de la Educación Constitucional

A partir del entendimiento de la Educación Constitucional como la instrucción y formación del alumnado de los niveles obligatorios del sistema educativo en las reglas y valores constitucionales, se colige que parte esencial de su contenido es la formación en derechos humanos y en igualdad de género; correlativamente, la formación en derechos humanos y en igualdad de género es, por definición, parte de la Educación Constitucional. Tal es la conclusión a la que hemos arribado en el punto anterior de este trabajo en la inteligencia de que los derechos fundamentales y el principio/derecho de igualdad son principios esenciales sobre los que se construyen el movimiento y la ideología constitucionales, así como su expresión institucionalizada que es el Estado Constitucional y su expresión normativa que son las constituciones. Por ello, enseñar y formar en derechos y en igualdad no es sino educar constitucionalmente: efectivamente, la instrucción en derechos humanos y en igualdad no es más que la instrucción en los preceptos de toda Constitución que regulan las libertades públicas y los derechos fundamentales (entre nosotros, los artículos del Título I C.E.), así como en los que regulan el principio/derecho a la igualdad formal (el artículo 14 C.E.) y el principio de igualdad material (así, el artículo 9.3 C.E.).

Siendo ello así, el Objetivo de Desarrollo Sostenible 4, "Garantizar una educación inclusiva, equitativa y de calidad y promover oportunidades de aprendizaje durante toda la vida para todos", se encuentra relacionado directamente con la Educación Constitucional en tanto en cuanto algunas de las metas de este ODS nº 4 se alcanzan necesariamente con este tipo de educación. En efecto, dado que la meta 4.7 pretende "De aquí a 2030, asegurar que todos los alumnos adquieran los conocimientos teóricos y prácticos necesarios para promover el desarrollo sostenible, entre otras cosas mediante la educación para [...] los derechos humanos, la igualdad de género, la promoción de una cultura de paz y no violencia", cabe entender que la Educación Constitucional, en su condición de educación para los derechos humanos y la igualdad de género, comparece como instrumento para la consecución de este ODS nº 4.

Por todo ello podemos concluir que la Educación Constitucional es un instrumento de transferencia a la sociedad civil del ODS nº 4 al suponer la formación en los niveles obligatorios del sistema educativo de la Constitución y, con ello, en derechos fundamentales y en igualdad.

4. BIBLIOGRAFÍA

L. COTINO HUESO, *El derecho a la educación como derecho fundamental. Especial atención a su dimensión social prestacional*, Centro de Estudios Políticos y Constitucionales, Madrid, 2012.

F.M. GARCÍA COSTA, "Introducción a los derechos educativos en la Constitución española", en *Scripta Fulgentina*, Nº 57-58, 2019.

F.M. GARCÍA COSTA, "Fines y contenidos de la acción educativa de los poderes públicos en el Derecho Constitucional Comparado", en F. M. GARCÍA COSTA; I. GONZÁLEZ GARCÍA, *Olimpiada Constitucional*, Tirant lo Blanch, Valencia, 2021.

CAPÍTULO VII. PROBLEMÁTICA URBANÍSTICA ASOCIADA A LA SOSTENIBILIDAD DE LAS CIUDADES

María Fuensanta Gómez Manresa
Profesora titular de Derecho Administrativo
Universidad de Murcia

1. PROBLEMÁTICA RELATIVA A LA SOSTENIBILIDAD DE NUESTRAS URBES

Con carácter apriorístico y en relación al desarrollo sostenible, es de utilidad traer a colación la STSJ de Castilla y León de 29 de noviembre de 2003 (JUR 2004, 85186), confirmada en vía de casación por la STS de 20 de diciembre de 2006 (RJ 2006, 9853), en la que se concreta que el mismo "pretende equilibrar el máximo de protección natural sin renunciar al mayor desarrollo posible, buscando proteger los recursos naturales, sin menoscabo de su necesaria explotación en aras a un desarrollo social y económico ordenado, esto es, consolidar un desarrollo socialmente deseable, económicamente viable y ecológicamente prudente".

En esta materia, es cita obligada el artículo 45 de la Constitución[1], en la medida que configura el medio ambiente como un bien jurídico de cuyo disfrute es titular la ciudadanía y cuya conservación es una obligación que comparten los poderes públicos y la sociedad en su conjunto, de modo que para que los ciudadanos, individual o colectivamente, puedan participar en esa tarea de protección de forma real y efectiva, es imprescindible disponer de los medios adecuados, cobrando especial significación la participación en el proceso de toma de decisiones públicas para garantizar el funcionamiento democrático de las sociedades e introducir mayor transparencia en la gestión de los asuntos públicos[2]. Esta se presenta, pues, como factor determinante de los siguientes derechos: el de acceso a la información; el de participación en los procedimientos administrativos que incidan directa o indirectamente en la ordenación del suelo y el medio ambiente; y el de instar la revisión administrativa y judicial de los actos y omisiones imputables a cualquiera de las autoridades públicas que supongan vulneraciones de la normativa de ordenación territorial, urbanística y ambiental.

[1] Vid. Bustillo Bolado, R.O. y Gómez Manresa, M.ª F., "Sustainable development: a principle implicity assumed by the Spanish Constitution", *Electronical Journal of Enviromental, Agricultural and Food Chemistry (EJEAFChe)*, 11 (5), 2012, pp. 578 a 585.

[2] Vid. artículos 9.2 y 105 de la Constitución.

Asimismo, se ha de señalar que el artículo 47 de la Constitución reconoce el "*derecho a una vivienda digna a adecuada*" e impone a los poderes públicos el deber de promover las condiciones necesarias y de aprobar "*las normas pertinentes para hacer efectivo este derecho, regulando la utilización del suelo de acuerdo con el interés general para impedir la especulación*"; toda vez que determina que la "*comunidad participará en las plusvalías que genere la acción urbanística de los entes públicos*".

Por otra parte, el artículo 2 del Real Decreto legislativo 7/2015, de 30 de octubre, por el que se aprueba el texto refundido de la Ley de Suelo y Rehabilitación Urbana (TRLS), contiene el siguiente mandato legal, además de una alusión expresa al principio de desarrollo sostenible: "*1. Las políticas públicas relativas a la regulación, ordenación, ocupación, transformación y uso del suelo tienen como fin común la utilización de este recurso conforme al interés general y según el principio de desarrollo sostenible, sin perjuicio de los fines específicos que les atribuyan las Leyes*". Dicho principio se concreta en que las políticas en este sector deben propiciar el uso racional de los recursos naturales armonizando los requerimientos de la economía, el empleo, la cohesión social, la igualdad de trato y de oportunidades, la salud, la seguridad de las personas y la protección del medio ambiente.

Se trataría, en definitiva, de contribuir, en concreto, a: la eficacia en la conservación y mejora de la naturaleza, la flora y la fauna, y la protección del patrimonio cultural y del paisaje; la salvaguarda, adecuada a su carácter, del medio rural y la preservación de los valores del suelo innecesario o inidóneo para atender las necesidades de transformación urbanística; la prevención adecuada de riesgos y peligros para la seguridad y la salud públicas, así como la eliminación efectiva de las perturbaciones de ambas; y a la previsión y minimización, todo lo posible, de la contaminación del aire, el agua, el suelo y el subsuelo.

Pero lo cierto es que, aun cuando existe una extensa normativa a nivel internacional, europeo, estatal, autonómico y local, se han producido disfunciones varias en términos de sostenibilidad, como la problemática concerniente al modelo de urbanización difusa, puestas de manifiesto en distintas iniciativas, entre ellas, en la "Estrategia temática para el medio ambiente urbano", en la que la Unión Europea fijó mecanismos de cooperación y orientaciones en la materia con el objetivo de lograr una aplicación eficaz de la legislación y de favorecer mejores prácticas por parte de las Administraciones locales[3].

Es conveniente mencionar, también, la existencia de un Marco Europeo de Referencia para la Ciudad Sostenible (*European Reference Framework for Sustainable Cities (RFSC)*, que tiene como finalidad impulsar la sostenibilidad en las urbes europeas y llevar a cabo, desde un punto de vista operativo, los principios de la "Carta de Leipzig", de 2 de mayo de 2007. Dicha herramienta voluntaria permite emplear un mismo lenguaje e idénticos criterios para definir la sostenibilidad urbana en todas las ciudades de Europa y se compone de distintos instrumentos, como un listado de cuestiones para

---

[3] Comunicación de la Comisión, de 11 de enero de 2006, sobre una Estrategia temática para el medio ambiente urbano COM(2005) 718 final.

la autoevaluación o *checklist* sobre sostenibilidad urbana y sobre enfoque integrado del desarrollo urbano, un sistema de indicadores recomendados, un diagrama de sostenibilidad y medidas de intercambio de experiencias entre ciudades, *networking* y Biblioteca de Buenas Prácticas.

No obstante, pese a las múltiples impulsos para el logro del desarrollo sostenible a lo largo de los años, el contexto actual sigue exigiendo políticas de racionalización del suelo tendentes a establecer una planificación racional que tenga como objetivo primordial el desarrollo equilibrado y sostenible desde una doble consideración: primera, que el territorio es una realidad compleja y frágil; y, segunda, que las actuaciones sobre el mismo tienen, normalmente, efectos irreversibles. Así pues, se ha de evidenciar que la falta de un análisis de las implicaciones ambientales de las decisiones políticas y la ausencia de una planificación sistemática e integrada del suelo producen graves consecuencias para el medio ambiente y para la economía de la ciudad y de los ciudadanos, al margen de otras como, por ejemplo, la falta de cohesión social y la formación de guetos urbanos, en las que cobran una importancia especial políticas adecuadas de rehabilitación, regeneración y renovación urbanas.

Para conseguir los objetivos citados, resulta imprescindible la implementación de una coordinación efectiva entre la ordenación territorial, urbanística y ambiental; toda vez que la planificación y gestión del suelo, en términos de sostenibilidad, exige un proceso de toma de decisiones abierto en el que todos los protagonistas (autoridades nacionales, regionales y locales; ciudadanos; organismos de representación local; ONG; universidades; y empresas) colaboren para integrar las consideraciones funcionales, ambientales y de calidad necesarias para proyectar y planificar un entorno edificado que trate el suelo como un recurso valioso. Por ello, es indispensable, como se ha adelantado, la debida transparencia en la actuación e información de los poderes públicos para posibilitar el ejercicio de acciones y la intervención en los distintos procedimientos de ordenación territorial, urbanística y ambiental, exigencia en la que cumplen una función relevante, a día de hoy, las tecnologías de la información y la comunicación.

Sobre el particular, la Ley 19/2013, de 9 de diciembre, de transparencia, acceso a la información pública y buen gobierno, contiene una serie de mandatos, en sus artículos 12 a 24, de aplicación en lo no previsto en la normativa ambiental de conformidad con la disposición adicional primera del propio texto legal que, en su artículo 19.1.1), ordena que el derecho de acceso a la información ambiental podrá ser acotado cuando acceder a la información suponga un perjuicio para "*la protección del medio ambiente*", límite cuya aplicación deberá ser justificada y proporcionada a su objeto y finalidad de protección, y que "*atenderá a las circunstancias del caso concreto, especialmente a la concurrencia de un interés público o privado superior que justifique el acceso*".

Sin embargo, este último precepto ha de ponerse en conexión con el contenido de la Ley 27/2006, de 18 de julio, por la que se regulan los derechos de acceso a la información, de participación pública y de acceso a la justicia en materia de medio ambiente (incorpora las Directivas 2003/4/CE y 2003/35/CE) (LAIMM). Esta norma permite, a nuestro entender, una interpretación restrictiva del artículo 19 de la LTBG en lo relativo a las limitaciones del derecho de acceso a la información para evitar su obstaculización, especialmente en atención a que en urbanismo y medio ambiente nuestra Constitución posibilita la acción popular y a que el artículo 7 de la LAIMM concreta el contenido mínimo de información ambiental que ha de ser objeto de difusión[4].

Por otra parte, la LAIMM pone en conexión los derechos de información y participación ciudadana con los de acceso a la justicia y a la tutela administrativa y judicial. De este modo, se legitima para recurrir, en ejercicio de la acción popular –mediante los procedimientos reglados en los artículos 112 y ss. de la Ley 39/2015, de 1 de octubre, del Procedimiento Adminitrativo Común de las Administraciones Públicas, o a través del recurso contencioso-administrativo[5]–, a las personas jurídicas sin ánimo de lucro que cumplan los requisitos que se citan a continuación: que justifiquen tener entre los fines acreditados en sus estatutos la protección del medio ambiente en general o la de alguno de sus elementos en particular; que se hubieran constituido legalmente al menos dos años antes del ejercicio de la acción y que vengan desarrollando activamente las actividades necesarias para alcanzar los objetivos fijados en sus estatutos; y que según estos realicen su actividad en un territorio que resulte afectado por la actuación o, en su caso, omisión administrativa[6].

---

[4] El 7 de la LAIMM especifica que constituyen información mínima: los tratados, convenios y acuerdos internacionales, y las normas comunitarias, estatales, autonómicos o locales sobre el medio ambiente o relacionados con la materia; las políticas, programas y planes de incidencia en el medio ambiente, y sus evaluaciones ambientales cuando proceda; los informes sobre los avances registrados en materia de aplicación de los elementos enumerados anteriormente cuando estos hayan sido elaborados o mantenidos en formato electrónico por las autoridades públicas; los informes de ámbito nacional, autonómico y local, que han de incluir los datos sobre la calidad del medio ambiente y las presiones que este sufra, y un sumario no técnico que sea comprensible para el público, debiendo publicarse, al menos, un informe coyuntural cada año y otro completo cada cuatro; los datos o sus resúmenes derivados del seguimiento de las actividades que afecten o puedan afectar al medio ambiente; las autorizaciones con un resultado significativo sobre aquel y los acuerdos o, en su defecto, la referencia al lugar donde se puede solicitar o encontrar la información en el marco de lo dispuesto en el artículo 5; los estudios sobre el impacto ambiental y las evaluaciones del riesgo acerca de los elementos mencionados en el artículo 2.3.a) o una alusión al lugar donde se puede solicitar o encontrar la información.

[5] Se exceptúan del régimen de recursos las autoridades a las que se refiere el artículo 2.4.2 de la LAIMM, es decir, las personas físicas o jurídicas cuando asuman responsabilidades públicas, ejerzan funciones o presten servicios públicos relacionados con el medio ambiente bajo la autoridad del Gobierno de la Nación y los órganos de gobierno de las comunidades autónomas; la Administración general del Estado, las Administraciones autonómicas, las entidades que integran la Administración local y las entidades de derecho público que sean dependientes o estén vinculadas al Estado, a las comunidades autónomas o a las entidades locales; los órganos públicos consultivos; las corporaciones de derecho público y demás personas físicas o jurídicas cuando ejerzan, con arreglo a la legislación vigente, funciones públicas, incluidos notarios y registradores de la propiedad, mercantiles y de bienes muebles.

[6] Vid. artículos 22 y 23 de la LAIMM. Es necesario clarificar que las personas jurídicas sin ánimo de lucro en cuestión tendrán derecho a la asistencia jurídica gratuita en los términos previstos en la Ley 1/1996, de 10 de enero.

2. EL DESAFÍO DE LA EFICIENCIA ENERGÉTICA Y DE LA SUPRESIÓN DE BARRERAS ARQUITECTÓNICAS

Prima facie, se ha de poner de manifiesto la apuesta a nivel europeo por la eficiencia energética y la accesibilidad, baste como ejemplo la aprobación de las normas que se relacionan seguidamente: el Reglamento (UE) 2018/1999, de 11 de diciembre[7]; y la Directiva 2018/844/UE, de 30 de mayo, transpuesta a nuestro ordenamiento jurídico interno por la Ley 7/2021, de 20 de mayo, de cambio climático y transición energética. Este texto legal contiene múltiples disposiciones relativas a la disminución de emisiones en el marco de la Estrategia de Descarbonización de la Unión Europea 2050, así como referidas a la renovación y rehabilitación de edificios –en aras a que los distintos instrumentos con tal objeto cumplan los indicadores de los Planes Integrados de Energía y Clima (PNIECs) en el horizonte de la Agenda 2030–, y a la consideración del cambio climático en la planificación y gestión territorial y urbanística, del agua y del dominio público marítimo-terrestre, y en las intervenciones sobre el medio urbano, las infraestructuras de transporte y la edificación.

Respecto al estado de las construcciones y su adaptación a las exigencias explicitadas, se ha destacar el informe de evaluación de edificios (IEE), del que la única referencia, en el TRLS, se encuentra en su artículo 29.1 que establece lo siguiente: "*1. Los propietarios de inmuebles ubicados en edificaciones con tipología residencial de vivienda colectiva podrán ser requeridos por la Administración competente, de conformidad con lo dispuesto en el artículo siguiente, para que acrediten la situación en la que se encuentran aquéllos, al menos en relación con el estado de conservación del edificio y con el cumplimiento de la normativa vigente sobre accesibilidad universal, así como sobre el grado de eficiencia energética de los mismos*".

El régimen jurídico estatal actual del instituto jurídico analizado trae causa de la STC 143/2017, de 14 de diciembre, en la medida que distingue tres tipos de evaluaciones: estado de conservación del edificio, condiciones de accesibilidad y grado de eficiencia energética. La mencionada resolución declaró que las dos primeras evaluaciones son competencia exclusiva autonómica[8] en virtud del artículo 148.1.3.ª de la Constitución,

---

7 Reglamento (UE) 2018/1999, de 11 de diciembre, del Parlamento Europeo y del Consejo, sobre la gobernanza de la Unión de la Energía y de la Acción por el Clima, y por el que se modifican los Reglamentos (CE) n.º 663/2009 y (CE) n.º 715/2009 del Parlamento Europeo y del Consejo, las Directivas 94/22/CE, 98/70/CE, 2009/31/CE, 2009/73/CE, 2010/31/UE, 2012/27/UE y 2013/30/UE del Parlamento Europeo y del Consejo y las Directivas 2009/119/CE y (UE) 2015/652 del Consejo, y se deroga el Reglamento (UE) n.º 525/2013 del Parlamento Europeo y del Consejo.

8 Pueden citarse, a título ejemplificativo, las siguientes normas autonómicas: el Decreto 29/2017, de 17 de mayo, por el que se regula el Informe de Evaluación de los Edificios y se crea el Registro General de Informes de Evaluación de los Edificios del Principado de Asturias, aparte de la Resolución de 11 de julio de 2017, de la Consejería de Servicios y Derechos Sociales, referida a la organización y funcionamiento del Registro General de Informes de Evaluación de los Edificios en el ámbito del Principado de Asturias y se aprueba el formato al que deben ajustarse los informes de evaluación de los edificios; el Decreto 1/2014, de 9 de enero, por el que se reglamentan las condiciones y se crea el Registro de los Informes de Evaluación del Edificio de Cantabria; el Decreto 103/2016, de 24 de octubre, del Consejo de Gobierno,

mientras que la tercera es competencia estatal al amparo de los artículos 149.1.23.ª y 149.1.25.ª de la misma norma, preceptos que atribuyen al Estado la legislación básica sobre protección del medio ambiente y las bases del régimen energético respectivamente.

Es oportuno enfatizar, en cuanto a la supresión de barreras arquitectónicas y la eficiencia energética, que el artículo 24.4 del TRLS posiblita la ocupación de superficies de espacios libres o de dominio público que resulten indispensables para la instalación de ascensores u otros elementos que garanticen la accesibilidad universal, así como las superficies comunes de uso privativo, tales como vestíbulos, descansillos, sobrecubiertas, voladizos y soportales, tanto si se ubican en el suelo, como en el subsuelo o en el vuelo, cuando no resulte viable, técnica o económicamente, ninguna otra solución y siempre que quede asegurada la funcionalidad de los espacios libres, dotaciones y demás elementos del dominio público.

Los instrumentos de ordenación urbanística, para el logro de tales fines, deberán garantizar la aplicación de la regla básica señalada, bien permitiendo que aquellas superficies no computen a efectos del volumen edificable, ni de distancias mínimas a linderos, a otras edificaciones o a la vía pública o alineaciones, bien aplicando cualquier otra técnica que consiga el mismo propósito.

Se han de puntualizar, no obstante, tres extremos: uno, que el TRLS obliga a que, cuando las actuaciones relatadas afecten a inmuebles declarados de interés cultural o sujetos a cualquier otro régimen de protección, se busquen soluciones innovadoras que permitan abordar las adaptaciones que sean precisas para mejorar la eficiencia energética y garantizar la accesibilidad, sin perjuicio de la necesaria preservación de los valores objeto de protección, actuaciones que deberán ser informadas favorablemente o autorizadas, en su caso, por el órgano competente para la gestión del régimen de protección de acuerdo con su propia normativa; dos, que cuando haya un acuerdo firme en vía administrativa que legitime la ocupación de las superficies de espacios libres o de dominio público que sean de titularidad municipal, su aprobación definitiva será causa suficiente para que se establezca una cesión de uso del vuelo por el tiempo en que se mantenga la edificación o su recalificación y desafectación, con enajenación posterior a la comunidad o agrupación de comunidades de propietarios correspondiente; y, tres, que si fuese preciso ocupar bienes de dominio público pertenecientes a otras Administraciones, los ayuntamientos podrán solicitar a su titular la cesión de uso o la desafectación de los mismos[9], la cual procederá de conformidad con lo previsto en la legislación reguladora del bien correspondiente.

El régimen jurídico expuesto se hace extensivo, ex artículo 24.5 del TRLS, a los espacios que requieran la realización de obras que consigan reducir, al menos, en un 30 por ciento la demanda energética anual de calefacción o refrigeración del edificio

por el que se ordena el informe de evaluación de los edificios en la Comunidad de Madrid y se crea el Registro Integrado Único de Informes de Evaluación de los Edificios de la Comunidad de Madrid; o el Decreto 34/2015, de 13 de marzo, relativo al informe de evaluación de los edificios y que crea el Registro de Informes de Evaluación de los Edificios de la Región de Murcia.

[9] Vid. Gómez Manresa, M.ª F., *Las cesiones de uso de los bienes de las entidades locales*, Aranzadi, Cizur Menor, 2021.

y que consistan en: el montaje de aislamiento térmico o fachadas ventiladas por el exterior del inmueble, o el cerramiento o acristalamiento de las terrazas ya techadas; la ubicación de dispositivos bioclimáticos adosados a las fachadas o cubiertas; la ejecución de las obras y la implantación de las infraestructuras necesarias para la centralización o dotación de instalaciones energéticas comunes y de captadores solares u otras fuentes de energía renovables en las fachadas o cubiertas cuando logren disminuir el consumo anual de energía primaria no renovable del edificio, al menos, en un 30 por ciento; y la acometida de obras en zonas comunes o viviendas que aminoren el consumo de agua en el conjunto del edificio en el porcentaje ya explicitado.

Por último, se ha de apuntar que el resto de los números de dicho precepto, así como el contenido del artículo 30 del mismo texto legal, fueron declarados inconstitucionales por la STC 143/2017, de 14 de diciembre, de modo que habrá que estar a lo dispuesto en la legislación autonómica y estatal al respecto. Sirvan de ejemplo, a nivel autonómico, la Ley 8/2018, de 8 de octubre, de medidas frente al cambio climático y para la transición hacia un nuevo modelo energético en Andalucía; la Ley 10/2019, de 22 de febrero, de cambio climático y transición energética de Baleares; y la Ley 16/2017, de 1 de agosto, del cambio climático de Cataluña.

En el ámbito estatal, desempeñan un papel destacado las normas que se relacionan seguidamente: la Ley 38/1999, de 5 de noviembre, de Ordenación de la Edificación; los Reales Decretos 314/2006, de 17 de marzo, y 1027/2007, de 20 de julio, por los que se aprueban el Código Técnico de la Edificación y el Reglamento de Instalaciones Térmicas en los Edificios respectivamente; el Real Decreto 390/2021, de 1 de junio, relativo al procedimiento básico para la certificación de la eficiencia energética de los edificios; y el Real Decreto Real Decreto 42/2022, de 18 de enero, por el que se regula el Bono Alquiler Joven y el Plan Estatal para el acceso a la vivienda 2022-2025.

A modo de conclusión, bien puede afirmarse que la sostenibilidad de las ciudades exige políticas de ordenación territorial, urbanística y ambiental debidamente coordinadas en aras a una planificación estratégica, integrada e integral del territorio, en la que estén presentes, entre otros, los principios de no regresión planificadora en lo concerniente a los espacios o a los bienes protegidos y de racionalidad y precaución en relación a los nuevos desarrollos urbanos, que apueste de manera decidida, además, por la implementación de medidas de recuperación y puesta en valor del entorno construido, la supresión de barreras arquitectónicas y la eficiencia energética desde la perspectiva del principio de resiliencia.

3. BIBLIOGRAFÍA

Bustillo Bolado, R.O. y Gómez Manresa, M.ª F., "Sustainable development: a principle implicity assumed by the Spanish Constitution", *Electronical Journal of Enviromental, Agricultural and Food Chemistry (EJEAFChe)*, 11 (5), 2012, pp. 578 a 585.

Gómez Manresa, M.ª F., *Las cesiones de uso de los bienes de las entidades locales*, Aranzadi, Cizur Menor, 2021.

CAPÍTULO VIII.
LOS ESTEREOTIPOS SEXISTAS: OBSTÁCULOS PARA LA CONSECUCIÓN DE LA IGUALDAD DE GÉNERO (ODS 5) EN EL TRABAJO Y EN LAS PRESTACIONES SOCIALES[1]

Mª Carmen López Aniorte
Catedrática de Derecho del trabajo y de la Seguridad Social
Universidad de Murcia

1. LA IGUALDAD DE GÉNERO: OBJETIVO DE NACIONES UNIDAS Y DE OTRAS ORGANIZACIONES INTERNACIONALES Y SUPRANACIONALES

La desigualdad entre mujeres y hombres y, particularmente, la persistente brecha laboral y prestacional de género son manifestaciones de una flagrante y obstinada vulneración de los derechos humanos contraria, entre otros instrumentos internacionales, a la Declaración Universal de Derechos Humanos (1948) y a la Convención sobre la eliminación de todas las formas de discriminación contra la mujer (1979), ambas de Naciones Unidas. Genera, además, pobreza, dependencia económica de las mujeres y bajos índices de natalidad, e impide rentabilizar las capacidades y talentos del 50% de la población, imprescindibles para afrontar los acuciantes retos económicos y demográficos que acechan a la sociedad del siglo XXI.

Por todo ello, la igualdad entre mujeres y hombres es uno de los grandes objetivos de las organizaciones internacionales y supranacionales. En este sentido, la Asamblea General de Naciones Unidas, en su Agenda 2030 para el Desarrollo Sostenible (2015), consideró la igualdad de género uno de los 17 objetivos de desarrollo sostenible (ODS núm. 5); y la Conferencia Internacional del Trabajo, en su Declaración del Centenario de la OIT para el Futuro del Trabajo (2019), manifestó que esta organización internacional debe orientar sus esfuerzos para "lograr la igualdad de género en el trabajo".

Entre la normativa internacional, son muy relevantes en la materia el Convenio núm. 111 de la OIT relativo a la discriminación en materia de empleo y ocupación; el Convenio núm. 100 de la OIT relativo a la igualdad de remuneración por trabajo de igual valor; y la Carta Social Europea, del Consejo de Europa.

[1] El presente trabajo se enmarca en el Proyecto PID2019-104630RB-I00, sobre «El futuro del sistema español de protección social (VI): Soluciones jurídicas a los actuales retos demográficos», financiado por el Ministerio de Ciencia e Innovación, e incluido en la Convocatoria 2019 de Proyectos de I+D+ i - RTI Tipo B.

En la Unión Europea, desde la entrada en vigor del Tratado de Ámsterdam, el 1 de mayo de 1999, la igualdad entre mujeres y hombres y la eliminación de las desigualdades entre ambos sexos son un objetivo que debe integrarse en todas las políticas y acciones de la Unión y de sus miembros. Y, recientemente, la Estrategia para la Igualdad de Género 2020-2025 ha establecido como propósitos: 1) poner fin a la violencia de género; 2) combatir los estereotipos de género; 3) colmar las brechas de género en el mercado de trabajo; 4) lograr la participación en pie de igualdad en los distintos sectores de la economía; 5) abordar la brecha salarial y de pensiones; 6) reducir la brecha de género en las responsabilidades asistenciales; y 7)lograr equilibrio entre en la toma de decisiones y la actividad política.

Para coadyuvar al cumplimiento de tales objetivos, existe un acervo comunitario sobre igualdad de sexos de gran amplitud e importante calado, que incluye las siguientes normas: la Directiva 2000/78/CE del Consejo, de 27 de noviembre de 2000, relativa al establecimiento de un marco general para la igualdad de trato en el empleo y la ocupación; la Directiva del Consejo 2004/113/CE, de 13 de diciembre de 2004, por la que se aplica el principio de igualdad de trato entre hombres y mujeres al acceso a bienes y servicios y su suministro; la Directiva 2006/54/CE del Parlamento Europeo y del Consejo, de 5 de julio de 2006, relativa a la aplicación del principio de igualdad de oportunidades e igualdad de trato entre hombres y mujeres en asuntos de empleo y ocupación (refundición); la Directiva 2010/41/UE del Parlamento Europeo y del Consejo, de 7 de julio de 2010, sobre la aplicación del principio de igualdad de trato entre hombres y mujeres que ejercen una actividad autónoma, y por la que se deroga la Directiva 86/613/CEE del Consejo); y el Reglamento (CE) nº1922/2006 del Parlamento Europeo y del Consejo, de 20 de diciembre de 2006, por el que se crea un Instituto Europeo de la Igualdad de Género.

2. CRISIS SANITARIA Y RETRASO EN LA CONSECUCIÓN DEL ODS 5

Pese a las innegables mejoras normativas producidas en las últimas décadas, tanto a nivel internacional como interno, la reciente crisis sanitaria exige volver a centrar la atención en la precariedad laboral y en el déficit de protección social que afecta al trabajo de las mujeres, con frecuencia desarrollado en actividades feminizadas, invisibilizadas e infravaloradas, muchas de las cuales se han situado en primera línea de la lucha contra la pandemia. Es el caso del trabajo de limpieza, del de las personas cuidadoras de personas mayores y dependientes, y de los trabajos sanitarios. Todas ellas son actividades marcadas por una segregación sexual horizontal, determinada por los estereotipos de género que han atribuido, desde siempre, a las mujeres el rol social de los cuidados. Y, muchas de las mismas se hallan, además, "externalizadas", viéndose afectadas de forma directa y negativa por las medidas restrictivas de derechos laborales y de Seguridad Social diseñadas en España con motivo de la crisis financiera del 2008.

El déficit de protección social que afecta a estos y otros trabajos realizados por mujeres es también muy destacable. Tradicionalmente, la normativa laboral y de Seguridad Social, pero particularmente esta última, ha sido diseñada sin perspectiva de género, y, en consecuencia, desconociendo la realidad del trabajo desarrollado por las mujeres, marcado por las entradas y salidas del mercado laboral, la doble jornada, la temporalidad, la parcialidad, la segregación sexual horizontal y vertical, la brecha salarial, así como los riegos profesionales propios de las actividades desarrolladas mayoritariamente por mujeres.

Resulta también censurable la falta de perspectiva de género en el diseño del listado de las enfermedades profesionales, así como la "masculinización" de los sectores que se benefician de la jubilación a una edad reducida (minería, el trabajo en el mar, la actividad taurina, el trabajo ferroviario…), obviándose las características de determinados trabajos de cuidados sometidos a elevados riesgos físicos derivados del sobreesfuerzo y, en ocasiones, de carácter psicosocial, con altos índices de morbilidad.

Otro claro ejemplo de la infraprotección del trabajo feminizado es la carencia, hasta la fecha, de cobertura de la situación de desempleo de las empleadas del hogar, a pesar de haberse anunciado la ratificación del Convenio 189 de la OIT sobre el trabajo decente para las trabajadoras y los trabajadores domésticos, que garantiza condiciones no menos favorables que las aplicables a las personas trabajadoras en general con respecto a la protección de la Seguridad Social.

De todo ello es preciso extraer enseñanzas encaminadas a impedir que la actual crisis mundial constituya un nuevo pretexto para la preterición de los derechos laborales y prestacionales de la mitad de la población, que ponga freno al avance hacia la igualdad real y efectiva de derechos y oportunidades de mujeres y hombres.

Ahora bien, no se puede ignorar que algunas noticias recientes en la materia resultan desalentadoras. En este sentido, la OIT ha denunciado que la pandemia está dejando atrás a las mujeres en la búsqueda de un trabajo decente, debido a su mayor propensión a abandonar su trabajo y los puestos directivos para ocuparse de la atención de niños y niñas, como consecuencia del cierre de las escuelas[2]. Por su parte, el Foro de Labos ha calculado que el tiempo para alcanzar la paridad ha pasado de 99,5 a 135,6 años en los últimos 12 meses, ocupando España el puesto 14 de 156 países[3].

3. SOBRE LAS CAUSAS DE LA DESIGUALDAD LABORAL Y PRESTACIONAL: LOS ESTEREOTIPOS DE GÉNERO

3.1. Concepto de estereotipos de género

Ni el reconocimiento constitucional de la igualdad en su triple dimensión (valor superior del ordenamiento jurídico, derecho fundamental y mandato a los poderes para garantizar la igualdad real y efectiva), ni la configuración posterior de instituciones tales

[2] https://ilostat.ilo.org/es/how-women-are-being-left-behind-in-the-quest-for-decent-work-for-all/, en línea, consultado el 20 de octubre de 2021.

[3] https://elpais.com/sociedad/2021-03-31/la-pandemia-retrasa-la-igualdad-de-genero-otra-generacion.html, en línea, consultado el 20 de octubre de 2021.

como la discriminación indirecta o la acción positiva han sido suficientes para alcanzar la igualdad real y efectiva, ni en las relaciones laborales ni en los restantes ámbitos.

Ello es así porque la mayor parte de las políticas de igualdad adoptadas atacan los síntomas de la desigualdad (brecha salarial, brecha prestacional, acoso sexual…), pero no las verdaderas causas de la misma, relacionadas con el mantenimiento de estereotipos de género que sustentan relaciones asimétricas y de subordinación de las mujeres.

Según el diccionario de la RAE, un estereotipo es una imagen o idea aceptada comúnmente por un grupo o sociedad con carácter inmutable. Por su parte, los estereotipos de género se definirían como aquellas características o cualidades que la sociedad da por supuestas y asumidas en los hombres y en las mujeres, y que mantienen a estas en una situación de subordinación. Los estereotipos están fuertemente arraigados en el imaginario colectivo, desde donde se proyectan al ámbito cultural, político, informativo, económico/productivo, legislativo y judicial.

La Oficina del Alto Comisionado para los Derechos Humanos (ACNUDH) define el estereotipo de género como "una opinión o un prejuicio generalizado acerca de atributos o características que hombres y mujeres poseen o deberían poseer o de las funciones sociales que ambos desempeñan o deberían desempeñar", siendo nocivo "cuando limita la capacidad de hombres y mujeres para desarrollar sus facultades personales, realizar una carrera profesional y tomar decisiones acerca de sus vidas y sus proyectos vitales"[4].

Pese a que carecen de justificación científica, estos estereotipos continúan marcando cuáles han de ser los roles que han de asumir hombres y mujeres en los ámbitos públicos y privados, qué nivel de liderazgo, compromiso y productividad se espera de ellos y ellas en la empresa, cómo han de vestir o comportarse, o en qué espacios físicos y temporales deben unas y otros desenvolverse. De este modo, siguen perpetuando roles secundarios y de dependencia de las mujeres, que obstaculizan la igualdad real y efectiva entre ambos sexos, y que cristalizan, en ocasiones, en las resoluciones judiciales.

De acuerdo con los estereotipos de género, los hombres serían estables emocionalmente, con capacidad de autocontrol, fuertes, valientes, dinámicos, con capacidad de liderazgo, racionales y aptos para las ciencias y las ingenierías. Por su parte, las mujeres serían emocionalmente inestables, imprevisibles, sin capacidad de autocontrol, asustadizas, dependientes, pasivas, tiernas, sin dotes de liderazgo, y aptas para las ciencias sociales, el ámbito educativo y, especialmente, para los trabajos de cuidados remunerados y no remunerados.

Conforme a lo anterior, se consideran masculinas las labores directivas en las empresas, las que exigen mucha disponibilidad, y en concreto, profesiones como las de policía, albañil, fontanero, minero, mecánico, bombero, matemático, ingeniero o arquitecto. Y se consideras propiamente femeninas las que no suponen la asunción de labores directivas ni alta disponibilidad, y, en particular, la profesión de maestra y los

---

[4] https://www.ohchr.org/sp/issues/women/wrgs/pages/genderstereotypes.aspx, en línea, consultado el 1 de septiembre de 2021.

trabajos de cuidados no remunerados (en el hogar) y remunerados, como enfermera, limpiadora y cuidadora de menores, mayores y dependientes.

Aunque, paulatinamente, se van produciendo cambios sociales y culturales que permiten pensar que, en algún momento futuro, se acabará superando la segregación laboral vertical y horizontal que hoy sufren las mujeres, los estereotipos de género permanecen presentes en la cultura y la sociedad, y siguen marcando la elección de los estudios por parte de las personas jóvenes. En este sentido, el Informe Científicas en Cifras 2021[5], constata que, pese a que las mujeres representan más de la mitad del alumnado matriculado en estudios de grado, existe una menor presencia de estudiantes e investigadoras en áreas STEM (Ciencia, Tecnología, Ingeniería y Matemáticas), que continúan estando especialmente infrarrepresentadas en estudios de grado en áreas como ingeniería y arquitectura (25%), y que se está produciendo un descenso paulatino de la proporción de investigadoras del sector de la Enseñanza Superior del área de ingeniería y tecnología. Por los demás, a pesar del incremento de mujeres en ciencia, no todas continúan en la carrera investigadora y tampoco progresan a igual ritmo que sus compañeros, siendo un porcentaje muy reducido las que ocupan la categoría más alta de catedráticas.

3.2. Consecuencias laborales de los estereotipos de género: particular atención al rol de cuidados

Los estereotipos de género marcan la segregación laboral horizontal y vertical de las mujeres en los términos más arriba señalados, orientándolas hacia determinadas actividades profesionales y dificultando la ocupación de puestos de alta responsabilidad.

En este apartado se dedica particular atención al estereotipo de género que asigna a las mujeres el rol de cuidadoras, dados sus nocivos efectos en materia laboral y prestacional. Señala la OIT, en su Informe, *Care work and care jobs for the future of work* (2018)[6], que las mujeres realizan el 76,2 % de todo el trabajo de cuidados no remunerado, y que "los déficits actuales en la prestación de servicios de cuidado y su calidad crearán una grave e insostenible crisis del cuidado a nivel mundial y aumentarán más aún la desigualdad de género en el trabajo".

El desigual reparto intrafamiliar de las tareas domésticas y del trabajo de cuidados de menores, mayores y dependientes trae su causa, como se señaló más arriba, en la reclusión histórica de las mujeres en el ámbito de lo privado, donde, desde una posición subordinada, asumen tareas no remuneradas de cuidado y de atención de las tareas del hogar, y en la atribución a los hombres del discurso público y de la actividad lucrativa/remunerada desarrollada fuera del ámbito de lo doméstico.

---

[5] https://www.ciencia.gob.es/site-web/Secc-Servicios/Igualdad/cientificas-en-cifras.html, en línea, consultado el 10 de octubre de 2021.

[6] https://www.ilo.org/global/topics/care-economy/care-for-fow/lang--en/index.htm, en línea, consultado el 14 de julio de 2021.

El rol de cuidadoras que se continúa imponiendo a las mujeres en la actualidad tiene enormes secuencias laborales y prestacionales:

1) Reduce su tasa de actividad y les genera una mayor precariedad laboral.
2) Las conduce a ejercer, en la mayoría de los casos, los derechos de conciliación laboral y familiar (reducciones de jornada, permisos para el cuidado del lactante, excedencia por cuidado de hijo/a y familiares…), muchos de los cuales implican una reducción o pérdida de salario y minoración o pérdida de prestaciones de la Seguridad Social, con el consiguiente aumento de la situación de dependencia económica de las mujeres.
3) Las relega a las categorías más bajas del escalafón profesional.
4) Les impone la doble jornada, que reduce su tiempo de ocio e impacta negativamente en su salud laboral.
5) Condiciona la feminización de las profesiones relacionadas con el cuidado, tales como la educación, las profesiones sanitarias, el trabajo de limpieza y el de atención a personas mayores, menores y dependientes.
6) Y las mantiene alejadas de los ámbitos científicos y tecnológicos, con el riesgo que ello entraña de pérdida de las oportunidades que ofrece la denominada Revolución Industrial 4.0.

En el caso de España, son muy contundentes los datos que evidencian la brecha laboral y prestacional que ofrece la Seguridad Social y el Instituto Nacional de Estadística (INE). Así, según información ofrecida por la Secretaría de Estado de la Seguridad Social referidos a principios de marzo de 2020[7], cuando todavía no había estallado la actual crisis económica-sanitaria global:

- Más de 8,9 millones de trabajadoras estaban afiliadas a la Seguridad Social (el 46,64% del total de la ocupación); y 1,89 millones de mujeres se encontraban en situación de desempleo frente al 1,35 millones de hombres.
- La pensión media mensual de los hombres era de 1.225 € frente a los 803 € en el caso de las mujeres; concretamente, la pensión de jubilación media masculina era de 1.332,35 € y la femenina de 877,39 €; las mujeres representaban más del 92% de las pensiones de viudedad y el 68,5% de las prestaciones a favor de familiares; y el 30% del total de las pensiones percibidas por las mujeres requerían del complemento a mínimos, frente al 17% las percibidas por hombres.
- La base de cotización media de las mujeres –elemento que condiciona la cuantía de las futuras prestaciones de la Seguridad Social– alcanzaba los 1.662,7 € frente a los 1.984,7 € de media en el caso de los hombres, reflejo de la persistencia de una gran brecha salarial; brecha en la que incide el alto peso de la contratación a tiempo parcial en las mujeres –el 74% del total–, el techo de cristal, y la baja

7 https://revista.seg-social.es/2020/03/06/la-mujer-en-la-seguridad-social-breve-radiografia-de-situacion/, en línea, consultado el 17 de octubre de 2021.

remuneración de los trabajos feminizados (al servicio del hogar, sector agrario, camareras de piso en hoteles, cuidadoras de dependientes...).

- Al menor salario se suma la mayor temporalidad e intermitencia del trabajo femenino y la feminización del disfrute de las excedencias por cuidado de familiares (el 86,96% del total corresponde a mujeres), situación que genera pérdida del salario actual y dependencia económica presente y futura, al impedir o dificultar el acceso a prestaciones y generar, en el mejor de los casos, cuantías más reducidas.

Por su parte, los datos del INE arrojan las siguientes cifras:

- Incluyendo todos los tramos de edad, en 2019, la tasa de empleo de las mujeres es del 45% y la de los hombres del 56%. Las tasas de empleo de las mujeres (25 a 49 años) con hijos menores de 12 años son menores a las tasas de empleo de las mujeres de la misma edad sin hijos, mientras que, en el caso de los hombres, sucede lo contrario.
- En 2019, la participación de trabajadores hombres a tiempo parcial en el empleo total masculino es de un 7,0%, y la participación de mujeres con este tipo de jornada en el empleo total femenino es del 23,8%. Si se considera el empleo total de mujeres y hombres, el porcentaje de hombres a tiempo parcial sobre el empleo total es de un 3,8%, mientras que el porcentaje de mujeres con jornada a tiempo parcial representó en el empleo total un 10,9% ese año.
- La participación de las mujeres asalariadas con contrato temporal representa, en 2019, el 27,2% del total del empleo, mientras que la participación de los hombres asalariados con contrato temporal supone el 25,4% del empleo total.
- En el año 2018, el salario anual más frecuente en las mujeres (15.484,4 euros) representó el 83,8% del salario más frecuente en los hombres (18.470,8 euros). El salario medio bruto de las mujeres fue del 78,6% del de los hombres. Si se consideran los salarios anuales con jornada a tiempo completo, el salario de las mujeres representaba en el año 2018 el 89,5% del salario de los hombres, mientras que, en la jornada a tiempo parcial, el porcentaje era del 85,7%. En el trabajo a tiempo completo, el salario por hora de las mujeres (11,9 euros) en el año 2018 alcanzaba el 93,3% del salario por hora de los hombres (12,8 euros). Al considerar la jornada a tiempo parcial, el porcentaje anterior alcanza un valor del 87,4%.

CAPÍTULO IX.
PARTICIPACIÓN DE LAS COMUNIDADES DE REGANTES EN LOS ODS

Fernándo López Alonso
Doctor en Derecho. Profesor asociado de Derecho Civil en la Universidad de Murcia

En el presente trabajo se pretende analizar la figura de la Comunidad de Regantes con relación a los Objetivos de Desarrollo Sostenible de la Organización de las Naciones (o ODS).

Para un correcto desarrollo debe comenzar por exponerse de una parte en qué consisten esos ODS, y de otra, cuál es la configuración de la Comunidad de Regantes describiendo sus principales características para poder a continuación analizar si esta figura representa una institución que, por su naturaleza y configuración, resulta apropiada para el cumplimiento de dichos objetivos, pudiendo realizar finalmente determinadas conclusiones.

Sin pretender realizar un análisis pormenorizado sobre los Objetivos de Desarrollo Sostenible, debe exponerse que sucintamente tales objetivos fueron establecidos por la Asamblea General de Naciones Unidas (o ONU) en la Resolución denominada *Transformar Nuestro Mundo: la Agenda 2030 para el Desarrollo Sostenible* (en adelante, *la Agenda 2030*") en Nueva York en fecha 25 de septiembre de 2015, 17 objetivos y 169 metas (en que esos objetivos se subdividen) como elementos que venían a *retomar los Objetivos de Desarrollo del Milenio y lograr lo que con ellos no se consiguió* (los Objetivos de Desarrollo del Milenio –o ODM–, representaron ochos propósitos aprobados en la *Declaración del Milenio* por la Asamblea General de la ONU en fecha 8 de septiembre de 2000 con los que los estados miembros de las Naciones Unidas pretendían conseguir para el año 2015 poner solución a los problemas más graves que afectaban a la sociedad).

Los Objetivos de Desarrollo Sostenible aprobados en el año 2015, de acuerdo con la Agenda 2030, representan propósitos a lograr durante los 15 años siguientes a tal fecha desde tres dimensiones del desarrollo sostenible: económica, social y ambiental.

Sobre la catalogación jurídica que otorgar a los ODS debe comenzarse por describirse un concepto esencial (el "soft law") para poder a continuación referir la postura de la doctrina con respecto a la naturaleza jurídica de la Agenda 2030. Dicho término ("soft law") se define como *la creación y establecimiento de conjuntos normativos carentes de valor vinculante, pero dotados de un alto porcentaje de persuasión*[1] (en contraposición al "hard law", normas de contenido vinculante que en caso de incumplimiento pueden ser impuestas de modo forzoso).

La mayoría de la doctrina atiende al concepto "soft law" a la hora de analizar el valor jurídico que debe darse a los ODS incluidos en la Agenda 2030.

I. Se ha afirmado que si bien no se recogen los ODS en un Tratado internacional o figura semejante (lo que provocaría, de acuerdo con las previsiones del artículo 96 de la Constitución Española, que no resultasen los ODS de cumplimiento obligado al no formar parte de nuestro Derecho interno), tal circunstancia no convierte a la Agenda 2030 en *inoperante* había cuenta, de una parte, la misma deriva del acuerdo de voluntades de todos sus firmantes, y, de otra, que *Más allá de la obligatoriedad jurídica, del cumplimiento de los compromisos internacionales, contenidos en acuerdos o declaraciones, como la de la Agenda, depende el prestigio de los Estados y el rol que desempeñan en el concierto internacional*"[2].

II. Se incluye categóricamente en el "soft law" a los Objetivos de Desarrollo Sostenible atendiendo a la propia redacción de la Agenda 2030 (dado que se refiere en diferentes ocasiones en dicho texto el carácter voluntario de los ODS) si bien ello no priva a dichos objetivos de naturaleza jurídica (situación habitualmente dada en el Derecho Internacional) y de que resulte en cualquier caso *deseable que las cuestiones de desarrollo sostenible caminen hacia el predio del "hard law"*[3]. A pesar de la catalogación de la Agenda 2030 como "*documento de derecho indicativo internacional o soft law*" la misma se encuentra vinculada de forma directa con otras fuentes tradicionales de derecho internacional público, como los tratados internacionales y el derecho consuetudinario internacional[4].

Una vez determinado el carácter voluntario de los ODS, su catalogación como "soft law" y la imposibilidad de imponer forzosamente las previsiones contemplados en esos objetivos en caso de incumplimiento, procede entrar a exponer cuáles son las características de la Comunidad de Regantes.

Las Comunidades de Regantes representan un instrumento clave y tradicional en la gestión del agua en España, las cuales son descritas como *entidades administrativas,*

---

[1] ROCA GUILLAMÓN, J., «Soft law. Notas sobre el argumento de autoridad en el proceso de armonización del derecho contractual europeo», *Estudios Jurídicos en Homenaje al Profesor José María Miquel*, DÍEZ-PICAZO Y PONCE DE LEÓN, L. (coord.), Vol. 2º, Aranzadi Thomson Reuters, Cizur Menor (2014), p. 2709.

[2] GARCÍA MATÍES, R., «Las entidades locales y los objetivos de desarrollo sostenible. Algunas notas sobre la naturaleza jurídica de la Agenda 2030», *Revista de Estudios de la Administración Local y Autonómica: Nueva Época,* núm. 5 (2016), pp. 102-103.

[3] FERNÁNDEZ RODRÍGUEZ, J. J., «ODS 16: paz, justicia e instituciones fuertes», *Boletín IEEE*, núm. 11 (2018), p. 975.

[4] *GARCÍA-MARTÍN, L.* «La Agenda 2030 y el desarrollo sostenible: reflexiones en torno a su naturaleza jurídica y aplicación en el derecho internacional por parte de los Estados y las empresas», *Revista Iberoamericana de Estudios de Desarrollo* (2021), p. 17, disponible en < http://ried.unizar.es/public/abstracts/laagenda2030yeldesarrollosostenible.pdf>, última vez visitado el 27 agosto 2021.

corporaciones de Derecho público, con derecho a utilizar un determinado caudal de aguas públicas, superficiales o subterráneas, fundamentalmente destinadas al riego, con el fin de lograr su aprovechamiento íntegro, eficaz y coordinado mediante la observancia de unas normas formadas por los propios partícipes y homologadas por su respectivo organismo de cuenca, a cuya tutela quedan adscritas[5].

Tales Corporaciones encuentran actualmente su regulación en los artículos 81 a 91 del Real Decreto Legislativo 1/2001, de 20 de julio, por el que se aprueba el texto refundido de la Ley de Aguas (o TRLA), refiriendo dicho artículo 81 que *los usuarios del agua y otros bienes del dominio público hidráulico de una misma toma o concesión deberán constituirse en comunidades de usuarios. Cuando el destino dado a las aguas fuese principalmente el riego, se denominarán Comunidades de Regantes*; las previsiones del TRLA se complementan con los preceptos del RPDH (artículos 198 a 231) y la regulación particular que cada CCRR establece para sí misma en sus Estatutos u Ordenanzas.

Se refería el carácter de las CCRR como institución tradicional dado que muchas de ellas encuentran su origen muchos siglos atrás (véase el caso de la Acequia Real del Júcar cuyo nacimiento se remonta al año 1258[6]) y que a su vez esta figura ostenta un papel fundamental en la economía y desarrollo social de su ámbito de influencia habida cuenta el gran tamaño y disposición de recursos que una Comunidad de Regantes puede alcanzar (así, por ejemplo, la Comunidad de Regantes del Campo de Cartagena, abarca una extensión de 42.435 hectáreas extendiéndose por los términos municipales de siete municipios y dos provincias[7]).

La Comunidad de Regantes desarrolla su actividad en dos sectores del ordenamiento jurídico: de un lado, en el Derecho Administrativo cuando desarrolla las potestades públicas que el Derecho le atribuye (reparto del agua –recordemos que, de acuerdo con el art. 1 del TRLA, las aguas con carácter general representan un bien de dominio público y no privado–, vía de apremio, expropiación forzosa…) y, de otro, en Derecho Privado cuando actúa despojado de esas atribuciones públicas (así ocurre, por ejemplo, cuando adquiere un vehículo para cubrir las necesidades de desplazamiento de su personal). Las CCRR aúnan a una colectividad de sujetos muestran su voluntad mayoritaria de que se lleve a cabo un aprovechamiento de aguas públicas con destino a riego agrupándose imperativamente a tal fin[8], administrando los recursos que tienen atribuidos como *entidades independientes, aunque tuteladas por la Administración*[9] (al encontrarse adscritas a los organismos de cuenca de acuerdo con el art. 82 del TRLA)

5 BOLEA FORADADA, J.A., *Las Comunidades de regantes,* Comunidad General de Usuarios del Canal Imperial de Aragón, Zaragoza (1998) p. 48.

6 Información obtenida de <https://www.acequiarj.es/entidad/historia/>, última vez visitado el 30 de agosto de 2021.

7 Información obtenida de <https://www.crcc.es/informacion-general/informacion-c-r-c-c/>, última vez visitado el 30 de agosto de 2021.

8 MAESTRE ROSA, J., *Comunidades de Regantes*, Bosch, Barcelona (1969), p. 209.

9 MORA ALARCÓN, J.A., *Asociaciones Civiles*, Tirant Lo Blanch, Valencia (2005), TOL662.846

debiendo velar cada Comunidad por el uso racional de las aguas evitando el mal uso del agua o el deterioro del dominio público hidráulico (art. 83 del TRLA).

Más allá del propio interés que las CCRR han podido mostrar en los ODS (véase el ejemplo de la Comunidad de Regantes de Palos de la Frontera –Huelva– y su solicitud de adhesión a los Objetivos de Desarrollo Sostenible de la Organización de las Naciones Unidas[10]), corresponde analizar si las características y actos concretos desarrollados por las Comunidades de Regantes pueden entenderse plenamente vinculadas con los ODS y las metas en que se subdividen esos objetivos:

I. Considerando, de una parte, que entre propios fines de la Comunidad de Regantes, tal y como se ha advertido, se encuentra el reparto racional del agua y la intervención directa en la gestión de los recursos que tiene asignados y, de otra, que las CCRR actualmente entre sus principales decisiones promueven la modernización de sus instalaciones de regadío (a través de la automatización de sistemas, telecontrol, etc.)[11] para el ahorro de agua y limitación de pérdidas (en algunos casos estas actuaciones llegan a representar un ahorro de agua de entre el 70 y 80%, como en el caso de la Comunidad de Regantes de Uruñuela –La Rioja-[12]). Las Comunidades de Regantes, por su configuración legal y la promoción actual de la modernización y digitalización de sus infraestructuras, promueven de forma plena el ODS 6 (que procura *Garantizar la disponibilidad de agua y su gestión sostenible y el saneamiento para todos*) incurriendo de lleno en las actuaciones incluidas en las metas de dicho objetivo: uso eficiente de los recursos hídricos, sostenibilidad de la extracción y el abastecimiento de agua y fortalecimiento de la participación de las comunidades locales en la mejora de la gestión del agua y el saneamiento.

II. Resulta cada vez más habitual que una Comunidad de Regantes proceda a adoptar la fotovoltaica como la energía esencial para el desarrollo de sus actividades, principalmente, en la impulsión de aguas (así ocurre en los supuestos de la Comunidad

---

[10] Información obtenida de <https://www.europapress.es/andalucia/huelva-00354/noticia-comunidad-regantes-palos-huelva-solicita-onu-adhesion-objetivos-desarrollo-sostenible-20200223121435.html>, última vez visitado el 30 de agosto de 2021.

[11] Véase los caso de la Comunidades de Regantes de Alhama de Murcia –Murcia– (información obtenida de <https://www.chsegura.es/va/confederacion/prensa-publicaciones-y-difusion/noticias/La-CHS-culmina-las-obras-de-modernizacion-de-regadios-del-trasvase-en-Alhama-de-Murcia/>, última vez visitado el 30 de agosto de 2021), de la Comunidad de Regantes de Nuestra Señora de la Salud –Granada– ((información obtenida de <http://www.santafe.es/index.php?g=1&c=2&c2=&f1=contenidos&s1=see_contenido_seleccionado&f2=&s2=&pag=41&orden=desc&criterio=fechapublicacion&ob=&spp=&sp=5c2ff1af612847ceb9249f8e073a86e2&cp=2018c03240fb8615b8a152076d043754&source=listnoticias&PHPSESSID=vtp0655go4nq0qqf1air3v4lo6/>, última vez visitado el 30 de agosto de 2021) o de la Comunidad de Regantes de Masalet –Valencia– (información obtenida de < https://www.gva.es/es/inicio/area_de_prensa/not_detalle_area_prensa?id=868017>, última vez visitado el 30 de agosto de 2021).

[12] Información obtenida de <https://cadenaser.com/emisora/2021/07/31/radio_rioja/1627734897_185749.html>, última vez visitado el 30 de agosto de 2021.

de Regantes Derecha del Sosa –Huesca–[13], de Pliego –Murcia–[14] o de Genil-Cabra –Córdoba–[15]) permitiéndose la sustitución de suministros de energía más contaminantes por una fuente más sostenible, la energía solar fotovoltaica, por medio de parques renovables de autoconsumo, reduciéndose las emisiones contaminantes emanadas y la dependencia de energía procedente de otras fuentes más nocivas. Tal actuación se encuadraría en el ODS 7, el que pretende *Garantizar el acceso a una energía asequible, fiable, sostenible y moderna para todos*, en el cual entre sus metas se incluye el procurar el aumento de la proporción de energía renovable en el conjunto de fuentes energéticas y la mejora de la eficiencia energética.

III. Las Comunidades de Regantes suponen formas de regadíos tradicionales con un uso sostenible del agua, localizadas en entornos rurales que facilitan la producción agraria a través del minifundio, suponiendo una posibilidad de generación de empleo en el medio rural, promoción de desarrollo en zonas despobladas y un ejemplo de economía circular. Tal circunstancia revela, en el contexto actual de la *España Vaciada*, como las CCRR contribuyen al desarrollo local de zonas rurales dentro de las metas recogidas en diferentes objetivos: el 1º (*Fin de la pobreza* habida cuenta que se promueve el empleo y dotación de recursos en las zonas rurales, las cuales presentan mayores tasas de desempleo y rentas más bajas[16]), el 8º (*Trabajo decente y crecimiento económico* a través de la promoción del crecimiento de las microempresas y las pequeñas y medianas empresas y la elaboración de productos locales) el 10º (*Reducción de desigualdades* garantizándose la igualdad de oportunidades con independencia del lugar donde se encuentre la persona, eliminando los desequilibrios que puedan existir entre zonas urbanas y rurales) o el 11º (*Lograr que las ciudades sean más inclusivas, seguras, resilientes y sostenibles* procurándose el acceso de todas las personas a viviendas, servicios y recursos básicos adecuado, tanto a las habitan en entornos rurales como a los lo que hacen en sectores urbanos).

IV. En último lugar, las Comunidades de Regantes presentan múltiples vinculaciones con otros sujetos privados y/o públicos tanto por previsión legal como por vinculación voluntaria, lo que supone la materialización del ODS 17 (*Revitalizar la Alianza Mundial para el Desarrollo Sostenible*) a través del establecimiento de alianzas en las esferas pública y público-privadas. En este sentido, las CCRR se adscriben a un

---

13 Información obtenida de <https://www.diariodelaltoaragon.es/noticias/comarcas/cinca-medio-1/2021/04/22/inversion-en-energia-solar-para-reducir-el-coste-de-riego-1486748-daa.html>, última vez visitado el 30 de agosto de 2021.

14 Información obtenida de <http://www.carm.es/web/pagina?IDCONTENIDO=98227&IDTIPO=160&RASTRO=c$m>, última vez visitado el 30 de agosto de 2021.

15 Información obtenida de <https://www.eldiadecordoba.es/provincia/comunidad-Genil-Cabra-instalacion-fotovoltaica-*autoconsumo_0_1605140212.html >, última vez visitado el 30 de agosto de 2021.

16 La denominada *España despoblada* ha pasado de albergar el 34,1% de la población total del país, generar el 26,7 % del valor añadido bruto y el 33,5% del empleo total, a aunar el 18,1% de la población, producir el 16,1% del valor añadido bruto y el 17% del empleo. Información obtenida de <https://www.funcas.es/wp-content/uploads/2021/02/La-despoblacion-de-la-Espa%C3%B1a-interior.pdf>, última vez visitado el 30 de agosto de 2021.

organismo de cuenca (art. 82 del TRLA), se prevé el establecimiento de convenios para el cumplimiento de obligaciones sobre transparencia (Disposición Adicional Tercera de la Ley 19/2013, de 9 de diciembre, de transparencia, acceso a la información pública y buen gobierno), las Comunidades recurren a las Administraciones regionales para el cumplimiento de sus prerrogativas fiscales (véase el ejemplo de los convenios de recaudación firmados por la Agencia Tributaria de la Región de Murcia con las Comunidades de Regantes de Riegos Ayala Ojós-Villanueva, de Campos del Río y Los Rodeos, del Heredamiento Regante de Molina de Segura, de Fuente de La Copa y Casa Don Pedro, etc.[17]) o promueven el establecimiento de asociaciones y/o federación de Comunidades para la consecución de fines comunes (así la Federación Nacional de Comunidad de Regantes, –o FENACORE– de ámbito nacional reúne a más de trescientas CCRR[18] o la Federación de Comunidades de Regantes de la Comunidad Valenciana –o FECOREVA– concentra cerca de un centenar de Comunidades de dicha región[19]).

La exposición realizada permite concluir que las Comunidades de Regantes representan un instrumento idóneo para la consecución determinados ODS incluidos en la Agenda 2030, los objetivos los cuales serán procurados tanto por el interés directo y específico de las CCRR en promover esos ODS como representar el resultado de actuaciones de las Comunidades que no persiguen de forma directa la consecución de los ODS (tal y como se ha expuesto, las CCRRs desarrollan determinados comportamientos –uso preferente de energía fotovoltaica, modernización de regadíos, etc.– por un motivo puramente económico –como representa el ahorro de gastos– si bien con tales actuaciones favorecen de forma indirecta la consecución de muchos de los ODS que forman parte de la Agenda 2030).

1. BIBLIOGRAFÍA

BOLEA FORADADA, J.A., *Las Comunidades de regantes,* Comunidad General de Usuarios del Canal Imperial de Aragón, Zaragoza (1998) p. 48.

FERNÁNDEZ RODRÍGUEZ, J. J., «ODS 16: paz, justicia e instituciones fuertes», *Boletín IEEE*, núm. 11 (2018), pp. 970-1001.

GARCIA-MARTÍN, L., «La Agenda 2030 y el desarrollo sostenible: reflexiones en torno a su naturaleza jurídica y aplicación en el derecho internacional por parte de los Estados y las empresas», *Revista Iberoamericana de Estudios de Desarrollo* (2021), pp. 1-20, disponible en <http://ried.unizar.es/public/abstracts/laagenda2030yeldesarrollosostenible.pdf>, última vez visitado el 27 agosto 2021.

[17] Información obtenida de <https://agenciatributaria.carm.es/web/guest/autonomico>, última vez visitado el 30 de agosto de 2021.

[18] Información obtenida de < http://www.fenacore.org/escaparate/verpagina.cgi?idpagina=20639969>, última vez visitado el 30 de agosto de 2021.

[19] Información obtenida de <http://www.fecoreva.es/entidades/>, última vez visitado el 30 de agosto de 2021.

GARCÍA MATÍES, R., «Las entidades locales y los objetivos de desarrollo sostenible. Algunas notas sobre la naturaleza jurídica de la Agenda 2030», *Revista de Estudios de la Administración Local y Autonómica: Nueva Época,* núm. 5 (2016), pp. 96-105.

MAESTRE ROSA, J., *Comunidades de Regantes,* Bosch, Barcelona (1969).

MORA ALARCÓN, J.A., *Asociaciones Civiles,* Tirant Lo Blanch, Valencia (2005), TOL662.846.

ROCA GUILLAMÓN, J., «Soft law. Notas sobre el argumento de autoridad en el proceso de armonización del derecho contractual europeo», *Estudios Jurídicos en Homenaje al Profesor José María Miquel,* DÍEZ-PICAZO Y PONCE DE LEÓN, L. (coord.), Vol. 2º, Aranzadi Thomson Reuters, Cizur Menor (2014), pp. 2707-2725.

CAPÍTULO X. HACIA UN MODELO DE ECONOMÍA CIRCULAR EN EL ÁMBITO DE LOS RESIDUOS. ESPECIAL REFERENCIA A LAS MEDIDAS TRIBUTARIAS

MARTA MARCOS CARDONA
Profesora de Derecho Financiero y Tributario de la Universidad de Murcia

1. INTRODUCCIÓN

El sistema de economía lineal basado en extraer los recursos necesarios para elaborar los productos y, al finalizar su vida útil, ser desechados y eliminados saliendo del ciclo productivo, en suma: extraer, fabricar, usar y tirar, no resulta sostenible. Precisa un crecimiento económico permanente y un constante consumo, lo cual implica llevar al límite la capacidad del planeta para poder mantener el suministro de materias primas y para absorber los residuos y contaminantes, con el consiguiente deterioro medioambiental.

Frente a este sistema surge la denominada economía circular[1] que, a diferencia del modelo anterior, no aparta el producto final, sino que se fundamenta en un proceso sostenible ya que permite utilizarlo como material o recurso que inicia, a su vez, un nievo ciclo de vida. Con ello se pretende que los recursos se mantengan en el ciclo productivo durante el mayor tiempo posible, sin perder su valor y a la vez conservar su vida útil. La denominada economía circular se presentaría, de esta manera, como una alternativa al modelo actual de producción y consumo, que permite alcanzar una gestión más eficiente de los recursos. Se trata de un concepto económico interrelacionado con la sostenibilidad, ya que el objetivo es que el valor de los materiales, los recursos y en general, los productos, se mantengan en la economía el mayor tiempo posible, reduciéndose en lo posible la generación de residuos.

Como es sabido, los Objetivos de Desarrollo Sostenible son 17, y la mayoría de ellos están vinculados directamente con la materia de la economía circular. En este sentido podrían incardinarse los objetivos 7: Energía asequible y no contaminante, 8: Trabajo decente y crecimiento económico, 9: Industria, innovación e infraestructura, 12: Producción y consumo responsable, 13: Acción por el clima y 15: Vida de ecosistemas terrestres.

---

[1] El concepto de economía circular fue introducido por PEARCE, D. y TURNER, K.: Economía de los recursos naturales y el medioambiente, Ed. Celeste, Madrid, 1995.

La economía circular surge con la idea de dar un paso más, superando la regla tradicional de las tres erres (3R) ecológicas: reducir reutilizar reciclar, por un sistema Multi-R con inclusión de las siguientes: repensar, reutilizar, reparar, restaurar, remanufacturar, reducir, re-proponer, reciclar y recuperar.

2. ECONOMÍA CIRCULAR EN LA UNIÓN EUROPEA

El 2 de diciembre de 2015 la Comisión Europea presentó la Comunicación “Cerrar el círculo: un plan de acción de la UE para la Economía Circular” con el objetivo de garantizar el establecimiento de un marco regulatorio adecuado para el desarrollo de la Economía Circular. Poco después, en 2018 anunció un nuevo conjunto de iniciativas dentro del citado Plan de acción, siendo la más destacada la Estrategia europea para el plástico en una economía circular. Continuando con los esfuerzos iniciados en 2015, la Comisión Europea adoptó en 2020 un nuevo Plan de Acción sobre la Economía Circular, que constituye uno de los principales elementos incluidos en el Pacto Verde Europeo (*European Green Deal*), el nuevo programa de Europa para el crecimiento sostenible. El objetivo marcado por la UE es el de alcanzar la neutralidad climática de aquí a 2050. Con tal fin, el Reglamento (UE) 2021/1119 del Parlamento Europeo y del Consejo de 30 de junio de 2021 ha establecido el marco para lograr la neutralidad climática, con el objetivo de convertir este compromiso político en una obligación jurídica. Además del citado objetivo de neutralidad climática y el propósito ideal de que la Unión consiga emisiones negativas a partir de 2050, la Ley Europea del Clima establece un objetivo vinculante para la Unión de reducción de las emisiones netas de gases de efecto invernadero (las emisiones una vez deducidas las absorciones) en al menos un 55 % de aquí a 2030 con respecto a los niveles de 1990. Con la finalidad de garantizar que se tomen medidas suficientes para reducir y evitar las emisiones de aquí a 2030, la Ley del Clima introduce un límite de 225 millones de toneladas de CO2 equivalente a la contribución de las absorciones a dicho objetivo. La Unión también tratará de lograr un mayor volumen de sumidero neto de carbono de aquí a 2030.

Este cauce de la Unión Europea hacia una economía circular en el ámbito comunitario no solo le permite cumplir los compromisos internacionales derivados de la Agenda para el Desarrollo sostenible 2030 adoptada por la ONU en 2015, sino también, como recuerda GARCÍA CARRETERO, el acuerdo de la Conferencia de las Partes de la Convención Marco de naciones Unidas sobre el Cambio Climático (CoP21) de mantener el calentamiento global por debajo de los 2 grados centígrados o la alianza del G7 sobre la eficiencia de los recursos mediante cadenas de suministros más sostenibles y mercados más globalizados para materias primas secundarias[2].

---

[2] GARCÍA CARRETERO, B., La fiscalidad ambiental en materia de residuos en el nuevo marco de una economía circular, Crónica Tributaria 170, p. 37. Sobre iniciativas n el ámbito del Derecho Comparado, por ejemplo, en Australia, vid. CERDÁ. E Y KHALILOVA. A.: «Economía circular», *Economía circular, estrategia y competitividad empresarial*, núm. 401, 2016, p. 401.

2.1. La Estrategia Española en materia de residuos en el marco de una economía Circular

En nuestro país, en el plano estatal[3] la Estrategia Española de Economía Circular, España Circular 2030[4] ha sentado las bases para impulsar un nuevo modelo de producción. Los principios generales que inspiran esta Estrategia son: protección y mejora del medio ambiente; acción preventiva; descarbonización de la economía; el principio de "quien contamina paga"; protección de la salud; racionalización y eficiencia; cooperación y coordinación entre las Administraciones Públicas; participación pública; desarrollo sostenible, solidaridad entre personas y territorios; integración de los aspectos ambientales en la toma de decisiones; mejora de la competitividad de la economía y generación de empleo de calidad.

En concreto, los objetivos cuantitativos a alcanzar para el año 2030 son:

- Reducir en un 30% el consumo nacional de materiales en relación con el PIB, tomando como año de referencia el 2010.
- Reducir la generación de residuos un 15% respecto de lo generado en 2010.
- Reducir la generación residuos de alimentos en toda cadena alimentaria: 50% de reducción per cápita a nivel de hogar y consumo minorista y un 20% en las cadenas de producción y suministro a partir del año 2020.
- Incrementar la reutilización y preparación para la reutilización hasta llegar al 10% de los residuos municipales generados.
- Mejorar un 10% la eficiencia en el uso del agua.
- Reducir la emisión de gases de efecto invernadero por debajo de los 10 millones de toneladas de CO_2 equivalente.

Para su cumplimiento se está tramitando actualmente el proyecto de Ley de Residuos y Suelos Contaminados que impulsa una economía circular y baja en carbono. En línea con la citada Estrategia Española de Economía Circular la propuesta normativa persigue establecer medidas que protejan el medio ambiente y la salud humana en lo que a residuos se refiere, permitan hacer un uso eficiente de los recursos reduciendo el impacto global de su uso e impulsen una economía circular y baja en carbono en España, que aspira a ser un país neutro en emisiones en 2050.

El texto recoge por primera vez en la legislación española limitaciones a los plásticos de un solo uso. El proyecto de Ley traspone los objetivos contemplados tanto en la directiva de residuos de 2018 como en la de plásticos de un solo uso y recoge, por primera vez en la legislación española, limitaciones a estos productos, restringiendo la

---

3 En el ámbito autonómico son múltiples las iniciativas planteadas en materia de prevención y gestión de residuos para impulsar la sostenibilidad y reducir los riesgos ambientales. También en la esfera local se encuentran proyectos interesantes con el objetivo de implantar la economía circular.

4 https://www.miteco.gob.es/es/calidad-y-evaluacion-ambiental/temas/economia-circular/estrategia/ (última consulta 28-09-2021).

introducción en el mercado de alguno de ellos y estableciendo un impuesto sobre los envases de plástico no reutilizables para avanzar en la prevención de sus residuos. Para cumplir los objetivos, todos los agentes implicados en la comercialización fomentarán el uso de alternativas reutilizables o de otro material no plástico. En cualquier caso, a partir del 1 de enero de 2023, queda prohibida su distribución gratuita, debiéndose cobrar un precio por cada uno de los productos de plástico que se entregue al consumidor, diferenciándolo en el ticket de venta.

También la propuesta normativa que se ha elaborado establece unos objetivos ambiciosos de preparación para la reutilización y reciclado de residuos municipales y establece un calendario de implantación de recogida separada de nuevos flujos, como los bio residuos o los residuos textiles, entre otros. Asimismo, incorpora un impuesto al vertido y a la incineración para reducir al máximo estos tratamientos y apostar por la prevención, la reutilización y el reciclado.

Así, en materia de prevención en la generación de residuos la propuesta incluye como objetivos concretos una reducción del peso de los residuos producidos de un 13% en 2025 y un 15% en 2030 respecto a los generados en 2010, que se añaden al objetivo actualmente vigente del 10% de reducción a partir de 2020.

Además, el texto contempla actuaciones contra el despilfarro de alimentos, con el fin de reducir el 50% de los alimentos desechados per cápita a nivel de hogar, distribución minorista y consumo en el sector de la hostelería, quedando prohibida la destrucción de excedentes no vendidos de productos no perecederos.

Se prevé en el texto, como se ha anticipado, la recogida separada y reciclado. Se establece un calendario de implantación de nuevas recogidas separadas de residuos para su valorización, además de la ya existente para el papel, los metales, el plástico y el vidrio. En esta línea se amplía la recogida separada a los biorresiduos domésticos, a partir de 2022 para entidades locales con más de 5.000 habitantes, y a partir de 2024 para el resto de municipios; a los residuos textiles, aceites de cocina usados, residuos domésticos peligrosos y residuos voluminosos a partir de 2025. Los residuos de construcción y demolición deberán clasificarse por materiales, preferentemente en el origen a partir de 2022 y la demolición deberá ser selectiva a partir de 2024.

También para reducir el consumo de envases, en los establecimientos del sector de la hostelería y restauración se tendrá que ofrecer siempre a los consumidores, la posibilidad de consumo de agua no envasada de manera gratuita y complementaria a la oferta del mismo establecimiento. Las administraciones públicas deberán adoptar las medidas necesarias para reducir el consumo de agua embotellada en sus dependencias y en otros espacios públicos, entre otras, mediante el fomento de fuentes de agua potable en condiciones que garanticen la higiene y la seguridad alimentaria, suministrando agua en envases reutilizables, sin perjuicio de que en los centros sanitarios se permita la comercialización en envases de un solo uso.

3. LA FISCALIDAD AMBIENTAL EN MATERIA DE RESIDUOS COMO INSTRUMENTO AL SERVICIO DEL NUEVO MODELO DE ECONOMÍA CIRCULAR

Como se observa, uno de los principales ejes de actuación de la Economía Circular es el de los residuos, siendo su generación y composición un problema ambiental de primera magnitud, y esta circunstancia ha derivado en incrementar su importancia en la agenda política ambiental. En este sentido, aquellos tributos que gravan la generación de residuos y promueven su reducción guardan una estrecha relación con los postulados de la economía circular siendo fundamentalmente los impuestos y las tasas los tributos más utilizados en materia de residuos encaminados a gravar el depósito o almacenamiento, el vertido, la incineración y la eliminación de residuos sean estos industriales, o de construcción peligrosos o no[5].

Dentro de esta política, la tributación medioambiental es un instrumento eficaz en la lucha contra la degradación del medioambiente que coadyuva e implementa a otras medidas que se puedan adoptar en esta materia de política medioambiental y energética, ya que además de permitir cumplir con el principio de «quien contamina paga», incentiva comportamientos encaminados a reducir la contaminación, o bien disuadir los sujetos pasivos de la realización de actividades contaminantes[6]. Se trata de las llamadas finalidades extrafiscales a las que alude el artículo 2.1 de la Ley general Tributaria[7]. Tales finalidades son plenamente constitucionales siempre que se asocien a los principios y valores recogidos en nuestra Carta Magna, que en el caso que nos ocupa sería el artículo 45 de la Constitución que reconoce el derecho a disfrutar de un medio ambiente adecuado para el desarrollo de la persona, así como el deber de conservarlo, instando a los poderes públicos a velar por la utilización racional de todos los recursos naturales, con el fin de proteger y mejorar la calidad de la vida y defender y restaurar el medio ambiente, apoyándose en la indispensable solidaridad colectiva.

---

[5] Como señala GARCÍA CARRETERO, op. cit., p. 35) si bien son diversos los ejes de actuación de la economía circular uno de los más importantes "es el que afecta al sector residuos ya que la reducción de los mismos y su adecuada gestión se convierte en una de las grandes prioridades pues se trata de alcanzar una economía más eficiente y competitiva en la que los materiales, recursos y productos se utilicen de manera más sostenible, manteniéndose en la economía durante el mayor tiempo posible y minimizándose, de este modo, la generación de residuos".

[6] Afirma DE VICENTE-TUTOR RODRÍGUEZ, M. («Consideraciones para una reforma fiscal medioambiental» en *Retos de la Fiscalidad Española: algunas cuestiones controvertidas en materia tributaria,* director Manuel de Vicente-Tutor Rodríguez, Aranzadi, Navarra, 2017, p.341) que «en la actualidad, el principal instrumento económico para la protección y gestión ambiental es la fiscalidad. con ella se pretende utilizar el sistema fiscal como medio para incentivar cambios de comportamiento en los agentes económicos que se consideran positivos desde el punto de vista ambiental».

[7] Vid. sobre la extrafiscalidad, entre otros, MATEO RODRÍGUEZ, L.: «Análisis y crítica de un impuesto de ordenamiento moral» *Revista Española de Derecho Financiero*, núm. 39, 1983; ALONSO GONZÁLEZ, L. M.: *Los impuestos autonómicos de carácter extrafiscal*, Marcial Pons, Madrid, 1995, y HERRERA MOLINA, P.: *Derecho Tributario Ambiental (Environmental tax law). La introducción del interés ambiental en el ordenamiento tributario*, Marcial Pons, Madrid, 2000.

En suma, la fiscalidad ambiental se justifica no sólo por razones ambientales, sino también por el hecho de ser más eficientes y equitativos. Además, la circunstancia de que haya un gravamen ambiental puede impulsar a las empresas a buscar una tecnología más eficiente en orden a disminuir los residuos o la contaminación en general, amén de que, por añadidura conlleva una fuente recaudatoria que podría afectarse precisamente a finalidades medioambientales.

4. EL IMPUESTO SOBRE DEPÓSITO DE RESIDUOS

Este impuesto existe, bajo distintas denominaciones en varias CCAA como Andalucía, Castilla-La Mancha, Cataluña, Islas Baleares, La Rioja, Madrid, Murcia y Comunidad Valenciana. En general, se grava la entrega de residuos, peligrosos o no, en vertederos públicos y privados, así como el depósito temporal en las instalaciones del productor cuando se supere el plazo máximo de almacenamiento (al objeto de evitar que por la vía de prolongar el depósito temporal se eluda o retrase el impuesto), y el abandono de residuos en lugares no autorizados (sin perjuicio de las sanciones que en estos casos procedan). También se grava la entrega de residuos radioactivos (salvo cuando proceden de determinadas actividades médicas o científicas) y su depósito temporal.

Normalmente se declaran exentas la entrega de «residuos urbanos» cuya gestión sea competencia del Estado, las Comunidades Autónomas o las entidades locales. La entrega de residuos procedentes de la valorización energética de residuos urbanos y el depósito de residuos ordenado por las autoridades públicas en situaciones de fuerza mayor, extrema necesidad o catástrofe, entre otros.

Tampoco se grava (porque existen impuestos específicos aplicables) la incineración de residuos o emisiones a la atmósfera, y los vertidos en las aguas continentales o en el sistema de saneamiento.

5. TASAS SOBRE RESIDUOS LOCALES

La tasa de recogida y/o tratamiento de residuos es la tasa que más incide en la reducción y el reciclaje de los residuos municipales. La Ley Reguladora de las Haciendas Locales[8] explícitamente alude a la «recogida de residuos sólidos urbanos, tratamiento y eliminación de éstos», como uno de los supuestos en los que los entes locales pueden establecer tasas. Este diseño implica que, aunque la prestación del servicio tenga carácter obligatorio, sin embargo, el establecimiento de la tasa es potestativo para los municipios.

---

[8] Real Decreto Legislativo 2/2004, de 5 de marzo, por el que se aprueba el texto refundido de la Ley Reguladora de las Haciendas Locales.

6. PROYECTO DE LEY DE RESIDUOS Y SUELOS CONTAMINADOS: IMPUESTOS A LA INCINERACIÓN Y AL DEPÓSITO DE RESIDUOS EN VERTEDERO Y A LOS ENVASES DE PLÁSTICO NO REUTILIZABLES

También el proyecto de Ley de Residuos y Suelos Contaminados[9] incluye dos nuevos impuestos para incentivar la economía circular encaminada a reducir la generación de residuos.

Respecto del impuesto sobre el depósito de residuos en vertederos, la incineración y la coincineración de residuos, se tratará de un impuesto estatal que sustituirá a los impuestos sobre residuos que tienen algunas CCAA con el objeto de armonizarlos. El tipo impositivo se modulará en función de la clase de residuo y de la tipología del vertedero y gravará en mayor medida el depósito en vertedero frente a la incineración.

Respecto al impuesto especial sobre los envases de plástico quedarán incluidos todos los envases no reutilizables que contengan plástico diseñados para contener, proteger, manipular, distribuir y presentar mercancías excepto si estos son necesarios para preservar o contener un artículo "durante toda su vida útil".

7. BIBLIOGRAFÍA

ALONSO GONZÁLEZ, L. M.: Los impuestos autonómicos de carácter extrafiscal, Marcial Pons, Madrid, 1995.

CERDÁ. E Y KHALILOVA. A.: «Economía circular», Economía circular, estrategia y competitividad empresarial, núm. 401, 2016.

DE VICENTE-TUTOR RODRÍGUEZ, M. «Consideraciones para una reforma fiscal medioambiental» en Retos de la Fiscalidad Española: algunas cuestiones controvertidas en materia tributaria, director Manuel de Vicente-Tutor Rodríguez, Aranzadi, Navarra, 2017.

GARCÍA CARRETERO, B., La fiscalidad ambiental en materia de residuos en el nuevo marco de una economía circular, Crónica Tributaria 170, 2019.

HERRERA MOLINA, P.: Derecho Tributario Ambiental (Environmental tax law). La introducción del interés ambiental en el ordenamiento tributario, Marcial Pons, Madrid, 2000.

PEARCE, D. y TURNER, K.: *Economía de los recursos naturales y el medioambiente,* Ed. Celeste, Madrid, 1995.

MATEO RODRÍGUEZ, L.: «Análisis y crítica de un impuesto de ordenamiento moral» *Revista Española de Derecho Financiero,* núm. 39, 1983.

[9] 121/000056 Proyecto de Ley de residuos y suelos contaminados.

CAPÍTULO XI.
LA DETECCIÓN DE FALSOS AUTÓNOMOS MEDIANTE CRUCE DE DATOS ENTRE ADMINISTRACIÓN TRIBUTARIA Y SEGURIDAD SOCIAL Y LAS CONSECUENCIAS FISCALES DEL CAMBIO DE CALIFICACIÓN DE SU VÍNCULO A LABORAL

NORBERTO MIRAS MARÍN
Profesor Contratado Doctor (i)
Universidad de Murcia

1. CONSIDERACIONES PREVIAS

El trabajador autónomo es un trabajador por cuenta propia, mayor de 18 años, que realiza de forma habitual, personal y directa, una actividad económica a título lucrativo, en territorio nacional, sin sujeción por ella a contrato de trabajo, y aunque utilice el servicio remunerado de otras personas, sea o no titular de la empresa, actividad que le obliga a la inclusión en el Sistema de Seguridad Social en el Régimen Especial de Trabajadores por Cuenta Propia o Autónomos[1].

Además, existe la figura del trabajador autónomo económicamente dependiente (en adelante, TRADE), que es aquel que realiza una actividad económica o profesional a título lucrativo y de forma habitual, personal, directa y predominante para una persona física o jurídica, denominada cliente, del que dependen económicamente por percibir de él, al menos, el 75% de sus ingresos por rendimientos de trabajo y de actividades económicas o profesionales[2]. Si no se acreditase la condición de que el 75% de los in-

[1] El RETA es el régimen especial de la Seguridad Social que incluye a las personas físicas españolas y extranjeras legalmente establecidas, mayores de 18 años salvo emancipación en los términos del Código Civil, cualquiera que sea su sexo y estado civil que se encuentran –según el artículo 305 del Real Decreto Legislativo 8/2015, de 30 de octubre, por el que se aprueba el texto refundido de la Ley General de la Seguridad Social– en la figura de trabajador por cuenta propia o autónomos, trabajador autónomo económicamente dependiente, familiares del trabajador por cuenta propia o autónomo, socio trabajador por cuenta propia, profesional que ejercen su actividad por cuenta propia y colectivos de incorporación posterior a la creación del RETA. Se consideran trabajadores autónomos, entre otras, las personas físicas que realicen de forma habitual, personal, directa, por cuenta propia y fuera del ámbito de dirección y organización de otra persona, una actividad económica o profesional a título lucrativo, den o no ocupación a trabajadores por cuenta ajena, según el artículo Ley 20/2007, de 11 de julio, del Estatuto del trabajo autónomo. La Ley 20/2007, de 11 de julio, del Estatuto del Trabajo Autónomo (LETA), regula el régimen jurídico de los trabajadores autónomos, sus derechos y deberes, la forma y duración de los contratos, la protección en materia de prevención de riesgos laborales, la protección a menores, así como garantías económicas, sus derechos colectivos y de asociación, la protección social, y el fomento y promoción del trabajo autónomo.

[2] Tal y como establecen los artículos 11 y siguientes del Estatuto del trabajo autónomo.

gresos del TRADE proceden del cliente, se entenderá que carece de dicha condición[3]. Además, para considerarlo como trabajador económicamente dependiente, debe reunir simultáneamente una serie de condiciones[4].

Por otro lado, tenemos la figura del «falso» autónomo, que hay que distinguir del trabajador autónomo –en general– y del TRADE –en particular–. Denominamos «falso» autónomo al trabajador que está dado de alta en el Régimen Especial de Trabajadores Autónomos (RETA), y, sin embargo, en la realidad se trata de un trabajador por cuenta ajena, en términos de total dependencia y ajenidad. Por tanto, se trata de una figura que desvirtúa completamente la esencia del trabajo por cuenta propia y cuya implantación ha resultado favorecida por el ahorro de costes sociales para el empresario[5].

En este análisis estudiaremos cómo se detectan los meritados «falsos» autónomos mediante cruce de bases de datos entre administraciones y qué derivas tributarias tiene el cambio de la naturaleza jurídica del vínculo con el empleador, que pasaría de mercantil a laboral.

2. EL INTERCAMBIO DE INFORMACIÓN ENTRE LA AGENCIA ESTATAL DE LA ADMINISTRACIÓN TRIBUTARIA Y LA TESORERÍA DE LA SEGURIDAD SOCIAL

Los mecanismos de intercambio de información entre administraciones y Agencia Tributaria se articulan mediante convenios para la cesión de datos que, contemplan la obtención de información en poder de esas Administraciones sobre bienes, derechos, rentas o actividades de los contribuyentes, y permiten a la Agencia Tributaria mejorar los servicios prestados al contribuyente para favorecer el cumplimiento voluntario de sus obligaciones fiscales y, sobre todo, la lucha contra el fraude fiscal. Estos acuerdos

---

[3] Sentencia del Tribunal Superior de Justicia de Canarias, sede de Las Palmas de fecha 27 de marzo de 2017 y número de recurso 75/17.

[4] El trabajo autónomo económicamente dependiente viene definido en el artículo 11.1 de la Ley 20/2007 de 11 de julio, por la que se aprueba el Estatuto del Trabajo Autónomo (LETA), como aquel que realiza una actividad económica o profesional a título lucrativo y de forma habitual, personal, directa y predominante para una persona física o jurídica, denominada cliente, del que dependen económicamente por recibir de él, al menos, el 75% de sus ingresos por rendimientos de trabajo y de actividades económicas o profesionales. En el desempeño de su actividad deberá asumir las siguientes condiciones, como no tener a cargo trabajadores por cuenta ajena ni contratar o subcontratar parte o toda la actividad con terceros, tanto respecto de la actividad contratada con el cliente del que depende económicamente como de las actividades que pudiera contratar con otros clientes (con excepciones); no ejecutar su actividad de manera conjunta e indiferenciada con los trabajadores que presten servicios bajo cualquier forma contractual por cuenta del cliente; disponer de infraestructura productiva y material propios, necesarios para el ejercicio de la actividad e independientes de los de su cliente, cuando en dicha actividad sean relevantes económicamente; desarrollar su actividad bajo criterios organizativos propios, sin perjuicio de las indicaciones técnicas de carácter general que pueda recibir de su cliente; percibir una contraprestación económica en función del resultado de su actividad, de acuerdo con lo pactado con el cliente y asumiendo riesgo y ventura de aquella.

[5] CALVO VÉRGEZ, J., "La problemática de los llamados «falsos autónomos» en el mercado laboral español", Revista Aranzadi Doctrinal, n. 8, 2020, p. 1.

suelen incluir también otras formas de colaboración que van más allá del intercambio de datos[6].

Entre estos convenios de intercambio de información y otras formas de colaboración destacan los suscritos por la Agencia Tributaria con la Tesorería General de la Seguridad Social y la Inspección de Trabajo, la Dirección General del Catastro, la Dirección General de Tráfico, el Consejo General del Notariado, el Colegio de Registradores, el Instituto Nacional de Estadística, las Comunidades Autónomas de régimen común, las Haciendas forales y la Federación Española de Municipios y Provincias, entre otros[7].

En el marco del Plan Director por un Trabajo Digno de 2018 a 2020 se refuerzan las actuaciones para detectar falsos autónomos. En este sentido, se han introducido nuevas actuaciones destinadas a cumplir con el objetivo 9 del citado Plan, estableciendo conjuntamente un nuevo sistema de detección mediante cruce de datos con la Agencia Estatal de Administración Tributaria (AEAT) y la Tesorería General de la Seguridad Social (TGSS)[8].

El denominado «cruce de datos» entre Hacienda y la Seguridad social únicamente aporta indicios de la existencia de falsos autónomos, para identificar la situación del falso autónomo han de darse los criterios que definen la relación laboral con la empresa, la concurrencia o no de los mismos debe comprobarse por la inspección de trabajo.

3. EFECTOS TRIBUTARIOS DEL CAMBIO DE CALIFICACIÓN DEL VÍNCULO DE UN «FALSO AUTÓNOMO»

La detección y comprobación de la existencia de un «falso» autónomo devendrá en un cambio de calificación del vínculo contractual –de mercantil a laboral– que tendrá consecuencias tributarias, tanto en la imposición directa como indirecta. Sin embargo, debemos distinguir entre dos situaciones en las que se produce este cambio de calificación, dado que es importante porque los efectos son diferentes. En el primer caso se trataría de del cambio de calificación a resultas de la aplicación de la famosa Ley «Rider», en el segundo, por la simple detección fuera del marco de la citada ley por la inspección de trabajo.

---

6 CALDERÓN CARRERO, J. M., "Tendencias actuales en materia de intercambio de información entre Administraciones Tributarias", *Documentos - Instituto de Estudios Fiscales*, n. 16, 2001, pp. 1-22., p. 25.

7 MERINO ESPINOSA, M. DEL P.; NOCETE CORREA, F. J., "El intercambio de información tributaria: entre la diversidad normativa, la imprecisión conceptual y la pluralidad de intereses", Crónica tributaria, n. 139, 2011, p. 140.

8 El Gobierno aprobó el Plan por un Trabajo Digno para los años 2018, 2019 y 2020, para que se convirtiera en la principal herramienta, desde las competencias de la Inspección de Trabajo y Seguridad Social, para hacer frente a los problemas más graves del mercado laboral en la actual etapa de salida de la última crisis económica [recurso digital en línea, consultado el día 26 de octubre de 2021 en el enlace: https://www.mites.gob.es/ficheros/ministerio/plandirector/plan-director-por-un-trabajo-digno.pdf].

3.1. Consecuencias del cambio de la naturaleza del vínculo en aplicación del Real Decreto-ley 9/2021, de 11 de mayo, por el que se modifica el texto refundido de la Ley del Estatuto de los Trabajadores, aprobado por el Real Decreto Legislativo 2/2015, de 23 de octubre, para garantizar los derechos laborales de las personas dedicadas al reparto en el ámbito de plataformas digitales, más conocido como Ley «Rider»

El real decreto para la "Protección de los derechos laborales de las personas dedicadas al reparto a través de plataformas digitales", más conocido como Ley «Rider», es una normativa proyectada para regular la situación laboral de los repartidores de las grandes plataformas electrónicas de servicio a domicilio. El texto modifica dos puntos del Estatuto de los Trabajadores y establece que los repartidores de plataformas digitales son trabajadores laborales y regula, por primera vez, el derecho de los trabajadores a ser informados por su empresa de los "algoritmos o sistemas de inteligencia artificial" que pueden afectar a las condiciones de trabajo, la contratación o el mantenimiento de empleo. El Real Decreto Legislativo reconoce, asimismo, la presunción de laboralidad de las actividades de reparto y distribución de cualquier mercancía a través de una plataforma digital. En la normativa se establecen tres meses de plazo a las empresas para regularizar la situación laboral de sus empleados, a partir de su entrada en vigor, el 12 de agosto de 2021[9].

Sin embargo, nada dice el Real Decreto-ley 9/2021 sobre si la situación tributaria de estos trabajadores con anterioridad a la entrada en vigor de la Ley, cumplido su período transitorio, era correcta o no, lo que supone, en un principio, que no proceda regularización alguna respecto a los rendimientos que tributaron en su día como procedentes de actividades económicas. También es de suponer que lo mismo se puede decir de las retenciones efectuadas y del IVA ingresado[10].

3.2. Consecuencias del cambio de calificación como deriva de una inspección laboral

En este supuesto la inspección de trabajo detecta a un «falso» autónomo y aunque la relación del falso autónomo con la empresa es de tipo laboral se está formalizando a través de contratos mercantiles o civiles que podrían ser declarados nulos por la Inspección de Trabajo al detectar que la relación es laboral[11].

---

9 ANGLÈS JUANPERE, B., "Medidas fiscales locales para ayudar a la economía y el empleo, también en tiempos de Covid-19", *Crónica tributaria*, n.177, 2020, p. 12.

10 Ahora bien, el Tribunal Supremo en su sentencia 805/2020, de 25 de septiembre, ha señalado que la relación que existía, entre uno de los trabajadores y una de las empresas de plataforma de reparto digital, era una relación de carácter laboral y, por tanto, sí que se debería regularizar la situación tributaria anterior, en pura lógica.

11 ALVAREZ MONTERO, A., "«Yacimientos de falsos autónomos» más allá de las plataformas digitales: ramificaciones de un arraigado problema", *Estudios financieros*. Revista de trabajo y seguridad social: Comentarios, casos prácticos: recursos humanos, n.o 424, 2018, p. 113.

Cuando se produce esta nueva calificación de la relación de mercantil a laboral, se produce, consecuentemente, un cambio de calificación tributaria ¿cómo tributan las cantidades percibidas cuando el vínculo era supuestamente mercantil? Sobre esta cuestión se pronuncia la Dirección General de Tributos en una reciente Consulta Vinculante (V0605-21), de 16 de marzo de 2021, reiterando criterio sobre la tributación de las cantidades que deben regularizarse por el cambio de calificación jurídica. Así señala, en el caso concreto: "(...) la inclusión en el Régimen General de la Seguridad Social como consecuencia de una inspección de trabajo comporta que los efectos de esa consideración tengan también su incidencia en los rendimientos percibidos (en su momento calificados como rendimientos de una actividad económica), por lo que procede calificarlos como rendimientos del trabajo". Por tanto, se deberá incluir en sus declaraciones del Impuesto sobre la Renta de las Personas Físicas, correspondiente a los períodos impositivos afectados por dicha relación temporal, los rendimientos íntegros del trabajo que correspondan a los servicios prestados, rendimientos que evidentemente abandonan su previa consideración como rendimientos de actividades económicas.

El procedimiento que para llevar a cabo la regularización señala la consulta vinculante que será el de presentación de declaración complementaria del artículo 122 de la Ley General Tributaria. Lo cual significa que Dirección General de Tributos realiza con esto una verdadera elipsis de lo que va a acontecer en su resolución: el «falso» autónomo va a tener que tributar más en IRPF. Establece la Resolución a Consulta Vinculante este procedimiento de presentación de declaración complementaria para llevar a cabo la regularización porque lo más probable es que la tributación sea mayor por el cambio de calificación de los rendimientos. Esta conclusión deriva de que los gastos deducibles de los rendimientos del trabajo están mucho más limitados que los de los rendimientos de actividades económicas. También se deberán recalcular las retenciones[12].

3.3. La eventual devolución del Impuesto sobre el Valor Añadido

La pregunta que debemos hacernos es ¿puede un «falso» autónomo solicitar la devolución del IVA que ingresó cuando su vínculo se tomaba por uno de naturaleza mercantil? En principio, veremos, no es posible. Sin embargo, existen tesis que señalan lo contrario.

El Real Decreto 520/2005, de 13 de mayo, por el que se aprueba el Reglamento general de desarrollo de la Ley 58/2003, de 17 de diciembre, General Tributaria, en materia de revisión en vía administrativa, en su artículo 14. 2. c) señala que solo pueden instar la devolución del IVA a aquellos que soportan la repercusión del IVA.

El Tribunal Supremo, en sentencia de 24 de septiembre de 2014, número de recurso 1522/2013, se pronunció sobre esta cuestión, declarando que "las cuantías destinadas al

[12] Desde un punto de vista laboral estúdiese la situación en MOLINA NAVARRETE, C., "«A la caza» de «falso autónomo»: mejora de la acción inspectora contra el fraude y el «estrés financiero» de la Seguridad Social", Estudios financieros. *Revista de trabajo y seguridad social: Comentarios, casos prácticos: recursos humanos*, n.o 427, 2018, pp. 153-170.

abono del IVA que percibe el prestador de servicios al amparo de un contrato administrativo no son cantidades destinadas a recompensar la actividad comprometida. Se trata de dinero recaudado para el posterior ingreso en favor de la Hacienda Pública y por cuenta de ella (sin perjuicio de que pueda proceder su compensación); en consecuencia, aunque el vínculo administrativo sea considerado fraudulento y luzca su naturaleza laboral como la verdadera, a la hora de calcular el importe de la indemnización por despido es erróneo integrar en el módulo salarial utilizado el montante de tal Impuesto".

En este fallo, el Tribunal Supremo se remite a un criterio anterior, fijado en sentencia de 20 de octubre de 1989, número de recurso 6008/1988. En dicha resolución, el Tribunal Supremo declaró que el impuesto repercutido por el trabajador a la empresa no era salario. Ello, "dado que la cantidad abonada por la empresa al trabajador por dicho concepto no se integra en su patrimonio, al estar destinada a la Hacienda Pública".

En definitiva, la respuesta a la pregunta de quién tiene derecho a obtener la devolución del IVA ingresado en Hacienda, si el trabajador o la empresa, depende en gran medida de la consideración como salario, o no, de dicho IVA repercutido por el falso autónomo a la empresa.

Por el contrario, el Tribunal Superior de Justicia de Valencia, en una sentencia de 20 de febrero de 2019, número de recurso 1926/2018, ha considerado que los «falsos» autónomos tienen derecho a solicitar la devolución del IVA que ingresaron en Hacienda, porque el Juzgado de lo Social declaró que las facturas emitidas por el trabajador, que incluían IVA y retención, eran salario[13].

En definitiva, el reconocimiento de la devolución proviene de la consideración de que el IVA que en su día percibió el trabajador de la empresa, e ingresó en Hacienda, era parte de su salario.

4. BIBLIOGRAFÍA

ALVAREZ MONTERO, A., "«Yacimientos de falsos autónomos» más allá de las plataformas digitales: ramificaciones de un arraigado problema", *Estudios financieros. Revista de trabajo y seguridad social: Comentarios, casos prácticos: recursos humanos*, n.º 424, 2018, pp. 113-132.

ANGLÈS JUANPERE, B., "Medidas fiscales locales para ayudar a la economía y el empleo, también en tiempos de Covid-19", *Crónica tributaria*, n.º 177, 2020, pp. 11-38.

CALDERÓN CARRERO, J. M., "Tendencias actuales en materia de intercambio de información entre Administraciones Tributarias", *Documentos - Instituto de Estudios Fiscales*, nº 16, 2001, pp. 1-22.

[13] Así, el Tribunal Superior de Justicia de Valencia se refiere a que "Por sentencia firme nº 402, de dos de octubre de 2015, del Juzgado de lo Social nº 14 de Valencia, se declaró que la relación entre la actora y la Administración autonómica era y había sido en todo momento de carácter laboral, de manera que las cantidades percibidas de la Conselleria de Educación, Cultura y Deportes previa facturación eran salario, que se fijó en 1.800,84 euros mensuales, incluidas las partes proporcionales de las pagas extraordinarias".

Calvo Vérgez, J., "La problemática de los llamados «falsos autónomos» en el mercado laboral español", *Revista Aranzadi Doctrinal*, n.º 8, 2020.

Merino Espinosa, M. del P.; Nocete Correa, F. J., "El intercambio de información tributaria: entre la diversidad normativa, la imprecisión conceptual y la pluralidad de intereses", *Crónica tributaria*, n.º 139, 2011, pp. 139-164.

Molina Navarrete, C., "«A la caza» de «falso autónomo»: mejora de la acción inspectora contra el fraude y el «estrés financiero» de la Seguridad Social", *Estudios financieros. Revista de trabajo y seguridad social: Comentarios, casos prácticos : recursos humanos*, n.º 427, 2018, pp. 153-170.

Ortiz Calzadilla, R., "La reforma fiscal pendiente", *Revista española de control externo*, vol. 17, n.º 50, 2015, pp. 57-100.

Vallespín Pérez, D., "La controvertida figura de los «falsos autónomos» desde la perspectiva del objeto de la prueba", *Práctica de tribunales: revista de derecho procesal civil y mercantil*, n.º 134, 2018, p. 8.

CAPÍTULO XII. CAMBIO CLIMÁTICO, CRISIS AMBIENTAL Y ORDEN PENAL: REFLEXIONES EN TORNO A LA OPERATIVIDAD DE LOS DELITOS MEDIOAMBIENTALES

JOSEFA MUÑOZ RUIZ
Profesora contratada doctora. Universidad de Murcia

I. INTRODUCCIÓN: AMENAZAS MEDIOAMBIENTALES EN LA SOCIEDAD DEL RIESGO

El cambio climático es uno de los rasgos identitarios de nuestro tiempo. Por desgracia, ningún rincón del mundo está a salvo de sus devastadoras consecuencias: la degradación ambiental, los desastres naturales, las condiciones meteorológicas extremas, y la inseguridad alimentaria e hídrica, no reconocen fronteras.

Se trata de un fenómeno producido, en gran medida, por efecto de la acción antrópica[1], que está aumentando peligrosa y aceleradamente la temperatura media del planeta y alterando el equilibrio habitual de los sistemas naturales. De modo que cualquier referencia al cambio climático implica un acercamiento a la crisis ambiental de carácter global, ocasionada por el actual modelo económico, cuyo desarrollo y consolidación se ejerce a través de la explotación irresponsable de recursos no renovables, y de la industrialización como principal actividad contaminante[2]. Pues, como subrayara Bacigalupo Zapater, el problema de la utilidad, la sostenibilidad y por tanto de la necesidad de protección del medio ambiente va a estar relacionado con el grado de desarrollo tecnológico de la sociedad[3].

En efecto, la evolución tecnológica implica la aparición de nuevas formas de riesgo o, dicho de otro modo, una sociedad cada vez más industrializada es, potencialmente,

---

1 CRUTZEN, P.: "Geology of making", *Nature,* Volumen 415, p. 23, puso de manifiesto que la "era del hombre" debido a la magnitud de la presión de esta especie sobre el planeta podría haber desplazado al holoceno, de ahí la alusión al concepto *antropo*.

2 OSAS RODRÍGUEZ, Mª.E./ BARRIOS PUGA, A.: "Comunicación del riesgo, cambio climático y crisis ambientales", *Chasqui. Revista Latinoamericana de Comunicación* N.º 136, diciembre 2017 - marzo 2018 (Sección Monográfico), p. 178.

3 BACIGALUPO ZAPATER, E.: "La instrumentación técnico-legislativa de la protección penal del medio ambiente", en *Estudios Penales y Criminológicos*, t. V, 1982, p. 173.

una sociedad cada vez más "peligrosa"[4]. Así, en los últimos años, el modelo de desarrollo industrial, basado en el paradigma de eficiencia global, ha sido ampliamente cuestionado por representar una grave amenaza para la conservación del ambiente y la preservación de los recursos[5], y como no, para la continuidad de la vida tal y como hoy la conocemos.

Con estas premisas, es obvio que en una primera aproximación al tema se puede afirmar que el fenómeno del cambio climático es, con toda seguridad, uno de los más importantes retos a los que nos enfrentamos en el S. XXI y una de las más graves amenazas para el desarrollo sostenible. Pues, como bien señalaba Pérez Ferrer, a día de hoy, con el cambio climático nos enfrenta a una nueva revolución industrial, que ha dejado de ser un problema meramente científico para ser tratado como un problema social, económico y también jurídico[6]; pues, el desarrollo industrial y nuevas tecnologías han sido factores no sólo de perturbación sino auténticos instrumentos de destrucción que han empujado al Estado a regulaciones jurídicas que van desde la vía administrativa a la penal[7].

Conforme a ello, en este estudio se pretende poner de manifiesto algunas de las peculiaridades que presenta la tipificación de los delitos contra el medio ambiente, con el fin de reflexionar sobre si, conforme a su configuración actual, el Derecho penal medioambiental es o no suficiente y eficaz para hacer frente a las problemáticas actuales.

2. HACIA UN DERECHO PENAL MEDIOAMBIENTAL DE DIMENSIÓN ECOCÉNTRICA

Los vertidos, las emisiones acústicas, la mala praxis en la gestión de residuos y otros muchos rasgos de la vida moderna, pueden vulnerar el medio ambiente, contaminarlo y convertirlo en peligroso para la vida humana, animal y vegetal; problemas que no pueden resolver los Estados aisladamente y que dan cuenta de la globalidad de la problemática medioambiental.

Sin embargo, pese a que el interés internacional por la protección del medio ambiente quedó patente en la Conferencia de Estocolmo de 1972 (sobre el Medio Humano), las sucesivas regulaciones acometidas[8], de naturaleza únicamente administrativa y sectorial respecto de determinadas actividades (relacionadas con la atmósfera,

---

[4] SESSANO GOENAGA, J.C.: "La protección penal del medio ambiente. Peculiaridades de su tratamiento jurídico", en *RECPC* 04-11 (2002), p. 4.

[5] CARRILLO GONZÁLEZ, G./HERNÁNDEZ MAR, R.: "Adaptación al cambio climático desde la industria: una visión integral", en *Política y cultura*, año 2011, nº 36, p. 106.

[6] PÉREZ FERRER, F.: "Derecho Penal versus cambio climático: los delitos contra el medio ambiente (artículo 235 del Código Penal), en *Revista de la Facultad de Derecho de la Universidad de Granada*, Nº 12, 2009, p. 261.

[7] BACIGALUPO ZAPATER, E.: "La instrumentación técnico-legislativa...", cit., p. 173.

[8] Entre otras, la Directiva 72/306/UE del Consejo, de 2 de agosto de 1972, relativa a la aproximación de las legislaciones de los Estados miembros sobre las medidas que deben adoptarse contra la emisión

aguas...), se quedaron cortas de miras. Fue la Resolución 28/1977/UE del Consejo de Europa, la que advirtió, en su considerando tercero, la necesidad de intervención del Derecho penal en respuesta a los acuciantes problemas ambientales, en última instancia, esto es, "*en caso de no haberse respetado las restantes medidas, de no haber surtido efecto o de haber resultado inadecuadas*".

En España, sólo un año después, nuestra Norma fundamental contempla e impone, por primera vez en nuestra historia, la fórmula de protección penal del medio ambiente al establecer en su artículo 45.1 el derecho de todos los ciudadanos a "*disfrutar de un medio ambiente adecuado para el desarrollo de la persona, así como el deber que nos concierne de conservarlo*". Sin embargo, este reconocimiento constitucional no tuvo respuesta hasta que la LO 8/1983, de 25 de junio de Reforma Urgente y Parcial del Código Penal, pese a admitir que <<*unos preceptos penales no han de poder por sí solos lograr la desaparición de toda la industria o actividad nociva para personas o medio ambiente*>> tipifica y sanciona en el artículo 347 bis determinadas conductas atentatorias contra el medio ambiente, argumentando que <<*...también es evidente que cualquier política tendente a introducir rigurosidad en ese problema requiere el auxilio coercitivo de la ley penal*>>.

Pero, desde el ingreso del delito ecológico en el Código Penal de 1983 hasta hoy, el bien jurídico protegido ha superado las definiciones antropocéntricas que limitaban el alcance de los daños al medio ambiente a aquellos que afectaban al ser humano, su salud, su propiedad o su bienestar[9]. Con el Código Penal de 1995 se dio un paso importante en la construcción de un bien jurídico más ecocéntrico. De un lado, estas figuras se incorporan al Capítulo III del Título XVI bajo una nueva rúbrica "*De los delitos contra los recursos naturales y el medio ambiente*". Y además, se incriminan, en el tipo básico, el artículo 325 del Código Penal, las conductas de contaminación que mostraran idoneidad para "*poder perjudicar gravemente el equilibrio de los sistemas naturales*". En realidad, no es que el legislador penal español renunciara a un concepto antropocéntrico, más bien lo relegaba a un tipo con mayor pena "*si el riesgo de grave perjuicio fuese para la salud de las personas*"[10]; inspirándose, así, en una concepción "ecocéntrica moderada"[11].

Aunque ha sido la LO 1/2015 la que ha venido a ultimar este proceso de "econcentrificación" del bien jurídico protegido. El delito ecológico (arts. 325 y ss. CP) dejaría de

---

de gases contaminantes procedentes de motores diésel destinados a la propulsión de vehículos; Directiva 76/160/UE del Consejo, de 8 de diciembre de 1975, relativa a la calidad de las aguas de baño.

9 JORGE BARREIRO, A.: *Estudios sobre la protección penal del medio ambiente en el ordenamiento jurídico español*, Granada, 2005, p. 48, señalaba que s obre esa base antropocéntrica de medio ambiente, el Proyecto de CP de 1980 propuso un concepto antropológico puro al pretender ubicar el delito ecológico dentro de los "delitos contra la salud pública" circunscribiendo la tutela penal del medio ambiente a la perspectiva unidimensional de la salud pública.

10 BAUCELLS LLADÓS, J.: "Tentativa inacabada de protección penal del medio ambiente", en *Revista Catalana de Dret ambiental*, Vol. X Nº1 (2019), p. 12.

11 De esta opinión, SUÁREZ-MIRA, C.: "El bien jurídico protegido" en Faraldo Cabana, P. (Dir.) *Ordenación del territorio, patrimonio histórico y medio ambiente en el código penal y la legislación especial*, Tirant lo Blanch, Valencia, 2011; BAUCELLS LLADÓS, J.: "Tentativa inacabada de...", cit., p. 12.

construirse sobre el equilibrio del ecosistema para centrar su injusto en la "*causación de daños sustanciales a la calidad del aire, del suelo o de las plantas, o a animales o plantas*"; imponiendo, según Baucells Lladós, una concepción "*ecocéntrica radical*" del bien jurídico, donde lo relevante penalmente es sólo dañar o poner en peligro concreciones materiales del medio ambiente, sin considerar la peligrosidad para el ecosistema, ni la salud de las personas[12].

Se trata de una propuesta político-criminal que rompe con los modelos tradicionales de concepción antropcéntrica de la naturaleza lo que, como se puede intuir, es muy discutible y problemático[13]. Pues, además de plantear serios problemas de delimitación con la infracción administrativa, puede significar, como advertía Alastuey, una renuncia absoluta al progreso técnico e industrial al permitir criminalizar prácticamente cualquier intervención humana en el medio ambiente[14]. En esta misma línea, Baucells LLadós insistía en que si el Derecho penal identifica el objeto de los actos de contaminación con el bien jurídico, no sabrá encontrar ningún elemento valorativo que justificara suficientemente la intervención penal; inclinándose, así, el autor por un ecocentrismo moderado[15].

Pese a estos inconvenientes, cada vez toma más fuerza la tesis que defiende que para garantizar la vida en todas sus formas y luchar contra la contaminación y sus efectos destructivos, es prioritario establecer políticas públicas y normas legales que garanticen la incorporación de los derechos de la naturaleza al ordenamiento jurídico[16].

3. PECULIARIDADES DE LOS DELITOS MEDIOAMBIENTALES: PROBLEMAS APLICATIVOS

En la protección penal del medio ambiente puede observarse una referencia frecuente a la "sociedad del riesgo", como un nuevo paradigma y una nueva comprensión de la sociedad que ha de condicionar la actuación del Estado a través de leyes penales[17].

La intervención del Derecho penal frente estos nuevos riesgos de la modernización que, como bien apunta Jiménez Díaz, son artificiales y de grandes dimensiones,

---

12 BAUCELLS LLADÓS, J.: "Tentativa inacabada de...", cit., p. 13, señala que la reforma penal de 2015 introdujo en el artículo 325.1 CP una nueva tipificación de delito ecológico en el que la relevancia del acto de contaminación se hacía depender de que "*por sí mismos o conjuntamente con otros, cause o pueda causar daños sustanciales a la calidad del aire, del suelo o de las aguas, o a animales o plantas*". En el texto vigente hasta esa fecha, el delito ecológico se construía sobre esas mismas conductas de contaminación (emisiones, vertidos, radiaciones,...) pero exigiendo para su tipicidad que pudieran perjudicar gravemente el equilibrio de los sistemas naturales o la salud de las personas.

13 BAUCELLS LLADÓS, J.: "Tentativa inacabada de...", cit., p. 14.

14 ALASTUEY, M.C.: *El delito de contaminación ambiental (artículo 325.1 del Código penal)*, Granada, 2004, p. 41.

15 BAUCELLS LLADÓS, J.: "Tentativa inacabada de...", cit., p. 14.

16 RIOS, F.: "Legislación y protección jurídica del medio ambiente", en *Cambio16*. Recurso electrónico disponible en: https://www.cambio16.com/legislacion-y-proteccion-juridica-del-medio-ambiente/

17 Sobre las características de la sociedad del riesgo y su proyección en el Derecho penal, vid. MENDOZA BUERGO, B.: *Derecho penal en la sociedad del riesgo*, Madrid, 2001.

presenta una fisonomía particular, y genera el problema de la imputación y atribución de responsabilidad por las consecuencias indeseadas, tanto a las personas singulares como a las empresas o a las autoridades administrativas implicadas[18]. La doctrina advierte que un Derecho penal capaz de hacer frente a estos nuevos riesgos debe ser acreedor de ciertas características que, obviamente, se reproducen en la tutela penal del medio ambiente, como indiscutible manifestación de ese Derecho penal propio de la modernidad. Concretamente, se le atribuyen los siguientes rasgos: a) ser el resultado de una dirección actual de política criminal de claras tendencias criminalizadoras; b) formar parte también de la actual propensión del legislador a proteger bienes jurídicos supraindividuales; c) construirse mediante la técnica de los delitos de peligro y, en muchos casos, d) también mediante leyes penales en blanco, con las consecuencias que ello acarrea[19]. De modo que muchos de los problemas aplicativos de los tipos penales medioambientales derivan de estas peculiaridades en la técnica legislativa empleada en su regulación.

En efecto, el principal problema con el que se tropieza en la protección penal del medio ambiente es el tradicional carácter antropocentrista del Derecho punitivo, centrado en el individuo, su vida, integridad física, sexual, patrimonio...etc. Sin embargo, en los últimos tiempos, se adivina una desmesurada expansión del Derecho penal que, impulsado por la aparición de "nuevos riesgos", experimenta una disolución del clásico concepto de bien jurídico individual al más vago e impreciso de bienes jurídicos supraindividuales o de titularidad colectiva, carentes de sustrato material y de perfil difuso, –entre ellos el medio ambiente– que va a provocar una adaptación de las categorías jurídico-penales clásicas. En la protección del medio ambiente, como respecto de cualquier bien jurídico supraindividual, se emplea la técnica de los denominados delitos de peligro, cuyo fundamento se encuentra en la idea de prevención del daño; bastando con que se origine una situación de riesgo y de amenaza[20]. Sin embargo, tras la LO 1/2015, es especialmente importante la modificación del que probablemente sea el precepto más amplio y el más aplicado en la tutela penal del medio ambiente natural frente a conductas gravemente contaminantes, esto es, el artículo 325 del Código Penal, que se articula como delito de resultado y no meramente de peligro. La conducta en su antecesor se articulaba como un delito hipotético cuya aplicación dependía de si con ella se había puesto en riesgo el equilibrio de los sistemas naturales[21]. La reforma, en cambio, admite ya como conducta alternativa la materialización de un resultado lesivo al utilizar el verbo típico "causar", aunque subsiste no obstante la versión como comportamiento de peligro al utilizar la expresión "pueda causar daños", que por la

---

[18] JIMÉNEZ DÍAZ, Mª.J.: "Sociedad del riesgo e intervención penal", en *RECPC*, 16-08 (2014), p. 3.

[19] Sobre este particular vid. SESSANO GOENAGA, J.C.: "La protección penal del...", cit., pp. 2 y 3; PEREZ FERRER, F.: "Derecho penal versus...", cit., pp. 265 y ss.

[20] PEREZ FERRER, F.: "Derecho penal versus...", cit., p. 266.

[21] OLMEDO CARDENETE, M.: "Capítulo vigésimoquinto. Principales novedades introducidas por la LO 1/2015, de 30 de marzo en los delitos contra el medio ambiente, flora, fauna y animales domésticos", en Morillas Cueva, L. (Dir.), *Estudios sobre el Código Penal reformado* (Leyes Orgánicas 1/2015 y 2/2015), Madrid, 2015, pp. 768 y 769.

similitud de la expresión legal actual con su antecesora, también se considerará de peligro hipotético[22].

De igual modo, se cita entre las trabas que la actual tipificación acarrea a la práctica forense, la vinculación a la normativa administrativa, en cuanto el delito de contaminación (tipo básico art.325 CP) exige como presupuesto la contravención a lo dispuesto en *las leyes u otras disposiciones de carácter general protectoras del medio ambiente*[23]. De modo que la dispersión normativa y la formulación típica del delito contra el medio ambiente parece reclamar el reenvío propio de las leyes penales en blanco, remitiéndose a leyes u otras disposiciones de carácter general extrapenales para la concreta determinación del tipo, con la inseguridad jurídica que ello acarrea[24].

En definitiva, el Derecho penal acomete la tutela del medio ambiente y en este ámbito se está produciendo el paso de un Derecho reactivo contra hechos delictivos individualmente delimitados a un Derecho preventivo y de gestión de riesgos generales[25]. Sin embargo, la cuestión es si el Derecho penal del medio ambiente cumple con la función que le ha sido encomendada o no. Pues, aunque las últimas reformas en la materia han hecho más operativo el Derecho penal medioambiental, muchas catástrofes ambientales llevan aparejadas la ignominia de la impunidad: nadie responde o se responde a través de sanciones que, por su cuantía y modo, resultan ridículas. De ahí que un sector de la doctrina siga insistiendo en la constatación manifiesta del fracaso del Derecho penal del medio ambiente, como cualquier institución que pretenda imputar problemas sistémicos a individuos concretos[26].

En efecto, la dificultad para atribuir el control de los riesgos, la amplia intervención de colectivos, y la irrupción de grupos criminales organizados[27], dificulta la aplicación de las clásicas categorías de autoría y participación y la consiguiente imputación de responsabilidades. Estos y otros problemas de aplicación de los tipos penales medioambientales, ponen al descubierto las limitaciones e insuficiencia del Derecho penal en la protección de este ámbito, lo que llevaba a Silva Sánchez a sostener que su reducción

[22] OLMEDO CARDENETE, M.: "Capítulo vigésimoquinto. Principales…", cit., p. 769.

[23] COLÁS TURÉGANO, A./MORELLE HUNGRÍA, E.: "El derecho ambiental frente a los delitos ecológicos la eficacia y la eficiencia penal a debate", en *RECPC* 23(13) 2021, p. 19.

[24] SESSANO GOENAGA, J.C.: "Protección penal del…", cit., p. 9. En análogos términos, OLMEDO CARDENETE, M.: "Capítulo 38. Delitos sobre la ordenación del territorio, urbanismo, patrimonio histórico y medio ambiente (III). Delitos contra los recursos naturales y el medio ambiente", en Morillas Cueva, L. (Dir.), *Sistema de Derecho Penal. Parte Especia*l, Madrid, 2020, p. 904.

[25] SILVA SÁNCHEZ, J.Mª.: *La expansión del Derecho Penal. Aspectos de la política criminal en las sociedades postindustriales,* Madrid, 2001, p. 27.

[26] MÜLLER-TUCKFELD:"Traktat für die Abschaffung des Umweltstrafrenschts", en *Institut für Kriminalwissenschaften Frankfurt a. M. (Hrsg.), Vom unmöglichen Zustand des Strafrenchts*, Frankfurt, 1995, p. 497.

[27] Sobre la actuación de grupos organizados en los delitos contra el medio ambiente, vid. MUÑOZ RUIZ, J.: *Respuesta jurídico-penal al crimen organizado*, Valencia, 2021.

a la mínima expresión debería constituir, pues, paradójicamente, el primer paso hacia una mejor protección del objeto que se dice que se quiere amparar[28].

4. COMPLIANCE AMBIENTAL: ¿UNA SOLUCIÓN?

Con este horizonte, una posible solución pasa por el equilibrio necesario entre la rápida aceleración de la ciencia y la tecnología, a gran escala, con la necesidad de que individuos y empresas adquieran, como un valor primordial, la responsabilidad en cuanto a la conservación y la mejora del medio ambiente[29].

En este sentido, es obvio que el desarrollo sostenible y el respeto al medio ambiente han ganado protagonismo en el ámbito societario y empresarial de las últimas décadas. No se puede olvidar que la comisión de este tipo de delitos podría afectar a la reputación de la empresa, suponer la pérdida de confianza de clientes, socios, inversores y de la sociedad en general; sin olvidar que las organizaciones que deterioran o menoscaban el medio ambiente a causa del incumplimiento normativo, también se puede enfrentar a consecuencias jurídico-penales que, según el artículo 33.7 del Código Penal, pueden consistir en la imposición de multa por cuota o proporcional, la disolución de la persona jurídica, la suspensión de sus actividades, clausura de sus locales o establecimientos, o la prohibición de realizar en el futuro actividades en cuyo ejercicio se haya cometido, entre otras.

En efecto, el impacto ambiental de compañías y/o empresas en el entorno va en aumento. La emisión de gases de efecto invernadero, la contaminación del suelo, agua y aire o la deforestación son solo algunos de los efectos negativos que las actividades de las empresas pueden ocasionar al medio ambiente. De ahí que la previsión en el artículo 31 bis 2 del Código Penal, de la implementación de modelos de organización y gestión, como posible causa de exención o, en su caso, atenuación de la responsabilidad penal en el supuesto de comisión delictiva en el seno de las personas jurídicas, –entre ellas las dedicadas a actividades contaminantes– haya sido vista con buenos ojos por un sector de la doctrina. Se trata de la creación de pautas de actuación y control de riesgos dentro de la empresa, que favorezcan el cuidado ambiental y el desarrollo sostenible.

Sin embargo, es más dudoso si el efecto eximente que, en principio, se predica de las *compliance*, debe y puede deducirse automáticamente de la comprobación de los requisitos enumerados en los apartados 2 y 5 del art. 31 bis del texto punitivo, relativos a la bondad intrínseca del modelo de cumplimiento y la adecuada supervisión de su implementación. Pues, como bien apunta Cugat Mauri en el peor de los casos, bastaría con que el Consejo de administración, tras contratar e implementar un programa de cumplimiento y designar a un órgano autónomo de supervisión, resolviera cometer el

---

28 SILVA SÁNCHEZ, J.Mª.: "¿Protección penal del medio ambiente? Texto y contexto del artículo 325 del Código Penal", en *La Ley*, 1997-3, p. 1720.

29 GARCÍA CAPURRO, L., GARCÍA FERNÁNDEZ, D.J. MADRID RUBIO, L., ROMERO DÍAZ, B,: "El diario de Ana: una historia de futuros sobre el cambio climático y la crisis ambiental", en *HOAL* , Núm. 5, 2004, p. 172.

delito a espaldas de éste para eximir de responsabilidad a la empresa, ante el cumplimiento de las tres condiciones del ap. 2 del art. 31 bis CP: 1ª) la adopción y ejecución del programa de cumplimiento; 2ª) la instauración del órgano autónomo de control; 3ª) la comisión del delito eludiendo los controles del órgano autónomo, por definición distinto al que representa la voluntad social (con la excepción de los supuestos contenidos en el ap. 3); 4ª) el correcto ejercicio de las funciones de control del órgano autónomo[30].

En concreto, se produciría el efecto contrario al pretendido: la automatización del proceso decisivo que pudiera llevar a la mecánica absolución de las empresas con compliance, y viceversa. Frente a esa posible deriva, es preciso poner de relieve, advierte Cugat Mauri, "el margen de discrecionalidad de que dispone el Juez en la valoración de la idoneidad o eficacia de las compliance para la prevención del delito, y que indiscutiblemente, varía en función de si se trata de conductas dolosas o imprudentes (las únicas respecto de las que, sin embargo, a mi parecer, los programas de cumplimiento podrían desplegar una función preventiva relevante)"[31]. En mi opinión, aunque a día de hoy, el compliance tiene poco encaje real en el proceso penal, todo apunta a que en la práctica se producirá la inversión de la carga de la prueba: serán las empresas las que prueben su eficacia e idoneidad.

5. CONCLUSIÓN

El más que evidente que el influjo del cambio climático en la actual crisis ambiental, legitima el recurso a todos los instrumentos de que dispone el Estado para contrarrestar los daños, en muchos casos irreversibles, al medio ambiente y entorno natural, incluido, obviamente, el Derecho penal.

Sin embargo, aunque las últimas reformas en la materia han hecho más operativo el Derecho penal medioambiental, la amplia actuación de estructuras colectivas plantea problemas de imputación y atribución de responsabilidades conforme a las categorías tradicionales de autoría y participación; de ahí que muchos daños ambientales causados por personas jurídicas lleven aparejado el demérito de la impunidad: nadie responde o se responde a través de sanciones económicas que, por su cuantía, resultan irrisorias.

En mi opinión, la implementación de programas de prevención de delitos ecológicos en empresas o compañías sería una posible solución; pero el programa de compliance no eximirá o, su caso, atenuará la responsabilidad penal automáticamente: deben ser objeto de prueba en el proceso penal su eficacia e idoneidad.

[30] CUGAT MAURI, M.: "La reforma de la responsabilidad penal de las personas jurídicas: el papel del juez ante el peligro de hipertrofia de las compliance", en *Estudios Penales y Criminológicos*, vol. XXXY, (2015), p. 929.

[31] CUGAT MAURI, M.: "La reforma de...", cit., p. 929.

6. BIBLIOGRAFÍA

ALASTUEY, M.C.: *El delito de contaminación ambiental (artículo 325.1 del Código penal)*, Granada, 2004.

BACIGALUPO ZAPATER, E.: "La instrumentación técnico-legislativa de la protección penal del medio ambiente", *Estudios Penales y Criminológicos*, t. V, 1982.

BAUCELLS LLADÓS, J.: "Tentativa inacabada de protección penal del medio ambiente", *Revista Catalana de Dret ambiental*, Vol. X N°1 (2019).

CARRILLO GONZÁLEZ, G./HERNÁNDEZ MAR, R.: "Adaptación al cambio climático desde la industria: una visión integral", *Política y cultura*, año 2011, nº 36.

COLÁS TURÉGANO, A./MORELLE HUNGRÍA, E.: "El derecho ambiental frente a los delitos ecológicos la eficacia y la eficiencia penal a debate", *RECPC* 23(13) 2021.

CRUTZEN, P.: "Geology of making", *Nature,* Volumen 415.

CUGAT MAURI, M.: "La reforma de la responsabilidad penal de las personas jurídicas: el papel del juez ante el peligro de hipertrofia de las compliance", *Estudios Penales y Criminológicos*, vol. XXXY, (2015).

GARCÍA CAPURRO, L., GARCÍA FERNÁNDEZ, D.J. MADRID RUBIO, L., ROMERO DÍAZ, B,: "El diario de Ana: una historia de futuros sobre el cambio climático y la crisis ambiental", *HOAL* , Núm. 5, 2004.

JIMÉNEZ DÍAZ, Mª.J.: "Sociedad del riesgo e intervención penal", *RECPC,* 16-08 (2014).

JORGE BARREIRO, A.: *Estudios sobre la protección penal del medio ambiente en el ordenamiento jurídico español*, Granada, 2005.

MENDOZA BUERGO, B.: *Derecho penal en la sociedad del riesgo*, Madrid, 2001.

MÜLLER-TUCKFELD:"Traktat für die Abschaffung des Umweltstrafrenschts", en *Institut für Kriminalwissenschaften Frankfurt a. M. (Hrsg.), Vom unmöglichen Zustand des Strafrenchts*, Frankfurt, 1995.

MUÑOZ RUIZ, J.: *Respuesta jurídico-penal al crimen organizado*, Valencia, 2021.

OLMEDO CARDENETE, M.: "Capítulo vigésimoquinto. Principales novedades introducidas por la LO 1/2015, de 30 de marzo en los delitos contra el medio ambiente, flora, fauna y animales domésticos", en Morillas Cueva, L. (Dir.), *Estudios sobre el Código Penal reformado* (Leyes Orgánicas 1/2015 y 2/2015), Madrid, 2015.

OLMEDO CARDENETE, M.: "Capítulo 38. Delitos sobre la ordenación del territorio, urbanismo, patrimonio histórico y medio ambiente (III). Delitos contra los recursos naturales y el medio ambiente", Morillas Cueva, L. (Dir.), *Sistema de Derecho Penal. Parte Especia*l, Madrid, 2020.

OSAS RODRÍGUEZ, Mª.E./ BARRIOS PUGA, A.: "Comunicación del riesgo, cambio climático y crisis ambientales", *Chasqui. Revista Latinoamericana de Comunicación* N.º 136, diciembre 2017 - marzo 2018 (Sección Monográfico).

PÉREZ FERRER, F.: "Derecho Penal versus cambio climático: los delitos contra el medio ambiente (artículo 235 del Código Penal)", *Revista de la Facultad de Derecho de la Universidad de Granada*, Nº 12, 2009.

RIOS, F.: "Legislación y protección jurídica del medio ambiente", *Cambio16*. Recurso electrónico disponible en: https://www.cambio16.com/legislacion-y-proteccion-juridica-del-medio-ambiente/

SESSANO GOENAGA, J.C.: "La protección penal del medio ambiente. Peculiaridades de su tratamiento jurídico", *RECPC* 04-11 (2002).

SILVA SÁNCHEZ, J.Mª.: "¿Protección penal del medio ambiente? Texto y contexto del artículo 325 del Código Penal", *La Ley*, 1997-3.

SILVA SÁNCHEZ, J.Mª.: *La expansión del Derecho Penal. Aspectos de la política criminal en las sociedades postindustriales,* Madrid, 2001.

SUÁREZ-MIRA, C.: "El bien jurídico protegido" en Faraldo Cabana, P. (Dir.), *Ordenación del territorio, patrimonio histórico y medio ambiente en el código penal y la legislación especial*, Tirant lo Blanch, Valencia, 2011.

CAPÍTULO XIII.
EL ODS 14: HACIA UNA REGULACIÓN DE LA PESCA EN ALTA MAR PARA EL SIGLO XXI

Esperanza Orihuela Calatayud
Catedrática de Derecho Internacional Público de la Universidad de Murcia

1. INTRODUCCIÓN

Mares y océanos representan más del 70% del planeta; generan el 50% del oxígeno que respiramos; absorben un 25% de las emisiones de dióxido de carbono; son una importante vía de comunicación, y aportan comida, trabajo y energía. Aunque se trate de tópicos muy manidos, estas afirmaciones evidencian que el mar constituye una especie de salvavidas para el ser humano que hay que preservar, tanto en sí mismo como por lo que respecta a sus recursos.

Asumida la certeza de que el mar no es una fuente inagotable de recursos y que éstos pueden extinguirse, la comunidad internacional lleva décadas intentando establecer una gobernanza que haga sostenible la explotación de los recursos pesqueros. Con este fin, se han ido dando pasos y se ha aumentado la regulación sobre los usos de la Alta Mar (AM); los Estados han ido asumiendo obligaciones relacionadas con la explotación de los recursos y, más concretamente, sobre la pesca en AM; se han ampliado las competencias de los Estados (pabellón, puerto o costeros); se han previsto sanciones para quienes llevan a cabo actividades que provocan sobreexplotación, como en el caso de la pesca ilegal, no declarada y no reglamentada (INDNR) y se ha intentado mejorar la cooperación internacional, ya sea mediante la adopción de tratados internacionales o mediante la creación de organizaciones de gestión de los recursos vivos del mar.

Sin embargo, la gobernanza establecida no ha conseguido frenar su deterioro y sobreexplotación. La urgencia es tal que la Asamblea General de las Naciones Unidas hace, cada año, un llamamiento a establecer una gobernanza marina capaz de garantizar la sostenibilidad del mar[1] y en su agenda 2030 ha incluido un objetivo de desarrollo sostenible (ODS) relacionado con la conservación y el uso sostenible de los mares, océanos

---

[1] Véase A/RES/72/73, de 5 de diciembre de 2017; A/RES/73/24, de 11 de diciembre de 2018 y A/RES/74/19, de 10 de diciembre de 2019.

y sus recursos[2] y entre sus metas una relativa al establecimiento de una reglamentación eficaz de la explotación pesquera y poner fin a la pesca excesiva, a la pesca ilegal, no declarada y no reglamentada y a las prácticas pesqueras destructivas, y aplicar planes de gestión con fundamento científico a fin de restablecer las poblaciones de peces en el plazo más breve posible, al menos alcanzando niveles que puedan producir el máximo rendimiento sostenible de acuerdo con sus características biológicas[3].

En esta ocasión vamos a preguntarnos cuáles son las razones o circunstancias que pueden explicar la ineficacia de las medidas adoptadas con la finalidad de que se haga un uso sostenible de los recursos vivos del mar y a intentar concretar cuál podría ser el camino a seguir para conseguir el ODS 14.

2. LA INEFICACIA DE LAS POLÍTICAS EN ARAS DE UNA PESCA SOSTENIBLE

El fracaso de la gobernanza de mares y océanos a la hora de hacer realidad la pesca sostenible se ve facilitada por una conjunción de circunstancias que plantean retos a su eficacia. Entre ellas cabe destacar, en primer lugar, la debilidad de las disposiciones de la CONVEMAR cuya elaboración y aprobación por consenso permitió adoptar una Convención importante, pero con una regulación cuya redacción es demasiado laxa y se encuentra plagada de generalidades y/o ambigüedades que dificultan su aplicación y, sobre todo, su efectividad.

En segundo lugar, otra de las circunstancias que supone un reto a cualquier gobernanza de mares y océanos viene constituida por el enfoque zonal que presentan las normas relacionadas con mares y océanos. La fragmentación jurídica que provoca esta regulación, no contribuye a facilitar el control ni la lucha contra esta práctica insostenible. La regulación existente olvida, salvo para residenciarla en la cooperación internacional, la conexión que existe entre los diferentes espacios y la retroalimentación que sus problemas y soluciones presentan. Como ha puesto de relieve la FAO, hay cada vez más datos que evidencian que las zonas situadas fuera de la jurisdicción nacional y las aguas costeras están estrechamente conectadas y que las actividades en la alta mar influyen en las zonas de mar próximas a la costa[4].

En tercer lugar, existe una clara falta de control sobre el desarrollo de la actividad pesquera como consecuencia del incumplimiento por parte de los Estados de las obligaciones que, como Estados de pabellón, de puerto o costeros, han asumido. Que esta actitud responda a una falta de voluntad o a falta de medios es irrelevante a la hora de constatar el incumplimiento y de generar la sobreexplotación de los recursos pesqueros.

[2] A/RES/70/1, *Transformar nuestro mundo: la Agenda 2030 para el Desarrollo Sostenible*, de 25 de septiembre de 2015. El ODS al que nos referimos es el 14 *Conservar y utilizar sosteniblemente los Océanos, los mares y los recursos marinos para el desarrollo sostenible* (https://undocs.org/es/A/RES/70/1).

[3] *Ibid.* Meta 14.4.

[4] FAO, *El estado mundial de la pesca y la acuicultura 2020. La sostenibilidad en acción*, p. 155.

En cuarto lugar, otra de las circunstancias que puede tener incidencia en la ineficacia de la gobernanza de mares y océanos es consecuencia de la heterogeneidad institucional existente. En la gestión de mares, océanos y sus recursos confluyen instituciones y marcos de cooperación muy diversos, tanto desde el punto de vista espacial –universal[5] y regional[6]–, como desde una perspectiva material o funcional –generales o específicos– y en este último caso sus competencias resultan muy variadas –navegación, seguridad alimentaria, pesca o protección del medio ambiente…–. Esta situación dificulta el planteamiento e implementación de medidas de gobernanza globales que son las que precisan nuestros océanos.

3. LA CONSECUCIÓN DEL ODS 14

Ante la situación descrita, deberíamos preguntarnos si podemos pensar en que el año 2030 nos brinde unos mares y océanos conservados y de los que se haga un uso sostenible. La respuesta, si seguimos como hasta este momento, cae del lado negativo de la balanza.

La pesca en Alta Mar, y en general todo el sector de la pesca de captura se encuentra en una encrucijada en la que, amén de otras metas, resulta necesario compatibilizar la demanda de recursos pesqueros con su sostenibilidad biológica, y para ello es imprescindible establecer una gobernanza de mares y océanos que responda a los retos complejos y cambiantes que plantea la pesca en AM.

Como se indica en la agenda 2030 y ya se ha apuntado, es necesario establecer una reglamentación eficaz de la explotación pesquera y poner fin a la pesca excesiva, a la pesca ilegal, no declarada y no reglamentada y a las prácticas pesqueras destructivas, y aplicar planes de gestión con fundamento científico a fin de restablecer las poblaciones de peces en el plazo más breve posible, al menos alcanzando niveles que puedan producir el máximo rendimiento sostenible de acuerdo con sus características biológicas. En definitiva, que necesitamos una gobernanza que regule y controle la actividad

5 En el marco de las Naciones Unidas, su Asamblea General examina anualmente las novedades relacionadas con mares y océanos; la División de Asuntos Oceánicos y del Derecho del Mar, la OMI, la Comisión intergubernamental Oceánica de la UNESCO, se dedican exclusivamente a cuestiones relacionadas con los océanos; la FAO trata también temas conectados con el mar, y su Comité de Pesca (COFI) además de servir de foro de debate a los Estados y otros interesados en materias relacionadas con la pesca, se ocupa, entre otras cosas, de las políticas, el establecimiento de las prioridades, el desarrollo de instrumentos y orientaciones en materia pesquera; las Secretarías de los Convenios de medio ambiente –Convenio sobre la Diversidad Biológica, la Convención sobre el comercio internacional de especies amenazadas de flora y fauna silvestre (CITES) o la Convención sobre Especies Migratorias– se ocupan de la conservación y uso sostenible de los recursos biológicos marinos.

6 A escala regional la gobernanza de los Océanos y los mares interesa a un grupo de organizaciones e instituciones variadas entre las que se encuentran los órganos Pesqueros Regionales (OPR), creados como mecanismo de cooperación de los Estados en materia pesquera y otras cuestiones conexas; las OROP; el Programa de Naciones Unidas para los Mares Regionales que cuenta con diferentes programas en los que participan un buen número de miembros de Naciones Unidas; las subcomisiones regionales de la COI/UNESCO.

pesquera y, además, que se establezca teniendo en cuenta los conocimientos científicos. Lo primero exige un marco jurídico global que incorpore medidas de prevención, gestión y control del cumplimiento y que, con la finalidad de aportar uniformidad a dicha práctica, nazca con vocación universal. Lo segundo implica que se establezca una gestión basada en criterios científicos.

3.1. Una gobernanza basada en la prevención, la gestión y el control

En una situación de degradación como la actual, las políticas aplicadas para su consecución deben basarse en tres pilares fundamentales –prevención, acción y seguimiento y control. Este planteamiento está presente en el diseño del conjunto de medidas con las que se hacer realidad el ODS 14, tanto en su versión inicial, como en la más amplia de 2017. Una lectura detenida de las resoluciones 70/1, de 21 de octubre de 2015[7] y 71/312, de 14 de julio de 2017[8], permite identificar medidas en las que se recomiendan *acciones* que guardan relación con el diseño y la puesta en marcha de las políticas necesarias; otras que están conectadas con el *seguimiento y control* y, también, medidas destinadas a la *prevención*, con la finalidad de revertir la situación de continua degradación de mares y océanos.

Las *políticas de prevención* deberían orientarse en dos direcciones; la primera orientada a la sensibilización de los usuarios del mar y los consumidores. La concienciación sobre las ventajas sociales y de seguridad que aportan la pesca responsable y sostenible contribuye a la creación de una cultura que alimenta la protección de mares y océanos. La segunda dirigida al establecimiento de condiciones uniformes a los buques pesqueros. El objetivo consistiría en unificar las normas relacionadas con la matriculación de buques y que se aplicaran criterios uniformes entre los que necesariamente debe estar la referencia al número de identificación de la OMI cuya obligatoriedad a todos los buques de pesca debería imponerse.

Por lo que respecta a la *acción* que estaría centrada en el desarrollo de la actividad pesquera, resultaría necesario establecer una regulación que imponga unas exigencias comunes para extender las licencias de pesca y para su desarrollo, imponiendo en este caso el uso de mecanismos de geolocalización en buques que superen una determinada medida de eslora, su uso permanente durante el tiempo que dure la actividad pesquera y la obligación de enviar información sobre localización y actividades a los agentes de control implicados en la supervisión de las actividades pesqueras, y que, con respeto a todos los estándares de protección de datos personales, la información sobre buques y actividades sea suficiente, fluya y esté al alcance de todos los interesados, lo que exige una cierta armonización de la misma y la elaboración de una base de datos mundial centralizada.

El principal obstáculo para conseguir esta uniformidad universal se encuentra en los Estados en desarrollo, pues no cuentan con los medios necesarios para cumplir

---

[7] Disponible en https://undocs.org/es/A/RES/70/1.

[8] Disponible en https://undocs.org/A/RES/71/312.

con las obligaciones que deberían establecerse. Para superar esta situación podría actuarse de forma similar a la prevista por las partes en el Acuerdo sobre Medidas del Estado Rector del Puerto (AMERP) y establecer un fondo de asistencia que les permita conseguir la tecnología necesaria, así como asignar su gestión a la FAO.

Por lo que respecta a las *políticas de control y sanción*, resultaría necesario también unificar los mecanismos de control, debiendo existir una uniformidad en la aplicación de las medidas del Estado rector del puerto y en la imposición de sanciones a quienes llevan a cabo actividades relacionadas con este tipo de pesca. Para asegurarlo es necesario que los organismos encargados de la inspección cuenten con la formación y los medios necesarios para evitar errores que den al traste con el procedimiento de seguimiento y control establecido, y que exista una cooperación internacional en el desarrollo de estas actividades. Al encontrarnos ante delincuentes que actúan como mafias, resulta imprescindible ajustar las legislaciones penales para tipificar estas actividades y asegurar la competencia de los tribunales con carácter extraterritorial al amparo, de ser posible, del principio de jurisdicción universal. En definitiva, se trata de evitar los regímenes blandos que favorecen a quienes llevan a cabo actividades pesqueras insostenibles.

3.2. Una gobernanza de vocación universal

La clave de la eficacia de esta gobernanza de mares y océanos residiría, por tanto, en conseguir la aplicación universal de esta gestión uniforme. ¿Cómo conseguirlo? Sabiendo las dificultades que se ciernen sobre el nacimiento de normas generales de Derecho Internacional y la tendencia a afrontar estas necesidades mediante la elaboración de tratados multilaterales generales y abiertos, podría pensarse en la idoneidad de un nuevo convenio internacional sobre pesca sostenible y tener presente que una pesca sostenible en AM, no puede conseguirse sin conectarla con las medidas que los Estados ribereños adopten en sus ZEE, ni sin afrontar las limitaciones que plantea el marco jurídico del Alta Mar y la necesaria valoración de otros elementos que influyen en la sostenibilidad de los recursos vivos del mar.

Ahora bien, como esto no garantiza la vinculación a todos los Estados cuyos buques se dedican a la pesca en Alta Mar, cabría pensar también en la posible idoneidad de recurrir a las Organizaciones Regionales de Ordenación Pesquera (OROP) y a los marcos de cooperación ya establecidos y, tras su reforma, dotar a esas organizaciones y mares regionales de idénticas competencias para dejar en sus manos las actividades de seguimiento, control, vigilancia y sanción necesarias.

3.3. Una gestión basada en los ecosistemas marinos

Cualquier gobernanza de mares y océanos que quiera establecerse en la actualidad debe tener en cuenta que algunos usos del mar presentan consecuencias perjudiciales para su salud, y que, por ello, resulta imprescindible mantener un enfoque coordinado de las medidas que se adopten en los distintos sectores del Derecho Internacional que se aplican en el medio marino.

Esta última exigencia obliga a que la gobernanza de mares y océanos, y con ello la relativa a la pesca, presente un carácter holístico que tenga en cuenta todos sus elementos necesarios para contar con unos ecosistemas sanos, productivos y resilientes. Nada de lo que ocurre en una zona concreta del mar es ajeno al conjunto y lo que afecta a un recurso concreto tiene su repercusión en los demás.

No sólo hemos de atender al Derecho del Mar y, por tanto, a la Convención de las Naciones Unidas y los acuerdos concluidos a su amparo, sino que resultará imprescindible apreciar las normas relativas a otros sectores del Derecho Internacional que hoy día condicionan el diseño de cualquier gobernanza de mares y océanos, en particular, a las normas establecidas en convenios relacionados con la protección del medio ambiente[9]. Como ha advertido la Asamblea General de las Naciones Unidas, la actual gobernanza de mares y océanos debe partir de este enfoque interdisciplinar e intersectorial[10], pues es necesario tener en cuenta que los problemas que se plantean están relacionados entre sí y es necesario considerarlos en su conjunto aplicando un enfoque integrado y ecosistémico[11].

Necesitamos una gestión basada en los ecosistemas, lo que implica un cambio de perspectiva en el análisis y utilización de los espacios marinos y nos exhorta a pasar de una gobernanza pesquera centrada en la protección de especies amenazadas y/o basada en una gestión regional o zonal, a una en la que se adopte una perspectiva ecocéntrica que tenga en cuenta no sólo las especies, sino también otros elementos adicionales que afectan e imprimen estrés al medio marino.

4. CONCLUSIÓN

La degradación constante del medio marino y la urgencia de un nuevo modelo debería hacernos más ambiciosos y reflexionar sobre la necesidad de que la gobernanza de mares y océanos deje de establecerse desde la dicotomía de espacios sometidos a la soberanía y/o jurisdicción del Estado ribereño y espacios situados más allá de la jurisdicción nacional y de regularse desde distintos ámbitos materiales –Derecho del Mar y del Medio Ambiente–.

Necesitamos propuestas que partan de un planteamiento holístico de la Gobernanza Azul, lo que nos debería hacer recapacitar sobre cuestiones que podrían ser objeto de

---

[9] En este sentido cabe destacar que cualquier política destinada a la conservación de los recursos vivos del Alta Mar (art. 119 CONVEMAR), no podrá pasar por alto, por ejemplo, las obligaciones establecidas en Convenios destinados a la regulación de la pesca de ciertas especies, la protección de los recursos vivos en determinadas regiones geográficas, o las derivadas de la Convención de la diversidad Biológica.

[10] A/RES/74/19, de 10 de diciembre de 2019, párrafo decimo sexto de su Preámbulo.

[11] *Ibid.* párrafo vigésimo octavo del Preámbulo. Una advertencia que junto a la necesidad del enfoque interdisciplinar e intersectorial viene haciendo anualmente cuando adopta las resoluciones que llevan por título *los océanos y el derecho del mar*.

futuros trabajos, como, por ejemplo, si sigue siendo conveniente el tratamiento selectivo y separado de los retos planteados en torno a los mares y océanos (biodiversidad, pesca en aguas profundas…) o si la situación actual obliga a una mayor ambición y apertura de miras.

En mi opinión, la degradación constante del medio marino y la urgencia de un nuevo modelo debería hacernos más ambiciosos y considerar la necesidad de que la gobernanza de mares y océanos deje de establecerse desde la dicotomía de espacios sometidos a la soberanía y/o jurisdicción del Estado ribereño y espacios situados más allá de la jurisdicción nacional y de regularse desde distintos ámbitos materiales –Derecho del Mar y del Medio Ambiente–.

Los peces no conocen límites o fronteras, ni su vida está condicionada por unas configuraciones jurídicas que poco o nada tienen que ver con la unidad que representan mares y océanos. Posiblemente haya llegado el momento de iniciar el camino que nos lleve del *Mare Clausum* de Selden, al *Mare Nostrum* como paradigma aplicable a todos los mares y océanos y superar la aproximación estatocéntrica que se mantiene al proyectar la acción de los Estados sobre el mar.

CAPÍTULO XIV.
LOS OBJETIVOS DE DESARROLLO SOSTENIBLE Y LAS PENSIONES DE LA SEGURIDAD SOCIAL[1]

FRANCISCO MIGUEL ORTIZ GONZÁLEZ-CONDE
Profesor Contratado Doctor (i)
Derecho del Trabajo y de la Seguridad Social
Universidad de Murcia

1. INTRODUCCIÓN

Las pensiones contributivas de la Seguridad Social por razón de jubilación, viudedad e incapacidad permanente son susceptibles de participar en los ODS de la Agenda 2030, como una de las vías del Derecho del Trabajo y de la Seguridad Social para alcanzar la igualdad de género (ODS 5.4), el trabajo decente (ODS 8.8) y las reducciones de las desigualdades (ODS 10.4). Una muestra del entrelazado entre objetivos y pensiones se comprueba en el papel del complemento a las pensiones del art. 60 LGSS[2], una de las diversas acciones frente a la brecha de género en las pensiones de la Seguridad Social devengadas por mujeres con motivo del nacimiento y cuidado de hijos e hijas[3].

No en vano, la primera redacción de este artículo contemplaba un régimen jurídico cuestionable por ser susceptible de tratos diferenciados injustificados. Ante a esta tesitura, y tras un amplio recorrido judicial, el RD-Ley 3/2021 de 2 de febrero ha reformado el art. 60 LGSS, con la finalidad de reorientar dicho complemento hacia un enfoque dirigido específicamente a la reducción de la brecha de género y no tanto a la aportación demográfica vinculada a la maternidad. Principalmente, la nueva legislación sustituye el número de hijos o hijas como criterio objetivo, por un criterio de atención

---

[1] *El trabajo se enmarca en el Proyecto PID2019-104630RB-I00, sobre "El futuro del sistema español de protección social (VI): Soluciones jurídicas a los actuales retos demográficos", financiado por el Ministerio de Ciencia e Innovación, e incluido en la Convocatoria 2019 de Proyectos de I+D+ i - RTI Tipo B".*

[2] La Ley 48/2015, de 29 de octubre, de Presupuestos Generales del Estado para el año 2016 adicionó un art. 50 bis a la LGSS-1994, (posteriormente art. 60 LGSS) y una DA 18ª de la Ley de Clases Pasivas del Estado (LCPE).

[3] Respecto al empleo, véase FERRANDO GARCÍA, F.M.: "La discriminación múltiple e interseccional por razón de género y otras causas: especial referencia a su implicaciones en los ámbitos laboral y procesal", en LÓPEZ ANIORTE, M.C. y RUBIO FERNÁNDEZ, E.M. (dir): *Visiones multidisciplinares de la igualdad entre hombres y mujeres*, Laborum, 2019, pp. 103-124. En materia de pensiones, véase GARCÍA ROMERO, B.: "Retos pendientes en materia de igualdad. Reducción del impacto de género en las pensiones de Seguridad Social", en SELMA PENALVA, A.: *Retos en materia de igualdad de género en el Siglo XXI: Un análisis multidisciplinar"*, Dykinson, 2019, pp. 81-92.

al nacimiento y cuidado de menores, al radicar ahí la principal causa de la brecha de género en materia de pensiones.

2. EL COMPLEMENTO POR MATERNIDAD (2016-2021)

El art. 60.1 LGSS, en su redacción inicial, reconocía como titulares del derecho del complemento por maternidad por su aportación demográfica a la Seguridad Social, únicamente, a aquellas mujeres que hubieran tenido hijos (biológicos o adoptados) y fueran beneficiarias de pensiones contributivas de jubilación, viudedad o incapacidad permanente. A tal efecto, el complemento (revestido de naturaleza contributiva por acción del legislador) se fijaba en función de la siguiente escala: a) en el caso de 2 hijos el 5%; b) en el caso de 3 hijos el 10%; c) en el caso de 4 o más hijos el 15%[4].

Sin embargo, el cómputo de los menores ha sido una de las cuestiones que mayor litigiosidad ha producido en su aplicación, en lo que podría casi llamarse un "lustro ominoso", tanto por la falta de imprecisión cualitativa del criterio hijos, al hacer referencia únicamente a aquellos que hubieran nacido o sido adoptados con anterioridad al hecho causante de cada pensión, como por la errática decisión de excluir, no sólo a varones, sino también a otras mujeres que hubieran tenido un único hijo.

En primer lugar, sobre el concepto "hijo" se planteaba la interpretación civilista en la adquisición de la personalidad jurídica (art. 29 CC) y el requisito del desprendimiento del seno materno (art. 30 CC), pues esta norma no conseguía abordar aquellas otras situaciones que no encajasen dentro de tal definición[5], como pudieran ser abortos involuntarios. A este respecto, la doctrina judicial entendió que se trataba de una situación susceptible de protección social, en tanto que, la situación de discriminación que se pretendía compensar con este complemento transcurría desde el embarazo, con independencia de que éste llegase o no a buen término, una vez que el desprendimiento del seno materno se produjese pasados los 180 días de gestación[6].

Igualmente, el fallecimiento prematuro de un tercer hijo antes del hecho causante debía computarse ya que la situación supuso para la madre "una limitación en el acceso y mantenimiento del empleo equivalente a la provocada por un parto exitoso, ya que igualmente estuvo embarazada, dio a luz y precisó descanso recuperatorio[7]". En esta

[4] SANZ SÁEZ, C.: "La compensación del complemento de maternidad en las pensiones contributivas", *Anuario Facultad de Derecho. Universidad de Alcalá*, núm. XIII, 2020, p. 176, la autora remarca como esta distinción genera brechas *ad intra* entre las propias mujeres, y no sólo por el número de hijos/as, sino por cuestiones generacionales, ya que se da prevalencia a aquellas mujeres que nacieron durante los años 50 y que comenzaron a tener hijos a partir de finales de los 70, momento en el cual, la tasa de natalidad comenzaba a decaer, en lugar de establecer un porcentaje idéntico como solución intermedia.

[5] La STSJ Cantabria de 2 julio 2021, núm. 495/2021 (rec. 444/2021) aboga por una lectura sistemática respecto de la Ley Orgánica para la igualdad efectiva de mujeres y hombres y la Convención sobre la eliminación de todas las formas de discriminación contra la mujer.

[6] STSJ Galicia de 7 diciembre 2018, núm. 4821/2018 (rec. 2819/2018) y STSJ Cantabria de 4 junio 2021, núm. 420/2021 (rec. 356/2021).

[7] STSJ Madrid de 24 septiembre 2018, núm. 521/2018 (rec. 592/2017).

misma línea, se rechazó la visión del art. 30 CC sobre la figura humana del feto y la necesidad de 24 horas de desapego del seno materno. Tal criterio, además de histórico, no sólo no venía expresamente referenciado por el art. 60 LGSS[8], sino que tampoco podría ser de aplicación por haber resultado modificado por la DF 3ª Ley 20/2011, de 21 de julio.

No obstante, la tipología de situaciones es múltiple, de ahí que otros tribunales hayan entendido que el alumbramiento de un feto fallecido hace decaer el presupuesto de aportación demográfica a compensar. Desde esta otra óptica, la finalidad del complemento radicaría en paliar las consecuencias experimentadas por la mujer en su vida laboral a consecuencia de su dedicación al cuidado de menores[9], y no la protección del embarazo o parto, pues a tales fines ya concurrirían otras prestaciones diferentes[10].

En segundo lugar, la extensión del complemento a los hombres padres de hijos ha tenido lugar a raíz de la STJUE de 12 diciembre 2019 (C-450/18) en respuesta a la cuestión prejudicial elevada por el Juzgado de lo Social núm. 3 de Girona, cuestionando la viabilidad del art. 60 LGSS respecto del art. 157 TFUE y la Directiva 79/7/CEE, de 19 de diciembre de 1978, sobre igualdad de trato entre mujeres y hombres en materia de Seguridad Social[11]. Hasta ese momento, únicamente se había pronunciado el Tribunal Constitucional, en Auto de 26 octubre 2018, con relación a la modalidad de jubilación, "*no resulta arbitrario ni irracional excluir del complemento de maternidad a aquellas madres (de dos o más hijos) que, al acceder voluntariamente a la jubilación anticipada, opten por acortar su período de cotización*".

Sin embargo, para el TJUE existe una diferencia de trato contraria al principio de igualdad que carece de justificación, racional, objetiva y proporcional, pues, incluso encontrándose el hombre en idéntica situación, la norma no contempla el acceso[12]. En esta línea se ha manifestado la doctrina judicial en suplicación entendió que el cuidado en solitario de cuatro hijos, por el fallecimiento de la esposa, suponía idénticas desventajas profesionales a las que atraviesan las madres trabajadoras, STSJ Islas Canarias-Las Palmas, 20 enero 2020, núm. 44/2020 (rec. 850/2018)[13].

Más aún, la sentencia europea tacha de falaz el criterio de aportación demografía sobre el que pivota la norma, en tanto que la procreación, alimentación, atención y educación son responsabilidad de cualquier progenitor, indiferentemente de tratarse de padre o madre, y, aunque las consecuencias o desventajas profesionales del cuidado

---

8 STSJ de Aragón 20 marzo 2019, núm. 168/2019 (rec. 116/2019).

9 STSJ Islas Canarias-Las Palmas, de 11 septiembre 2019, núm. 904/2019 (rec. 1311/2018).

10 SJS de Pamplona núm.18, de 21 de enero de 2019, núm. 18/2019 (rec. 318/2018).

11 STSJ Galicia de 11 mayo 2021, núm. 1949/2021 (rec. 3745/2020).

12 VILLAR CAÑADA, I.M.: "¿Y qué hay de la brecha de género en el sistema de pensiones? Comentario a la STJUE de 12 diciembre 2019, asunto C-450/18", *e-Revista Internacional de la Protección Social*, 2020, vol. V, núm. 1, p. 294. La autora señala como la sentencia ha apreciado el trato desigual respecto del concepto de "aportación demográfica" por ser una responsabilidad de ambos progenitores, pero ha descartado la aplicabilidad de la Directiva 79/7 sobre el complemento de maternidad, ya que ésta sólo cubre la condición biológica de la mujer durante el embarazo, el parto, el período de lactancia.

13 SSTSJ Murcia de 30 abril 2020 y 26 mayo 2020, núm. 467/2020 y 683/2020 (rec. 314/2019 y 879/2019).

de los hijos recaigan en mayor proporción hacia las mujeres, ello no puede suponer excluir a quienes hubieran asumido el cuidado. Llegados a este punto, parece interesante reseñar que la medida podría ser una trampa de conciliación y perpetuar el rol de cuidadoras[14].

3. EL COMPLEMENTO POR BRECHA DE GÉNERO (2021-)

Tras el fallo del TJUE, el rediseño del art. 60 LGSS debía abordar la lucha contra la brecha de género como medida de acción positiva[15], de manera respetuosa con la sentencia europea, pero teniendo en cuenta otros condicionantes, como el doble lucro o lucro en paralelo por distintos sujetos titulares, la concesión a partir del 2º hijo, y la exclusión a la mujeres ya jubiladas, que coetáneamente han soportado el baby boom. A tal fin, el RD-Ley 3/2021 ha reajustado los requisitos subjetivos, permitiendo el percibo por mujeres y hombres[16], incluso en caso de un único hijo, pero nunca de manera simultánea, es decir, solo uno de los progenitores, aunque eso sí, incluyendo a parejas homosexuales[17]. En concreto, la norma establece tres parámetros que actúan a modo de filtro:

El primer límite implica que el derecho se reconocerá o mantendrá siempre que no medie solicitud y reconocimiento del mismo en favor del otro progenitor y si este otro es también mujer. Si los dos progenitores son hombres, también se reconocerá a aquel que perciba pensión publica de menor cuantía, aunque los requisitos de carencia para devengar el complemento se corresponderán con los exigidos a los varones. El segundo límite requiere a los hombres de un tiempo de cotización específico.

En concreto, se reconoce el derecho a mujeres que hayan tenido uno o más hijos o hijas, y sean beneficiarias de una pensión de jubilación, incapacidad permanente o viudedad, los hombres deben encontrarse en una de estas dos tesituras: a) haber caudado pensión de viudedad por fallecimiento del otro progenitor y tengan hijos o hijas en común, siempre que alguno de ellos tenga derecho a percibir una pensión de orfandad; b) haber causado pensión contributiva de jubilación o incapacidad permanente y hayan interrumpido o visto afectada su carrera profesional con ocasión del nacimiento o adopción, con arreglo a las siguientes condiciones:

---

14 DE LA FLOR FERNÁNDEZ, M. L.: "Reflexiones en torno a la pensión de jubilación desde una óptica de género: el complemento por maternidad", *Revista de Derecho Social*, núm. 76, 2016, p. 107-132.

15 RAMOS QUINTANA, M.I.: "Reducción de la brecha de género en las pensiones contributivas. La reconstrucción de una frustrada acción positiva en el extinto complemento por maternidad", *Trabajo y Derecho*, núm. 77, 2021.

16 En vía judicial, la SJS núm. 1 de Zaragoza, de 11 marzo 2021, núm. 98/2021 (rec. 300/2020). En vía administrativa, hasta la publicación del RD-Ley 3/2021, de 2 de febrero la Dirección General de Ordenación de la Seguridad Social ha venido aplicando el Criterio de Gestión 1/2020.

17 Reconocimiento del derecho al complemento por maternidad en el supuesto de hijos biológicos dados en adopción reclamado por una pareja formada por dos mujeres, según el Criterio de Gestión 1/2018.

En el caso de hijos o hijas nacidos o adoptados hasta el 31 de diciembre de 1994, se debe tener más de 120 días sin cotización entre los 9 meses anteriores al nacimiento o a la fecha de la resolución judicial por la que se constituya la adopción y los 3 años posteriores a dicha fecha, siempre que la suma de las cuantías de las pensiones reconocidas sea inferior a la suma de las pensiones que le corresponda a la mujer. En el supuesto de hijos o hijas nacidos o adoptados desde el 1 de enero de 1995, se exige que la suma de las bases de cotización de los 24 meses siguientes al del nacimiento o al de la resolución judicial por la que se constituya la adopción sea inferior, en más de un 15%, a la de los 24 meses inmediatamente anteriores, siempre que la cuantía de las sumas de las pensiones reconocidas sea inferior a la suma de las pensiones que le corresponda a la mujer.

Y, el tercer condicionante es el cambio en la cuantías, que por mor de la DA 1ª RD-Ley 3/2021, pasa a establecerse en una cuantía fija, establecida anualmente por la LPGE[18], limitada a 4 veces el importe mensual fijado por hijo o hija, y cuya revisión se contemplará anualmente, en el mismo porcentaje previsto para las pensiones contributivas. El complemento se financiará mediante una transferencia del Estado al presupuesto de la Seguridad Social (nueva DA 36ª LGSS).

Bajo este nuevo enfoque, aunque cada hijo o hija genera el derecho a un complemento, únicamente se reconocerá un único complemento por unidad familiar y por régimen de Seguridad Social. Para ello se ha establecido una prelación de situaciones en favor de la pensión de menor cuantía[19], al tiempo que se ha incompatibilizado el percibo de complementos causados en varios regímenes de la Seguridad Social, otorgándose en aquel donde se acreditasen más periodos en alta[20].

El resto de las limitaciones a la cuantía del complemento son más bien de carácter ambivalente. Si bien es cierto que el importe del complemento no será tenido en cuenta en la aplicación del límite máximo de pensiones de los arts. 57 y 58.7 LGSS, ni tampoco para la determinación del complemento por mínimos del art. 59 LGSS[21], también es cierto que el complemento se verá reajustado para aquellas pensiones que se

---

[18] En 2021 corresponden 27 euros mensuales en 14 pagas, o sea, 378 euros anuales, según la DA 1ª RD 3/2021. El tope máximo del complemento es de 108 euros mensuales (máximo de cuatros hijos), o sea, 1.512 euros anuales.

[19] BLASCO JOVER, C.: "Diferencias de trato en el ejercicio de ciertos derechos prestacionales y propuestas de mejora normativa", *Revista Internacional y Comparada de Relaciones Laborales y Derecho del Empleo,* vol. 9, núm. 2, 2021, p. 210. Señala la autora que, una cosa es que ambos progenitores participen por igual en la aportación demográfica y otra muy distinta un impacto semejante sobre las trayectorias profesionales.

[20] Sobre la aplicación temporal sobre pensiones causadas en RETA, véase la STSJ Cataluña de 26 marzo 2018, núm. 1925/2018 (rec. 315/2018).

[21] LÓPEZ ANIORTE, M.C.: "Hacia la igualdad de trabajo y de oportunidades entre mujeres y hombres en el acceso y el disfrute de la pensión de jubilación", *Lan Harremanak*, núm. 43, 2020, p. 138. La autora remarca la necesaria revisión del complemento por mínimos desde un enfoque de género que sea coherente respecto del complemento por brecha de género, pues aquel contribuye a dignificar las pensiones femeninas y a garantizar su suficiencia, aunque su eficacia se hay avisto devaluada desde la reforma de 2011.

causen en aplicación de la normativa internacional. En este sentido, cuando concurra la totalización de periodos de cotización en virtud del principio *prorrata temporis*, el importe real del complemento será el resultado de aplicarle a la cuantía estándar, la proporcionalidad aplicada a la pensión a la que acompaña.

4. CONSIDERACIONES FINALES

En un horizonte próximo, al complemento por brecha de género se le presentan 3 retos de cara a los Objetivos de Desarrollo Sostenible:

El primer reto, sobre el grado de efectividad de la medida para atajar la brecha de género (ODS 5). Resulta llamativo que la propia norma no deje la medida lanzada al ordenamiento jurídico como una política bienintencionada o de aplicación *sine die*, sino que, la medida se mantendrá mientras la brecha de género de las pensiones de jubilación sea superior al 5%, según la diferencia entre el importe medio de las causadas en un año por los hombres y por las mujeres[22].

El segundo reto, sobre la transitoriedad entre los regímenes jurídicos de ambos complementos como vía para alcanzar condiciones de trabajo decentes (ODS 8). En principio, la DA 1ª RD-Ley 3/2021 declara la irretroactividad del complemento por brecha de género. Ahora bien, las personas que ya percibieran el complemento a la entrada en vigor del RD-Ley 3/2021, esto es, el 4 de febrero de 2021, mantendrán su percibo *ex.* DT 33ª LGSS, teniendo en cuenta que resultará incompatible con el nuevo complemento por brecha de género que pudiera corresponder por el reconocimiento de una nueva pensión publica (en tal caso se ejercería el derecho de opción).

También, cuando el otro progenitor de alguno de los hijos o hijas que dio derecho al complemento por maternidad inicial solicitase el complemento por brecha de género, la cuantía mensual que le fuera reconocida se deducirá del complemento por maternidad que se viniera percibiendo. Para aquellas otras personas que conforme a la legislación anterior hubieran iniciado la solicitud o se encontrasen en reclamación previa con anterioridad a la entrada en vigor del RD-Ley 3/2021, el derecho les será reconocido.

No obstante, más difusa se presenta las pensiones que ya fueron causadas en el intervalo entre complementos, del 1 de enero de 2016 y hasta el día 3 de febrero de 2021. A este segmento poblacional les resultará de aplicación el marco regulatorio previo, es decir, tendrán posibilidad de solicitarlo siempre que se tuviera dos hijos o más, y la jubilación no hubiese sido anticipada voluntariamente *ex.* art. 208 LGSS. Por tanto, puede decirse que, a pesar de los cambios de enfoque objetivos y subjetivos del

---

[22] Según la DA 37ª LGSS, de manera quinquenal el Gobierno, en el marco del Diálogo Social, realizará una evaluación de los efectos de la medida, de forma que cuando la brecha de género de un año sea inferior al referido 5% remitirá a las Cortes Generales un proyecto de ley para, previa consulta con los interlocutores sociales, proceder a su derogación.

régimen jurídico de ambos complementos, en cuestiones de aplicabilidad temporal de la norma, el legislador ha continuado manifestándose de manera limitada[23].

Finalmente, el tercer reto se proyecta sobre las modalidades de jubilación que permiten el acceso al complemento de la pensión y la reducción de las desigualdades (ODS 10). Conforme a la redacción inicial están exceptuadas la jubilación anticipada por voluntad de la persona interesada, y la jubilación parcial, si bien, en esta última se reconocerá el complemento que proceda cuando desde la jubilación parcial se acceda a la jubilación plena, una vez cumplida la edad que en cada caso corresponda, (art. 215 y DT 4ª.6 LGSS), como así sucedía en ambos casos respecto del complemento anterior.

Efectivamente, en un principio, el complemento por maternidad excluía a las jubilaciones anticipadas por voluntad de la persona interesada, una cuestión que no ha supuesto una censura jurídica por discriminación, ya que, tanto el Auto del TC de 16 octubre 2018, núm. 114/2018, como la reciente STJUE de 12 mayo 2021 (C-130/20), consideran que no sólo se reconoce a las madres por su "*aportación demográfica*", sino que trata de "*compensar a las madres que de forma involuntaria ven reducida su carrera de seguro*", o como afirma la justicia europea, este complemento no depende del género sino de las condiciones de acceso a esta prestación. Como ninguno de estos altos tribunales ha sentenciado su derogación, tal menester le sigue correspondiendo al Gobierno.

A este respecto, el RDL 3/2021 de 2 de febrero perdió la ocasión de revisar esta cuestión de manera explícitamente. Ahora bien, se da la paradoja que la nueva redacción del art. 60.4 LGSS ha omitido la jubilación anticipada voluntaria de la literalidad del texto, por lo que el precepto está llamado a nuevas interpretaciones[24], como ya puede entreverse con la STSJ Cataluña núm. 958/2021, de 17 de febrero de 2021 (rec. 4447/2020), que abre el complemento a esta modalidad de jubilación en aras a superar la brecha de género en pensiones (a la sazón, el objetivo marcado en el preámbulo de la norma).

---

[23] RODRÍGUEZ CARDO, I.A.: "El nuevo complemento por maternidad en las pensiones contributivas del sistema de la Seguridad Social: puntos críticos", *Trabajo y Derecho*, núm. 16, 2016.

[24] BALLESTER PASTOR, I.: "El complemento de pensión por jubilación para mujeres con más de dos hijos –por su aportación demográfica a la Seguridad Social– no se abona a perceptoras de pensión de jubilación anticipada por voluntad propia", *Revista de Jurisprudencia Laboral*, núm. 5, 2021, p. 8.

CAPÍTULO XV.
PLATAFORMAS DIGITALES Y TRABAJO DECENTE: UN PROYECTO DE FUTURO EN LA UNIÓN EUROPEA

María Dolores Ortiz Vidal
Profesora Contratada Doctora de Derecho Internacional y Relaciones Internacionales
Universidad de Murcia

En la actualidad, la emergencia de las plataformas digitales de trabajo ha traído como consecuencia la creación de nuevas oportunidades de empleo. Prueba de ello es que, según se desprende de un estudio firmado por *Digital Future Society*, España tiene la tasa más alta de trabajadores en plataformas digitales de toda Europa. En concreto, el 2,6% de la población activa de nuestro país trabaja en este tipo de plataformas. Si se suman quienes lo hacen de manera esporádica, la cifra alcanza el 18%[1].

Ahora bien, con frecuencia, los trabajadores que desempeñan su empleo bajo la atenta mirada de las plataformas digitales se encuentran en situación de precariedad laboral. Incertidumbre, inseguridad, inestabilidad y ausencia de garantías de sus derechos laborales son constantes en esta modalidad de trabajo, que no permite la existencia de una posibilidad real de emancipación, ni de desarrollo personal y profesional de los trabajadores, tal y como se verá más adelante[2].

Esta realidad se encuentra muy alejada del llamamiento universal que la Organización de Naciones Unidas ha hecho a la acción para poner fin a la pobreza, proteger el planeta y mejorar las vidas y las perspectivas de las personas en todo el mundo, a través del cumplimiento de los 17 Objetivos de Desarrollo Sostenible[3].

En concreto, el Secretario General de Naciones Unidas ha pedido a todos los sectores de la sociedad que se movilicen –no sólo a nivel local, sino también a nivel mundial– para que, en el año 2030, los países y sus sociedades hayan generado un *levantamiento* imparable que impulse las transformaciones necesarias y traiga como consecuencia la existencia de un nuevo camino en el que la vida de todos sea mejor, sin dejar a nadie atrás.

---

[1] https://digitalfuturesociety.com/es/report/el-trabajo-en-plataformas-digitales-en-espana-que-sabemos/

[2] "Las plataformas digitales y el futuro del trabajo. Cómo fomentar el trabajo decente en el mundo digital" (Organización Internacional del Trabajo, Ginebra 2019): https://www.ilo.org/wcmsp5/groups/public/---dgreports/---dcomm/---publ/documents/publication/wcms_684183.pdf

[3] https://www.un.org/sustainabledevelopment/es/

Desde este postulado, el Objetivo de Desarrollo Sostenible número 8, que lleva por título "Promover el crecimiento económico inclusivo y sostenible, el empleo y el trabajo decente para todos", es la meta por cumplir en el marco que aquí se ha descrito. Para ello, recientemente, la Unión Europea ha puesto en marcha una consulta pública sobre los derechos de los trabajadores en las plataformas digitales, en la que se ha invitado a los sindicatos y a las organizaciones empresariales para que alcancen un acuerdo que elimine las formas contemporáneas de esclavitud y garantice la adopción de una futura normativa orientada a la creación de puestos de trabajo decentes (art. 154.2 TFUE)[4].

Ahora bien, en el supuesto de que ambos colectivos no consigan alcanzar dicho acuerdo, la Comisión Europea elaborará una propuesta de iniciativa legislativa en este ámbito competencial que, en principio, verá la luz a finales del año 2021[5].

En mi opinión, el punto de partida podría situarse en adecuar la futura norma a las metas a alcanzar en el Objetivo de Desarrollo Sostenible número 8, que pueden concretarse en las siguientes: garantizar la protección de los derechos de los trabajadores y potenciar un entorno de trabajo seguro, sin riesgos para los empleados, atendiendo especialmente a aquellos que se encuentran en una situación laboral precaria.

En este contexto, el primer paso consistiría en determinar la naturaleza de la relación laboral que existe entre el trabajador y la empresa que opera a través de plataformas digitales. En España, hasta hace relativamente poco tiempo, los Tribunales sociales españoles proporcionaban respuestas muy distintas a la hora de determinar si la relación laboral que existe entre ambos es autónoma o asalariada, apreciándose notables divergencias entre los órdenes jurisdiccionales, e incluso dentro de ellos, entre los diferentes tribunales que resuelven los litigios planteados[6].

Ello trajo como consecuencia una situación insostenible: el mismo trabajador podía ser calificado como autónomo o asalariado, en función del órgano jurisdiccional que conociera del asunto, lo que podría resultar perjudicial para él porque únicamente en el supuesto de que se le *etiquetara* como asalariado, será la empresa la que asuma su cotización a la Seguridad Social y otras cuestiones, tales como el derecho a paro o las vacaciones pagadas.

---

4 *Consultation Document. First phase consultation of social partners under Article 154 TFEU on possible action addressing the challenges related to working conditions in platform work* (Brussels C (2021) 1127 final, 24 February 2021).

5 *Study to gather evidence on the working conditions of platform workers*, publicado en marzo de 2020 por la Comisión Europea, en el que analizó el nivel de precariedad de los trabajadores en las plataformas digitales y las acciones que, en el marco de la Unión, se podrían adoptar para convertirlo en un trabajo decente. Su contenido puede visualizarse en el siguiente enlace (consultado el día 5 de julio de 2021):

https://ec.europa.eu/social/main.jsp?catId=738&langId=es&pubId=8280

6 Valgan como ejemplo, entre otras muchas, la STSJ de Madrid núm. 195/2019, de 19 de septiembre de 2019, en la que se afirmó que el repartidor era un trabajador autónomo y las STSJ de Cataluña núm. 1034/2020, de 21 de febrero de 2020 y STSJ de Asturias núm. 1143/2019, de 25 de julio de 2019, en las que se declaró al repartidor como trabajador asalariado.

Ante esta situación, el Tribunal Supremo español se ha pronunciado en la Sentencia de 25 de septiembre de 2020[7], en unificación de doctrina y siguiendo la línea de pensamiento establecida por el Tribunal de Justicia de la Unión Europea[8], con el objetivo de impedir que las veintiuna Salas de lo Social de los diecisiete Tribunales Superiores de Justicia interpreten y apliquen la Ley de manera desigual.

Ambos Tribunales concluyen que la realidad fáctica debe prevalecer sobre el *nomen iuris* del contrato de trabajo. Por tanto, los tribunales competentes para conocer del asunto deberán valorar, atendiendo a criterios objetivos y a la luz de todas las circunstancias que concurran, si la verdadera naturaleza de la relación que existe entre la plataforma digital y el trabajador es autónoma o asalariada[9].

En el caso de que la relación laboral que exista entre ambos sea calificada como asalariada, la situación profesional en la que se encuentra el empleado es precaria. Ello encuentra justificación en que esta nueva modalidad laboral no se ajusta a la definición de "trabajo decente" que proporciona la Organización de Naciones Unidas, tal y como se verá a continuación.

La Organización de Naciones Unidas conceptúa el trabajo decente como aquél que permite que todas las personas tengan la oportunidad para realizar una actividad productiva que aporte un ingreso justo, seguridad en el lugar de trabajo y protección social para sus familias[10].

Sin embargo, el trabajo en las plataformas digitales suele caracterizarse por la obtención de una remuneración inferior al salario mínimo interprofesional y la inestabilidad económica, basada en la existencia de flujos impredecibles de ingresos. Ante esta situación, cabe reflexionar sobre cuánto dinero gana un trabajador digital.

El punto de partida se sitúa en el hecho objetivo de que un elevado número de plataformas digitales diferencian entre trabajo remunerado y no remunerado. La primera categoría incluye aquellas tareas por las que el trabajador recibe un pago. La segunda hace referencia al tiempo que el empleado dedica a buscar tareas, ganar calificaciones, dejar comentarios o comunicarse con los solicitantes/clientes. Desde esta perspectiva, resulta posible distinguir dos modelos de ingreso en concepto de salario: aquél que da cuenta, en exclusiva, de las horas dedicadas al trabajo remunerado y el que incluye el tiempo destinado a ambas categorías.

---

[7] STS (Sala de lo Social) núm. 805/2020, de 25 de septiembre de 2020. En ella, el Tribunal Supremo hace hincapié en que la dependencia en la realización del trabajo y la ajenidad en los resultados son conceptos abstractos, que requieren su adecuación a la realidad social del tiempo en el que se aplican las normas.

[8] ATJUE de 22 de abril de 2020, *B c. Yodel Delivery Network Ltd*, as. C-692/2019.

[9] En este sentido, puede verse: http://www.millenniumdipr.com/n-447-nota-legal-la-relacion-laboral-entre-los-repartidores-y-las-plataformas-digitales-a-la-luz-de-los

[10] "Trabajo decente y crecimiento económico: por qué es importante" (consultado el día 13 de julio de 2021):

https://www.un.org/sustainabledevelopment/es/wp-content/uploads/sites/3/2016/10/8_Spanish_Why_it_Matters.pdf

El informe emitido por la Organización Internacional del Trabajo, en el que se presentan los resultados de una encuesta realizada por ésta, en 2017, sobre las condiciones laborales de 3.500 trabajadores que residen en 75 países de todo el mundo y trabajan en cinco plataformas anglófonas dedicadas a la asignación de microtareas, pone de relieve que un trabajador digital gana 4,43 $/hora en concepto de trabajo remunerado y 3,31 $/hora si se toman en consideración las dos categorías. En esa fecha, el salario mínimo federal era de 7,25 $/hora. Por tanto, en ambos casos, la remuneración que percibe el trabajador digital es inferior al salario mínimo, lo que es característico de la precariedad laboral, en los términos descritos con anterioridad.

Esta situación se agrava en los países que se encuentran en vías de desarrollo, a cuyos trabajadores digitales, con frecuencia, se les paga a través de vales regalo y no mediante dinero en efectivo[11].

Además, la oferta de trabajo en las plataformas digitales no es regular porque depende, directamente, de las fluctuaciones del mercado de la demanda y de las decisiones unilaterales de la plataforma[12]. La totalidad del trabajo queda supeditada a las circunstancias y exigencias del mercado y de la demanda existente en ese momento. Este hecho, acompañado del bajo nivel de ingresos que percibe el trabajador, genera incertidumbre por la falta de continuidad en la prestación del servicio, lo que también es signo de precariedad laboral.

A ello hay que añadir que, aun cuando el trabajo en las plataformas digitales se configura como un empleo esencialmente flexible en materia de tiempo de trabajo, la realidad es distinta[13]: de una parte, los trabajadores pueden acceder a fórmulas de trabajo que se ajustan perfectamente a sus necesidades personales y familiares. En efecto, los trabajadores son *formalmente* libres para determinar su tiempo de trabajo y, en consecuencia, fijar cuándo y cuánto trabajan.

De otra parte, estos mismos empleados se encuentran fuertemente condicionados a la hora de tomar sus decisiones. Ello se debe a que el sistema de gestión y organización algorítmico utilizado por las plataformas digitales asigna más tareas o de mejor valor a las personas que están conectadas más horas y/o en las horas de más demanda, lo que con frecuencia induce a los trabajadores a realizar largas jornadas laborales, en horarios antisociales, para mantener su posición en la plataforma.

Desde este postulado, el principal reclamo del trabajo en las plataformas digitales, que podría concretarse en la flexibilidad en materia de tiempo de trabajo *versus* la existencia de horarios no convencionales podría afectar a la seguridad y a la salud de los trabajadores. El hecho de que no se regule el límite temporal de la prestación

---

11 *Vid.* "Las plataformas digitales y el futuro del trabajo. Cómo fomentar el trabajo decente en el mundo digital" (Organización Internacional del Trabajo, Ginebra 2019):

https://www.ilo.org/wcmsp5/groups/public/---dgreports/---dcomm/---publ/documents/publication/wcms_684183.pdf

12 SÁENZ DE BURUAGA AZCARGORTA, M., "Implicaciones de la "gig-economy" en las relaciones laborales: el caso de la plataforma UBER", *Estudios de Deusto*, vol. 67/1, 2019, pp. 385-414, esp. p. 391.

13 GINÈS I FABRELLAS, A., "El tiempo de trabajo en plataformas: ausencia de jornada mínima, gamificación e inseguridad algorítmica", *Labos*, vol. 2, núm. 1, 2021, pp. 19-42, esp. pp. 29-31.

del servicio puede ocasionar riesgo de agotamiento y repercusiones negativas en el bienestar psicofísico del trabajador digital[14].

Ante esta realidad y de conformidad con lo establecido en el presente trabajo, resultaría conveniente que la Comisión Europea, a la hora de crear la futura norma de Derecho de la Unión Europea aplicable al ámbito del trabajo en las plataformas digitales, tomara en consideración las siguientes propuestas, con la finalidad de crear puestos de trabajo decentes, de acuerdo con lo previsto en el Objetivo de Desarrollo Sostenible número 8[15].

En primer lugar, los trabajadores digitales no deberían clasificarse, de manera automática, como contratista independiente o como empleado. Ello encuentra justificación en la existencia de una marcada heterogeneidad que rodea el mundo de la *on-demand economy* y, dentro de ésta, del subsector de la economía de las plataformas digitales[16]. En consecuencia, podría resultar útil la creación de un sistema que permita auditar qué tipo de relación laboral existe, en la práctica, entre ambos operadores, con independencia de la denominación que reciba el contrato de trabajo[17].

En este contexto, el trabajador digital debe ver garantizado su derecho a la libertad de asociación y de negociación colectiva. Para ello, la futura norma de Derecho de la Unión Europea podría articular un mecanismo que permitiera al trabajador exponer sus necesidades específicas, con la finalidad de que éstas puedan ser escuchadas y, si procede, atendidas por los operadores de las plataformas digitales.

Además, la futura norma de Derecho de la Unión Europea aplicable en este ámbito debería recoger medidas eficaces dirigidas a evitar el abuso en materia de remuneración y de tiempo de trabajo. En este sentido, el trabajador digital debería poder percibir, en concepto de salario, la cantidad mínima vigente que corresponda al país de su residencia. A ello hay que añadir que la *flexibilidad* horaria de la que *presumen* las plataformas digitales debería quedar limitada, atendiendo a la duración total del contrato de trabajo.

En segundo lugar, resultaría oportuno que las propuestas indicadas con anterioridad se completaran con políticas que mejoraran la protección social de los trabajadores digitales, independientemente del tipo de contrato de trabajo y atendiendo a su especial

---

[14] En este sentido, en el ordenamiento jurídico español, la ausencia de jornada mínima laboral es contraria a lo establecido en los artículos 34 y 35 del Estatuto de los Trabajadores.

[15] En el marco de la Unión Europea, existe la Directiva (UE) 2019/1152, del Parlamento Europeo y del Consejo, de 20 de junio de 2019, relativa a unas condiciones laborales transparentes y previsibles en la Unión Europea (DOUE L 186/105, de 11 de julio de 2019).

Ahora bien, esta norma excluye de su ámbito de aplicación a los trabajadores por cuenta propia (Cons. 8 y art. 1 Dir. 2019/1152).

[16] CAVAS MARTÍNEZ, F., "Breves apuntes para una regulación multinivel del trabajo en plataformas digitales", *Revista de Derecho Social*, núm. 87, 2019, pp. 65-89, esp. p. 69.

[17] En España, recientemente, ha sido aprobado Real Decreto-ley 9/2021, de 11 de mayo, por el que se modifica el texto refundido de la Ley del Estatuto de los Trabajadores, aprobado por el Real Decreto Legislativo 2/2015, de 23 de octubre, para garantizar los derechos laborales de las personas dedicadas al reparto en el ámbito de plataformas digitales (*BOE* núm. 113, de 12 de mayo de 2021).

Ahora bien, su ámbito de aplicación se circunscribe a las plataformas digitales que se dedican, en exclusiva, a la realización de tareas de reparto, tal y como se desprende del título de la norma.

situación. Para ello, se propone adaptar los mecanismos existentes en el ordenamiento jurídico de cada país, aplicables en el marco de la legislación laboral y en materia de Seguridad Social.

En conclusión, los mercados laborales han experimentado profundas modificaciones, promovidas por la digitalización, que han traído como consecuencia la creación de nuevas formas de empleo, que pueden divergir significativamente de las relaciones laborales tradicionales. Ello que genera incertidumbre respecto de los derechos y la protección social aplicable a los trabajadores afectados.

Por este motivo, los requisitos mínimos sobre los aspectos esenciales de la relación laboral y de las condiciones de trabajo debe establecerse a escala de la Unión Europea, en los términos descritos con anterioridad. Todo trabajador, con independencia del tipo y de la duración de la relación laboral, debe poder desempeñar su puesto en condiciones que respeten su salud, seguridad y dignidad, con limitación de la duración máxima de la jornada trabajo y derecho a la protección social (art. 31 CDFUE). Es el primer paso para erradicar la precariedad laboral.

CAPÍTULO XVI.
INCENTIVOS FISCALES A LA I+D+I

Mª del Mar de la Peña Amorós
Profesora Titular de Universidad de Derecho Financiero y Tributario. Universidad de Murcia

1. CONSIDERACIONES GENERALES

La Agenda 2030 para el Desarrollo Sostenible, es un plan de acción en favor de las personas, el planeta y la prosperidad, con el que culminan los debates y esfuerzos desarrollados por las Naciones Unidas en pro del desarrollo humano y sostenible. Esta resolución, a la que se suma España, obliga a los países a aprobar medidas y políticas cuyo fin primordial sea el cumplimiento de los objetivos de desarrollo en ella previstos.

Nuestro país ha aprobado un Plan de Acción que pretende impulsar nuevas políticas, medidas, gobernanza y métodos de trabajo y cuyo principal resultado es la adopción de una Estrategia de Desarrollo Sostenible. Este Plan asigna responsabilidades por cada uno de los objetivos y describe de forma amplia políticas y normativas orientadas al avance en cada ODS identificando áreas prioritarias de actuación en las que desarrollar lo que se denominan políticas "palanca".

Estas políticas palanca no son más que programas o políticas con capacidad de acelerar la implementación de los ODS, impulsar un desarrollo sostenible coherente y alcanzar un impacto más rápido y sostenido sobre aspectos clave para el progreso en el conjunto de la Agenda 2030. Así entre las áreas en las que es preciso formular políticas palanca encontramos la I+D+i.

La importancia de la investigación para lograr el desarrollo de los distintos objetivos de desarrollo sostenible se ha puesto de manifiesto de una manera muy evidente en la situación de pandemia que estamos viviendo desde marzo de 2020.

2. CONCEPTO Y USO DE LOS INCENTIVOS FISCALES

Las normas fiscales que estructuran el sistema de imposición sobre los beneficios empresariales sufren la tensión entre dos objetivos que en principio parecen contrapuestos: conseguir un nivel adecuado de presión fiscal y estimular o no obstaculizar el crecimiento de la inversión[1]. En torno a este dilema señala PASTOR DEL PINO[2] que el mismo es reflejo de la fricción existente entre las funciones de acumulación y legitimación, características del papel que desempeña la Hacienda funcional, y que se manifiestan especialmente con relación al sistema tributario y la tradicional doctrina del incentivo fiscal. De esta forma la aplicación del sistema no debe ser obstáculo para el proceso de conservación del beneficio y acumulación del capital, ni para la aplicación de los principios legitimadores que ordenan un reparto justo de la carga tributaria[3].

No existe un concepto legal de incentivo ni de beneficio fiscal, aunque la doctrina si lo ha definido, y así señala SOLER ROCH[4] que el incentivo es un modo de actuar o aplicación finalista de los beneficios fiscales. Se considera pues el estímulo que en relación con una determinada conducta puede provocar el reconocimiento de un beneficio fiscal. Por tanto, su aspecto característico se ha de buscar en la adecuación entre el supuesto de hecho que sirve de base a su establecimiento y el efecto jurídico que la norma contempla con su realización, o lo que es lo mismo el reconocimiento del beneficio. Destaca PASTOR DEL PINO[5] que podría considerarse una medida de política económica, cuya evolución dependerá de las circunstancias estructurales o coyunturales del ámbito de actuación de dicha política; es pues el efecto que en el terreno de la actividad económica o social se pretende conseguir mediante el recurso a los beneficios fiscales. En el ámbito del derecho financiero el beneficio fiscal se concibe como un mecanismo jurídico-tributario relacionado con la exoneración o reducción de la prestación tributaria, lo que supone que todos los problemas que puedan surgir en torno a los beneficios fiscales han de ser analizados y resueltos a la luz de la normativa que legitima y regula el tributo. Sin embargo con una concepción más amplia sostiene GONZÁLEZ SÁNCHEZ[6] que los beneficios fiscales son configurados legalmente como gastos públicos que responden a distintos fines, y que son susceptibles de encajar en varias clases de gastos públicos elaborados por la doctrina y previstos jurídicamente. Tomando esta postura como base el beneficio fiscal mantiene una íntima conexión tanto con los ingresos como con los gastos públicos, con los primeros porque los disminuye, respecto a los gastos por cuanto se deja de recaudar a favor de quien disfruta del beneficio lo que equivale a un gasto sin pago.

PASTOR DEL PINO[7] entiende que la figura genérica del beneficio fiscal responde en su configuración a un elemento técnico de efecto básicamente desgravatorio arti-

---

1 GONZÁLEZ POVEDA, V. "Situación actual de los incentivos a la inversión en el Impuesto sobre Sociedades". *Revista de Derecho Financiero y Hacienda Pública,* núm. 166, 1987, p. 921.

2 PASTOR DEL PINO, Mª C. *El incentivo fiscal a la inversión en actividades empresariales de innovación en el Impuesto sobre Sociedades.* La Ley, Madrid, 2009, p. 125.

3 SOLER ROCH, Mª T. *Incentivos a la inversión y la justicia tributaria.* Civitas, Madrid, 1983, p. 145.

4 SOLER ROCH, Mª T. *Incentivos a la inversión.. Op. Cit.,* pp. 49 y 50.

5 PASTOR DEL PINO, Mª C. *El incentivo fiscal a la inversión en actividades empresariales de innovación… Op.cit,* p. 129.

6 GONZÁLEZ SÁNCHEZ, M. "Los beneficios fiscales y su configuración jurídica de gastos públicos". *Presupuesto y Gasto público,* núm. 5, 1980, p. 67.

7 PASTOR DEL PINO, Mª C. *El incentivo fiscal a la inversión en actividades empresariales de innovación… Op.cit,* p. 134.

culado en el tributo para la consecución de un objetivo de política económica o social. Así las cuestiones relacionadas con el establecimiento de beneficios fiscales en los tributos tales como su legitimación, la forma jurídica más idónea que deben adoptar, o las relativas a aspectos problemáticos en su aplicación o interpretación solo puede realizarse de acuerdo con las normas tributarias, a la luz de los principios constitucionales. Sin embargo, si lo que se trata es de justificar plenamente su presencia en nuestro ordenamiento, serán necesarios además los principios jurídicos específicos del gasto público en cuanto a los límites y el control de legitimidad de los beneficios.

Centrándonos en último término en los incentivos fiscales a la inversión, que son los que se recogen en las normas que fomentan la inversión en I+D+i, debemos afirmar que en ellos aparecen tres aspectos importantes[8]:

a) El supuesto de hecho a cuya realización se condiciona el disfrute del beneficio fiscal y que viene definido en virtud de una conducta del sujeto pasivo. Esta conducta consistirá en la utilización de la renta obtenida en un determinado sentido que ha de incidir, directa o indirectamente, en una actividad inversora.

b) El efecto o consecuencia jurídica del incentivo, es decir, del beneficio fiscal, que no presenta rasgos específicos, pudiendo adoptar en consecuencia el mecanismo de efecto desgravatorio de cualquiera de las modalidades de reducción de los elementos de cuantificación de la prestación tributaria reconocidos por la normativa tributaria.

c) La adecuación entre el supuesto de hecho y el efecto jurídico, produciéndose en este caso un nexo entre el mecanismo jurídico de la desgravación y el impuesto, por cuanto el disfrute del beneficio no solo se conecta a la realización del supuesto de hecho, es decir, con la inversión, sino que además la base sobre la que se manifiesta la reducción, viene representada por el aspecto cuantitativo de aquella conducta, es decir, por la cuantía de la renta invertida.

3. INCENTIVOS FISCALES A LA I+D +I

3.1. Consideraciones generales

La realización de actividades de I+D+i requieren generalmente de personal cualificado, uso de equipos especializados, así como de ciertas dependencias en las que llevar a cabo la investigación, lo que conlleva una fuerte inversión y un coste significativo por parte de las empresas. De esta forma con el objetivo puesto en promover y contribuir a que la I+D+i sea vista por las empresas como una actividad atractiva y ventajosa es por lo que se establecen ciertas medidas fiscales de incentivo.

---

[8] PASTOR DEL PINO, Mª C. *El incentivo fiscal a la inversión en actividades empresariales de innovación*... *Op.cit*, p. 139.

Las formas que puede adoptar un incentivo fiscal a la I+D+i son diferentes y obedecen principalmente a cuestiones de política fiscal de cada uno de los Estados. Con carácter general podemos distinguir entre incentivos fiscales directos o indirectos, así las deducciones en la cuota en función de las inversiones realizadas o gastos incurridos serían incentivos directos mientras que la libertad de amortización se considerará un incentivo indirecto.

3.2. La deducción por I+D+i en el Impuesto sobre Sociedades

El artículo 35 de la Ley 27/2014, de 27 de noviembre del Impuesto sobre Sociedades recoge la deducción por actividades de investigación, desarrollo e innovación tecnológica, en virtud de la cual, los contribuyentes del IS tienen derecho a deducir de la cuota líquida del impuesto por los gastos realizados en el ejercicio tanto en actividades de investigación y desarrollo (I+ D) de nuevos productos o procedimientos industriales como en actividades de innovación tecnológica (IT): por gastos en intangibles; por gastos del activo fijo aplicado a la actividad de I+D o IT (amortizaciones); por inversiones realizadas en elementos del inmovilizado material o intangible, excepto los inmuebles y terrenos, siempre que estén afectos exclusivamente a las actividades de I+D.

3.2.1. ¿Qué se considera actividad de investigación y desarrollo, y qué actividad de innovación tecnológica a efectos de la deducción?

A efectos de la deducción[9], la investigación es la indagación original y planificada que persigue adquirir nuevos conocimientos y una superior comprensión en el ámbito científico o tecnológico, mientras que el desarrollo es la aplicación de los resultados de la investigación o de cualquier otro tipo de conocimiento científico para la fabricación de nuevos materiales o productos o para el diseño de nuevos procesos o sistemas de producción, así como para la mejora tecnológica sustancial de materiales, productos, procesos o sistemas preexistentes.

Junto a este concepto genérico el legislador establece de forma expresa determinadas actividades que se consideran de investigación y desarrollo a efectos de la deducción y que son las siguientes: la materialización de los resultados de la investigación en un plano, esquema o diseño; Creación de un primer prototipo no comercializable; Proyectos de demostración inicial o proyectos pilotos, siempre que los mismos no puedan convertirse o utilizarse para aplicaciones industriales o para su explotación comercial; Diseño y elaboración del muestrario para el lanzamiento de los nuevos productos. Como lanzamiento se entiende la introducción de los mismos en el merca-

[9] El Manual Frascati de la OCDE distingue entre investigación básica y aplicada. Así mientras la investigación básica consiste en trabajos experimentales o teóricos que se emprenden fundamentalmente para obtener nuevos conocimientos acerca de los fundamentos de fenómenos y hechos observables, sin pensar en darles ninguna aplicación o utilización determinada, la investigación aplicada consiste también en trabajos originales realizados para adquirir nuevos conocimientos, pero está dirigida fundamentalmente hacia un objetivo práctico específico.

do; como nuevo producto, aquel cuya novedad sea esencial y no meramente formal o accidental; La creación, combinación y configuración de software avanzado, mediante nuevos teoremas y algoritmos o sistemas operativos, lenguajes, interfaces y aplicaciones destinados a la elaboración de productos, procesos o servicios nuevos o mejorados sustancialmente. Se asimila a este concepto el software destinado a facilitar el acceso a los servicios de la sociedad de la información a las personas con discapacidad, cuando se realice sin fin de lucro.

Asimismo, se delimitan negativamente afirmándose que no se consideran I+D aquellas actividades habituales o rutinarias que están relacionadas con el mantenimiento del software o sus actualizaciones menores.

En cuanto a la innovación tecnológica es la actividad cuyo resultado supone un avance tecnológico en la obtención de nuevos productos o procesos de producción[10], o mejoras sustanciales, tecnológicamente significativas, de productos o procesos de producción ya existentes. Al igual que en el caso anterior la LIS aclara que se consideran como actividades de IT y, por tanto, merecedoras de la deducción, las siguientes: La materialización de los resultados de la innovación en un plano, esquema o diseño; Creación de un primer prototipo no comercializable; Proyectos de demostración inicial o proyectos pilotos siempre que los mismos no puedan convertirse o utilizarse para aplicaciones industriales o para su explotación comercial, incluidos los relacionados con la animación y los videojuegos; La elaboración de muestrarios textiles, los de la industria del calzado, del curtido, de la marroquinería, del juguete, del mueble y de la madera. Se incluyen en el concepto de IT aun cuando no se realicen en el marco de una actividad de innovación tecnológica.

La diferencia básica entre nuevo producto y proceso resultante de una actividad de I+D o de una actividad de IT radica en que, en la primera, dicho producto o proceso aparece por primera vez en el mundo de la ciencia y de la técnica, sin embargo, tal invención no se aprecia en la actividad de IT, ya que en esta el producto o proceso existía con anterioridad, pero con unas características y aplicaciones diferentes.

Finalmente, en cuanto a la delimitación de los conceptos el apartado 3 del propio artículo 35 LIS establece que no se considerarán actividades de investigación y desarrollo ni de innovación tecnológica: Las que no impliquen una novedad científica o tecnológica significativa[11]; Las actividades de producción industrial y provisión de servicios o de distribución de bienes y servicios[12]; La exploración, sondeo o prospección de minerales e hidrocarburos.

---

[10] Son nuevos productos y procesos aquellos cuyas características o aplicaciones, desde el punto de vista tecnológico, difieran sustancialmente de las existentes con anterioridad.

[11] En particular, los esfuerzos rutinarios para mejorar la calidad de productos o procesos, la adaptación de un producto o proceso de producción ya existente a los requisitos específicos impuestos por un cliente, los cambios periódicos o de temporada, excepto los muestrarios textiles y de la industria del calzado, del curtido, de la marroquinería, del juguete, del mueble y de la madera, así como las modificaciones estéticas o menores de productos ya existentes para diferenciarlos de otros similares.

[12] En particular, la planificación de la actividad productiva: la preparación y el inicio de la producción, incluyendo el reglaje de herramientas y aquellas otras actividades distintas de las descritas en la letra b)

3.2.2. Base de la deducción

La base de la deducción tanto si se trata de actividades de I+D como si estamos en actividades de IT es el importe de los gastos efectuados por estos conceptos en el período impositivo y, en su caso, por las inversiones en elementos de inmovilizado cuando se trata de actividades de I+D.

Con carácter general la LIS establece dos requisitos en relación con los gastos: tienen que estar directamente relacionados con la actividad de I+D o de IT, y además se tienen que aplicar efectivamente a la realización de la actividad[13], constando específicamente individualizados por proyectos[14]. No obstante, en particular, en la IT solo son gastos susceptibles de acogerse a la deducción los relativos a los siguientes conceptos: diagnóstico tecnológico tendente a la identificación, definición y orientación de soluciones tecnológicas avanzadas, cualquiera que sea el resultado de estas actividades; diseño industrial e ingeniería de procesos de producción, adquisición de tecnología avanzada en forma de patentes, licencias, «know-how» y diseños[15]; obtención del certificado de cumplimiento de las normas de aseguramiento de la calidad de la serie ISO 9000, GMP o similares, sin que formen parte de la base de la deducción los gastos por la implantación de dichas normas.

Adicionalmente también es posible la práctica de la deducción por las inversiones realizadas en elementos del inmovilizado material o intangible, excluidos los inmuebles y terrenos, siempre que estén afectos exclusivamente a las actividades de investigación y desarrollo. En estos casos la base de la deducción está constituida por el importe de la inversión realizada, minorándose la misma en el importe de las subvenciones recibidas que hayan sido imputadas como ingreso en el período impositivo.

---

del apartado anterior; la incorporación o modificación de instalaciones, máquinas, equipos y sistemas para la producción que no estén afectados a actividades calificadas como de investigación y desarrollo o de innovación; la solución de problemas técnicos de procesos productivos interrumpidos; el control de calidad y la normalización de productos y procesos; la prospección en materia de ciencias sociales y los estudios de mercado; el establecimiento de redes o instalaciones para la comercialización; el adiestramiento y la formación del personal relacionada con dichas actividades.

13 Así se excluyen los gastos indirectos que contablemente se deriven de estas actividades. En cuanto a los gastos directos relacionados con la actividad de I+D son: costes del personal afecto directamente a las actividades de I+D, como son los investigadores, técnicos y personal asimilado y otro personal de apoyo; costes de materias primas, materias consumibles y servicios utilizados directamente en el proyecto de I+D; amortización del inmovilizado afecto directamente al proyecto de I+D. Por el contrario, no forman parte de la base de deducción la parte de costes indirectos que razonablemente afecten a las actividades de I+D, aun cuando respondan a una imputación racional de los mismos, ni los costes de subactividad, los de estructura general de la empresa y los financieros.

14 Es necesario de esta forma identificar, dentro de los gastos de la empresa, aquellos que son imputables directamente a la actividad de I+D o de IT. Si se desarrollan varios proyectos simultáneamente además habrá que individualizar dichos gastos por cada uno de los proyectos.

15 La deducción por estos conceptos está sujeta a las siguientes condiciones: la adquisición no debe realizarse a una persona o entidad vinculada con el contribuyente; la base de la deducción por este concepto no puede superar la cuantía de 1.000.000 euros.

3.2.3. *Porcentaje de deducción*

El importe de la deducción es diferente según estemos ante actividades de I+D, o ante actividades de Innovación Tecnológica, debiéndose aplicar en su caso los coeficientes reductores que correspondan.

Centrándonos en primer termino en las actividades de I+D, el importe de la deducción es diferente según se trate de gastos o de inversiones en elementos del inmovilizado. En el primer caso, es decir en los gastos, el importe de la deducción está relacionado con los gastos en estas mismas actividades realizados en ejercicios anteriores, y así con carácter general, la deducción asciende al 25% de los gastos efectuados en el período impositivo por este concepto. Ahora bien, cuando los gastos del período sean superiores a la media de los efectuados en los dos años anteriores, se aplica el 25% sobre la media y el 42% sobre los gastos del período que excedan de esa media. Con independencia de estos porcentajes de deducción, puede practicarse otra deducción adicional del 17% sobre los gastos del período impositivo que correspondan a gastos de personal de la entidad correspondientes a investigadores cualificados adscritos en exclusiva a actividades de I+D.

Por lo que respecta a las inversiones en elementos del inmovilizado, la deducción es del 8% del importe de la inversión realizada en elementos del inmovilizado material o intangible (excluidos inmuebles y terrenos) que sean puestos en condiciones de funcionamiento en el período impositivo.

En el caso de las actividades de innovación tecnológica. El porcentaje de deducción no está relacionado con los gastos de ejercicios anteriores por estas mismas actividades, siendo del 12% de los gastos efectuados en el período impositivo por este concepto.

3.2.4. *Límites a la deducción*

Para el conjunto de las deducciones por inversión se establece un coeficiente límite del 25% de la cuota íntegra ajustada positiva del período impositivo, incluida la de reinversión de beneficios extraordinarios y con excepción de la deducción de gastos por ejecución de producciones extranjeras. Sin embargo, este límite se eleva al 50% cuando se manifiesten conjuntamente las siguientes condiciones: que el contribuyente tenga gastos efectuados en el propio período impositivo correspondientes a actividades de investigación científica e innovación tecnológica, o, desde el 1 de enero de 2021, inversiones en producciones cinematográficas, series audiovisuales y espectáculos en vivo de artes escénicas y musicales; y que el importe de la deducción correspondiente exclusivamente a los gastos o inversiones de dichas actividades exceda del 10% de la cuota íntegra ajustada positiva o cuota líquida.

No obstante, en el caso de la deducción por I+D e IT, se puede optar por no aplicar el límite conjunto sobre la cuota íntegra ajustada positiva[16], lo que supondrá que la deducción pueda absorber la totalidad de la cuota, así como incluso solicitar el abono de la deducción pendiente si el importe de la misma excede de dicha cuota. Para poder aplicar esta opción la entidad ha de tributar al tipo de gravamen general o al tipo incrementado. La aplicación de la misma es voluntaria, pudiendo ejercitarse en el primer período impositivo inmediato siguiente al de generación de la deducción, siempre que la declaración correspondiente a dicho período sea posterior al año de la conclusión del período de generación de la deducción, sin perjuicio de que también pueda optarse por esta modalidad en cualquier otro período impositivo posterior por la deducción que estuviese pendiente de aplicar al inicio del mismo. Ahora bien, en caso de optar por la supresión del límite se exige practicar un descuento del 20% del importe de la deducción pendiente, por lo que supone renunciar a parte del importe de la deducción generada. Este descuento debería practicarse sobre la parte de la deducción que excede del límite sobre la cuota íntegra ajustada positiva y, por tanto, puede aplicarse y abonarse por esta nueva modalidad. El contribuyente puede ejercitar esta opción de la forma que considere más conveniente, tanto en cuanto al importe de la deducción acogida a este régimen, como al período impositivo en el que se ejercita la aplicación o el abono de la deducción.

La opción por esta modalidad se realiza a través de la declaración del IS una vez acabado el plazo de un año desde la finalización del período impositivo en el que se generó la deducción y la misma estuviese pendiente de aplicar, aunque no sea aplicable el límite sobre la cuota en esa última declaración. Si existe insuficiencia de cuota, se puede solicitar su abono en esa declaración.

---

[16] Para poder optar se tiene que cumplir los siguientes requisitos: a) Debe transcurrir, al menos, un año desde la finalización del período impositivo en que se generó la deducción, sin que la misma se haya aplicado; b) La plantilla media o, alternativamente, la plantilla media adscrita a actividades de I+D e IT no debe reducirse desde el final del período impositivo en que se generó la deducción hasta la finalización del plazo de 24 meses siguientes a la finalización del período impositivo en cuya declaración se realice la correspondiente aplicación o abono; c) Hay que destinar un importe equivalente a la deducción aplicada o abonada a gastos de I+D e IT o a inversiones en elementos del inmovilizado material o activo intangible exclusivamente afectos a dichas actividades, excluidos los inmuebles, en los 24 meses siguientes a la finalización del período impositivo en cuya declaración se realice la correspondiente aplicación o abono; d) Haber obtenido un informe motivado sobre la calificación de la actividad como I+D e IT o un acuerdo previo de valoración de los gastos e inversiones correspondientes a dichas actividades. En ausencia del informe motivado no puede optarse por esta modalidad y, en consecuencia, debe posponerse esta opción hasta tener dicho informe, por lo que podría entenderse que el límite sería hasta el momento de la presentación de la declaración en que se aplica/solicita esta modalidad de deducción.

CAPÍTULO XVII. EL ACCESO A LA JUSTICIA DE PERSONAS CON DISCAPACIDAD. PERSPECTIVA PROCESAL TRAS LA LEY 8/2021

Monica-Galdana Peréz Morales

1. ANTECEDENTES Y CONTEXTO NORMATIVO SUPRANACIONAL

El objetivo 16 de la Agenda 2030 de desarrollo sostenible se centra en promover sociedades justas, pacíficas e inclusivas. En su apartado tercero letra b) especifica la necesidad de garantizar la igualdad de acceso a la justicia para todos. En desarrollo de este objetivo, la ley 8/2021, de 2 de junio, reforma la legislación civil y procesal para apoyar a las personas con discapacidad en el ejercicio de su capacidad jurídica con el fin de respetar su voluntad y preferencias porque, como regla general, ellas serán las encargadas de tomar sus propias decisiones participando activamente de las mismas.

Hoy en día ya no se cuestiona si el sujeto tiene capacidad jurídica, porque sin duda la tiene, sino si, como consecuencia de la disminución de su capacidad cognitiva, requiere de apoyos y cuáles han de ser estos para ejercer sus derechos en igualdad de condiciones. Su autonomía, dignidad y libertad en el desarrollo de su propia personalidad son indiscutibles. La finalidad, pues, de las recientes reformas se circunscribe a traspasar el modelo médico que solo se centraba en las limitaciones del sujeto, para acceder a un modelo que prioriza el máximo respeto a la autonomía y autodeterminación de cualquier persona, con independencia de sus circunstancias.

Las fuentes principales sobre las que pivota la actual regulación procesal en la materia son la Convención Internacional sobre los Derechos de las Personas con Discapacidad hecha en la ONU en 2006 y las 100 Reglas de Brasilia elaboradas en la XVI Cumbre Iberoamericana en 2008 que pasamos a analizar someramente.

1.1. La Convención Internacional sobre los Derechos de las Personas con Discapacidad (ONU 2006)[1]

Según se establece en la CIDPD todas las personas tenemos capacidad jurídica en igualdad de condiciones en cualquiera de los aspectos de nuestra vida. Como conse-

[1] El texto completo puede consultarse en http://www.convenciondiscapacidad.es/

cuencia de esta disposición del convenio, los Estados firmantes quedaban obligados a adoptar las medidas necesarias para que las personas con discapacidad dispusieran de los apoyos que les permitiesen ejercer su plena capacidad jurídica, incluyendo ajustes en el procedimiento, con independencia de la posición que ocuparan en el proceso (demandante, demandado, testigo, acusador, víctima o acusado). Por otra parte, se imponía la necesidad de prestar formación específica a todos los agentes jurídicos que debían intervenir en los procesos en los que interactuarían con este grupo de personas, para que la integración fuera efectiva (arts. 12 y 13 CIDPD).

A pesar de que España publicó el 21 de abril de 2008[2] el instrumento de ratificación de la citada Convención, lo cierto es que su aplicación real no terminaba de consolidarse porque no existían mecanismos suficientes para controlar su cumplimiento. En esta línea, el Comité sobre los Derechos de las Personas con Discapacidad, constituido por expertos independientes que lo supervisan, en su informe de 2019[3] recomendó a España que acomodara la legislación para hacer efectiva la eliminación de todo tipo de barreras y garantizar ajustes de procedimiento. En concreto, el citado Comité subrayó la importancia de asegurar la selección del correcto medio de comunicación en la interacción entre los sujetos vulnerables y los agentes judiciales así como la prestación de apoyo específico a quienes se encuentran con alguna discapacidad intelectual o psicosocial y el desarrollo de campañas y programas de formación que sensibilizaran a todos los que intervienen en los procesos judiciales cualquiera que fuera su función dentro de los mismos.

Actualmente existe un listado de "principios y directrices internacionales sobre el acceso a la justicia para las personas con discapacidad" –que pretende convertirse en derecho positivo– presentado en Ginebra, en el mes de agosto de 2020[4] prologado por Michelle Bachelet (Alta Comisionada para los derechos humanos en Naciones Unidas). Estas orientaciones han sido ya refrendadas por la Comisión internacional de juristas, por la Alianza internacional de la discapacidad, y por el Programa de las Naciones Unidas para el desarrollo[5].

---

2 https://www.boe.es/boe/dias/2008/04/21/pdfs/A20648-20659.pdf

3 El Informe del Comité sobre los Derechos de las Personas con Discapacidad, constituido por expertos independientes que supervisan el cumplimiento de la Convención, en su informe de 2019 puede consultarse en https://www.ohchr.org/sp/hrbodies/crpd/pages/crpdindex.aspx

4 "Principios y directrices internacionales sobre el acceso a la justicia para las personas con discapacidad" disponible en https://www.un.org/development/desa/disabilities/wp-content/uploads/sites/15/2020/10/Access-to-Justice-SP.pdf

5 Véase la Introducción a "principios y directrices internacionales sobre el acceso a la justicia para las personas con discapacidad", op cit. Como paradigma de los textos de lectura fácil, se recomienda consultar el realizado para exponer las principales directrices elaboradas por este grupo de organizaciones en https://www.ohchr.org/Documents/Issues/Disability/SR_Disability/GoodPractices/Access-to-Justice-easy-sp.pdf

1.2. Las 100 Reglas de Brasilia de la XIV Cumbre Judicial Iberoamericana de 2008[6]

Referidas a las condiciones de acceso a la justicia de las personas que se encuentran en condiciones de vulnerabilidad, las 100 Reglas de Brasilia constituyen un conjunto de medidas establecidas para vencer los obstáculos tanto físicos como mentales de quienes se encuentran en situaciones de debilidad[7]. Estas normas de procedimiento, organización y gestión judicial son necesarias para facilitar el acceso a la justicia como parte del proceso y para fijar las condiciones de realización de un acto judicial, adaptadas a las circunstancias de cada persona concreta en situaciones determinadas. Están pensadas para el beneficio de menores, ancianos, personas con discapacidad motriz o del desarrollo intelectual, minorías de cualquier ámbito –como étnicas o sociales– y, en general, de cualquier sujeto que se encuentre en una situación de inferioridad frente a la colectividad.

A pesar de que no tienen carácter vinculante y de que, por tanto, constituyen derecho blando (*soft law*), cada día aumenta su relevancia. Ya son varias las redes iberoamericanas que las han aprobado como la Asociación Iberoamericana de Ministerios Públicos (AIMP), la Asociación Interamericana de Defensorías Públicas (AIDP), la Federación Iberoamericana de Ombudsman (FIO) y la Unión Iberoamericana de colegios y agrupaciones de Abogados (UIBA).

En el año 2018, las 100 Reglas de Brasilia fueron objeto de actualización[8] en la XXVI Cumbre Iberoamericana en la que se aprobó el Programa sobre los derechos de las personas con discapacidad[9], primera iniciativa en el mundo en la que un grupo de países afrontó conjuntamente los retos de estas personas[10]. Dado que la presentación

---

6 Apoyada e impulsada por la Unión Europea dentro del Programa Eurosocial I. La Cumbre Judicial Iberoamericana está integrada por 23 países de los cuales tres son europeos (España, Portugal y Andorra) y el resto americanos (Argentina, Bolivia, Brasil, Colombia, Costa Rica, Cuba, Chile, República Dominicana, Ecuador, El Salvador, Guatemala, Honduras, México, Nicaragua, Panamá, Paraguay, Perú, Puerto Rico, Uruguay y Venezuela). Pueden consultarse en https://www.acnur.org/fileadmin/Documentos/BDL/2009/7037.pdf

7 No se puede desconocer la existencia de barreras actitudinales, cognitivas, físicas, sistémicas y de comunicación que alejan a las personas referidas del pleno ejercicio de sus derechos. Respecto de las últimas, en el proceso debe evitarse que la información que se traslada esté en formas que incluyan un lenguaje técnico y complejo, sustituyendo la comunicación por pautas de lectura fácil.

8 La versión actualizada se puede consultar en http://www.cumbrejudicial.org/comision-de-seguimiento-de-las-reglas-de-brasilia/documentos-comision-de-seguimiento-de-las-reglas-de-brasilia/item/817-cien-reglas-de-brasilia-actualizadas-version-abril-2018-xix-cumbre-judicial-asamblea-plenaria-san-francisco-de-quito

9 Disponible en https://www.segib.org/programa/programa-iberoamericano-sobre-los-derechos-de-las-personas-con-discapacidad/

10 Tal y como se enuncia, "La Comisión, con el acompañamiento del Programa EUROsociAL+ de la Unión Europea, se propone llevar a cabo una estrategia de consolidación de las 100 Reglas de Brasilia (en su versión 2018) para impulsar su consideración como texto internacional vinculante para todos los Poderes Judiciales y la ciudadanía en general. A tal efecto, se propone que las Cien Reglas de Brasilia constituyan un documento de referencia y desarrollo en la aplicación del ODS 16 de la Agenda 2030", como puede leerse en la presentación a la edición consultada en https://eurosocial.eu/wp-content/uploads/2020/02/Reglasbrasilia_web.pdf

de la propuesta de Convenio se produjo el 11 de diciembre de 2020 en la XX edición de su Asamblea Plenaria sin que hubiera ninguna objeción en contra de su elaboración, confiamos en que esta será una realidad en un espacio de tiempo no demasiado prolongado[11].

Pues bien, centrándonos en lo que ahora nos interesa, el Capítulo III de las citadas Reglas se refiere en concreto a la celebración de actos judiciales y se divide en cuatro secciones. En ellas se desgranan diferentes cuestiones referidas al tipo de información procesal a administrar a las personas vulnerables, el cuándo y el cómo hacerlo; el modo en que garantizar la Compresión de las actuaciones judiciales tanto escritas (por medio de notificaciones y requerimientos acompañados de textos de lectura fácil) como orales (de manera que sean asimilables para el sujeto vulnerable); la manera de comparecer en las dependencias judiciales, las condiciones para hacerlo y la seguridad que debe dispensarse a los comparecientes, entre otras. Por último, se enuncian una serie de disposiciones relacionadas con la protección de su intimidad y datos personales, fijando el carácter reservado tanto de las actuaciones como de las imágenes que afectan a este colectivo.

De otro lado, se pone el foco en la necesaria formación del personal jurisdicente para hacer efectiva la tutela judicial en condiciones de igualdad. En este sentido, se ha señalado[12] que "la imparcialidad de los jueces en la resolución de los conflictos no puede confundirse con una neutralidad fría e insensible a la realidad social, ya que esa realidad actúa como un criterio hermenéutico en la aplicación de las leyes". Y es que la instrucción de los diferentes agentes judiciales que intervienen en los procesos redundará en una mejor adaptación a la realidad de lo dispuesto en las normas internacionales comentadas.

En resumen, el Estado español tiene el compromiso de adecuar su derecho positivo a los estándares fijados en el derecho internacional, y en concreto, a las disposiciones que acaban de ser enunciadas. Veamos cuál es el estado de la cuestión en nuestro país.

---

11 Según ha señalado Joaquín Delgado Martín "Con este decisivo paso (aprobar un convenio vinculante) se fortalecería su régimen de aplicación por los sistemas judiciales nacionales, lo que necesariamente va a contribuir a mejorar su aplicación efectiva por parte de todos los que desarrollan sus funciones en los distintos ámbitos del sistema de justicia. También ofrecería, frente a esfuerzos fraccionados de los últimos años, un marco global que permita mejorar las políticas públicas en esta materia, confirmando el compromiso de los países iberoamericanos con el avance en la igualdad del acceso a la justicia, superando los obstáculos que afectan a las personas vulnerables para la defensa de sus derechos ante los órganos jurisdiccionales. Además, permitiría orientar las actuaciones de los países hacia el cumplimiento de los Objetivos de Desarrollo Sostenible en el sistema judicial, demostrando la voluntad de contribuir de forma activa con la Agenda 2030". (https://confilegal.com/20210118-opinion-hay-que-impulsar-iniciativas-de-mejora-del-acceso-a-la-justicia-de-las-personas-vulnerables/) Es magistrado de la AP de Madrid y miembro de la Red de Especialistas en Derecho Europeo y de la Asociación Humanizando la Justicia. El documento puede consultarse en (https://eurosocial.eu/wp-content/uploads/2020/02/Herramientas_23.pdf).

12 Fernández Martínez, J.M. en Prólogo de la edición española de las 100 Reglas de Brasilia. Es vocal del CGPJ y presidente del Foro Justicia y Discapacidad (https://eurosocial.eu/biblioteca/doc/reglas-de-brasilia-sobre-acceso-a-la-justicia-de-las-personas-en-condicion-de-vulnerabilidad/).

2. DERECHO ESPAÑOL

Los arts. 14 y 24 de la Constitución Española consagran la igualdad de todos los ciudadanos ante la ley y el derecho a la tutela judicial efectiva sin que, en ningún caso pueda producirse indefensión. Ambos preceptos analizados conjuntamente obligan a los poderes públicos a hacer más accesible la justicia a aquellas personas que se encuentran en situación de discapacidad.

Por lo tanto, con el objetivo de adecuar nuestro derecho nacional a la normativa internacional referida, se han ido introduciendo sucesivas modificaciones en el ordenamiento jurídico. Entre las normas más relevantes aprobadas en nuestro país, merecen especial mención la ley 26/2011 de adaptación normativa tras la Convención Internacional de los derechos de las personas con discapacidad; el Real Decreto legislativo 1/2013 por el que se refunde la Ley General de derechos de las personas con discapacidad y de su inclusión social; la modificación del Código penal por LO 1/2015; la Ley de jurisdicción voluntaria 15/2015 adaptada por la Ley 4/2017 para permitir el matrimonio de personas con discapacidad; la LO 1/2017 que modifica la regulación del procedimiento ante el Tribunal del Jurado para garantizar la participación de las personas con discapacidad sin exclusiones y la LO 2/2018 modificadora de la ley de Régimen Electoral General para salvaguardar el derecho de sufragio a todas las personas, sin discriminación.

Asimismo, en respuesta a las recomendaciones del comité de expertos de Naciones Unidas antes señaladas, la ley 8/2021 ha establecido una serie de medidas en el ámbito del proceso relativas a la capacidad procesal (art. 7.1 LEC), a los necesarios ajustes de procedimiento (art. 7.1 bis LEC y 7.1 bis LJV), y a la figura del facilitador procesal. El objetivo global de esta ley es propiciar un sistema que se base en el respeto a la voluntad y a las preferencias de estas personas promoviendo su autonomía.

El propio Tribunal Supremo[13], antes incluso de la elaboración de la norma, ya venía adaptando la interpretación de la ley a las citadas recomendaciones y disposiciones manifestando así su sensibilidad al respecto, teniendo en cuenta que el art. 10.2 CE establece la vigencia en nuestro país de los convenios internacionales de los que España sea parte.

[13] En este sentido, la reciente STS 4050/2020, de 3 de dic señala que "a partir de la Convención de Nueva York prevalece la idea de ayuda o soporte, ampliándolos a todos los ámbitos de la vida, ayuda o soporte que debe materializarse a través de la institución jurídica de "protección" (o mejor de apoyo) sin que sea precisa una calificación médico-jurídica del "grado de discapacidad" (total, parcial) y con la sola constatación e identificación de área de decisión afectada y del complemento que necesita. La Convención, de obligado cumplimiento, nos ha de llevar a invertir los términos del proceso de decisión: no se trata tanto de graduar primero la capacidad y fijar después la medida de protección (mejor apoyo) sino de identificar primero aquellos ámbitos en los que se produce un déficit o necesidad de apoyo o soporte porque la persona no puede buscar la ayuda o apoyo por si misma en base a su incapacidad. Respetando la idiosincrasia de cada persona, no se aplican apoyos estandarizados, sino aquellos que el sujeto reclama o los que son imprescindibles para su estabilidad, como fundamento de su autogobierno".

Por motivos de extensión, nos centraremos solo en algunas de las modificaciones antedichas entre las que destaca la nueva redacción dada al art. 7.1 LEC al establecer que "podrán comparecer en juicio todas las personas", sustituyendo la anterior que señalaba que sólo podían hacerlo aquellas que estuvieran en el pleno ejercicio de sus derechos civiles.

En esta línea, se incorpora un nuevo precepto (art. 7.1 bis LEC) para positivizar los necesarios ajustes en los procedimientos teniendo en cuenta que dichas adaptaciones podrán ser solicitadas por cualquiera de las partes o por el Ministerio Fiscal que, además, tiene encomendado específicamente promover las medidas de apoyo que se precisen en los expedientes de jurisdicción voluntaria (art. 4 LJV) y en procedimientos contenciosos. De igual modo, el órgano judicial podrá acordarlas de oficio en todas las fases y actuaciones procesales en las que resulte necesario, especialmente en los actos de comunicación. En este sentido, para agilizar la comunicación eficaz, se llevarán a cabo cuantas adaptaciones sean precisas en función del caso concreto, asegurando la correcta interacción del sujeto con su entorno.

Como medidas específicas, el legislador establece el derecho a una comunicación eficaz de manera que puedan entender lo que se les dice, así como ser entendidas por quienes reciben sus declaraciones en cualquier actuación procesal, ante la policía o ante los órganos judiciales. Así, se impone la obligación de utilizar un lenguaje claro, sencillo y accesible que tenga en cuenta la idiosincrasia de la persona y sus necesidades presentes, tanto en la comunicación escrita como en la oral. Para ello, de una parte, se consagra la utilización de textos de lectura fácil y de otra, se prevé expresamente el nombramiento de un intérprete en lengua de signos y/o la utilización de cuantos medios humanos o técnicos se requieran en favor de las personas sordas, con discapacidad auditiva o sordociegas.

Además, el sujeto con discapacidad tiene derecho a estar acompañado desde el primer acto procesal de la persona a la que él elija que deberá ser objeto de las mismas atenciones en materia de comunicación.

Siendo todas estas previsiones de gran calado, la innovación más importante que se incorpora en nuestro derecho es, a nuestro juicio, la positivización de la figura del facilitador procesal que hoy en día ya se utiliza en casos en los que los medios personales y materiales lo permiten gracias, fundamentalmente, a las unidades de apoyo de asociaciones tuitivas de las personas con discapacidad. En aras de generalizar su utilización, el 19 de octubre de 2020 se elaboró un Convenio marco de colaboración entre el CGPJ y la Confederación Plena Inclusión España[14] cuyas principales medidas –eso sí, a coste cero– inciden en la necesaria formación del personal juzgador para adaptarse a la nueva situación.

---

14 https://www.poderjudicial.es/cgpj/es/Poder-Judicial/Consejo-General-del-Poder-Judicial/Actividad-del-CGPJ/Convenios/Convenios-vigentes/Convenio-marco-de-colaboracion-entre-el-Consejo-General-del-Poder-Judicial-y-la-Confederacion-Plena-Inclusion-Espana--2020-

3. EL FACILITADOR PROCESAL

La figura del facilitador a la que se refiere la letra c) del apartado segundo del art. 7 bis LEC no está aún desarrollada reglamentariamente[15]. Un facilitador es una persona que interactúa con el afectado por una discapacidad y el resto de sujetos que intervienen en el proceso para hacer asequible la información dentro del mismo. Su perfil debe incluir formación psicológica, sociológica y jurídica y ha de tener experiencia en el trabajo con personas con discapacidad. Su papel no se confunde con el de la parte, ni con su representante, ni habla en nombre de ninguno de ellos. Tampoco lo hace en el de los miembros del órgano judicial con el que colabora, ni en el de cualquiera de los sujetos que intervienen en calidad de cooperadores de la administración de justicia. De su actuación no puede colegirse ninguna suerte de dirección, influencia o mediación en las decisiones que adopta cualquiera de los sujetos con los que se relaciona ni en los resultados que se deriven de las mismas.

Entre las funciones de la persona facilitadora podemos destacar las siguientes:

1ª preparar al declarante sobre la importancia del hecho de la declaración y de sus consecuencias, así como de las de guardar silencio o faltar a la verdad;

2ª evaluar las capacidades del sujeto para el supuesto concreto en el que debe declarar en orden a que se otorgue mayor o menor credibilidad a su testimonio en función de la fiabilidad que se derive de su percepción de los hechos. Esta evaluación, que no debe confundirse con un diagnóstico médico, se materializará en un informe que incluirá la propuesta de los apoyos necesarios *ad hoc*. En el supuesto de que el sujeto intervenga como víctima de un presunto delito, también se determinará cuál es la capacidad del mismo para prestar consentimiento válido;

3ª Asegurar la puesta en práctica de los apoyos necesarios prestando toda la colaboración que sea precisa. En este sentido, solicitará que se adapten los mecanismos de comunicación para hacerla eficaz de manera bidireccional y comprobará que los medios existentes garantizan la comprensión de todo lo que sea objeto del proceso, de quiénes son las partes y qué función realizan en el mismo, en qué consisten y cuáles son los efectos de los actos procesales en los que participa, cuáles son sus derechos y cómo puede ejercerlos, entre otros;

4ª asistir al sistema de justicia con las orientaciones y apoyos que precisen el resto de operadores jurídicos y, en su caso, asistenciales, colaborando desde la declaración ante los agentes de la policía para la realización de prueba anticipada y/o preconstituida, o acondicionando las preguntas a la capacidad intelectual del declarante.

Esto son, en síntesis, algunos de los aspectos más novedosos de la ley 8/2021 que, sin duda, suponen una mejora en favor de las personas con discapacidad. No obstante,

---

[15] No obstante, ya existen experiencias en la participación de facilitadores en procesos con personas con discapacidad. Esta figura comenzó a ser utilizada por los tribunales de diferentes CCAA, gracias a los programas de apoyo a la discapacidad puestos en marcha en lugares como el País Vasco y Cataluña. Para más información sobre este profesional https://www.plenainclusion.org/sites/default/files/plena_inclusion._la_persona_facilitadora_en_procesos_judiciales.pdf

y a modo de conclusión, hemos de confesar que todavía nos queda un arduo camino por recorrer para que la accesibilidad a la justicia en condiciones de igualdad sea una realidad. Esperemos que se continúe la senda iniciada con la aprobación de nuevas normas que lo hagan posible.

CAPÍTULO XVIII.
SALUD, BIENESTAR (ODS 3) Y TRABAJO DECENTE (ODS 8): DESAFÍOS DESDE LA SEGURIDAD Y SALUD EN EL TRABAJO

Mª MONSERRATE RODRÍGUEZ EGÍO
Contratada Doctora de Derecho del Trabajo y de la Seguridad Social
Universidad de Murcia

1. INTRODUCCIÓN

El reciente informe de seguimiento de la OMS y de la OIT sobre enfermedades y lesiones provocadas en el lugar de trabajo concluye que casi dos millones de personas mueren cada año por causas relacionadas con el trabajo[1]. Estas cifras ponen de manifiesto que "se necesitan más medidas para garantizar lugares de trabajo más sanos, más seguros, más resilientes y más justos desde el punto de vista social, y que la promoción de la salud en el lugar de trabajo y los servicios de salud ocupacional desempeñan un papel fundamental"[2]. Este informe responde al seguimiento del estudio realizado en mayo de 2021 por la OMS y la OIT en el que se cuantificó la carga de cardiopatías y accidentes celebrovasculares a causa de la exposición a largas jornadas laborales. El estudio contempla 19 factores de riesgo ocupacional entre los que se encuentran la exposición a largas jornadas laborales, la exposición a ruido, a contaminantes del aire, a sustancias cancerígenas y riesgos ergonómicos. La mayoría de los fallecimientos por motivos laborales se debieron a enfermedades respiratorias y cardiovasculares y el principal factor de riesgo fue la exposición a largas jornadas de trabajo.

Por otro lado, en el contexto de la Cuarta Revolución Industrial (Industria.4.0), la introducción de tecnologías y herramientas informáticas en el ámbito laboral si bien pueden favorecer la reducción de algunos riesgos laborales también pueden generar o aumentar la exposición a otros riesgos, particularmente, de carácter ergónomico o psicosocial que exigen la revisión y adaptación del marco normativo vigente en materia de seguridad y salud en el trabajo.

Sin duda, el contexto anterior confirma que la prevención de riesgos sigue siendo uno de los campos que más deben preocupar a todos los países, agentes sociales y empresas y exigen la promoción y el fomento de una manera efectiva, de una cultura

---

1 OIT, *WHO/ILO Joint Estimates of the Work-related Burden of Disease and Injury, 2000–2016,2021* ,https://www.ilo.org/wcmsp5/groups/public/---ed_dialogue/---lab_admin/documents/publication/wcms_819788.pdf

2 OIT, Salud y Seguridad en el trabajo, https://www.ilo.org/global/about-the-ilo/newsroom/news/WCMS_819802/lang--es/index.htm

que contribuya a concebir la seguridad y salud en el trabajo como una necesidad y una inversión a largo plazo. Por todo ello, garantizar mayores niveles de seguridad y salud para todas las personas trabajadoras. ha de ser un objetivo prioritario en cumplimiento de los ODS 3 y 8 de la Agenda 2030 de Naciones Unidas para el Desarrollo Sostenible[3].

2. LA SEGURIDAD Y SALUD EN LOS OBJETIVOS DE DESARROLLO SOSTENIBLE

La protección de las personas trabajadoras en materia de seguridad y salud en el trabajo forma parte de dos de los Objetivos de Desarrollo Sostenible (ODS) incluidos en la Agenda 2030: el ODS 3, encaminado a "Garantizar una vida sana y promover el bienestar en todas las edades es esencial para el desarrollo sostenible."y el ODS 8 relativo al "Trabajo decente y crecimiento económico". El ODS 3 plantea entre sus metas la promoción de la salud mental y el bienestar además de la reducción del número de muertes y enfermedades producidas por productos químicos peligrosos y la contaminación del aire, el agua y el suelo. Por su parte, las condiciones de trabajo seguras y saludables constituyen un presupuesto necesario para la consecución de un trabajo decente (ODS 8). Para la OIT el trabajo decente se define como "la oportunidad de acceder a un empleo productivo que genere un ingreso justo, la seguridad en el lugar de trabajo y la protección social para las familias, mejores perspectivas de desarrollo personal e integración social, libertad para que los individuos expresen sus opiniones, se organicen y participen en las decisiones que afectan sus vidas, y la igualdad de oportunidades y trato para todos, mujeres y hombres"[4]. Como señaló la Directora del Departamento de Medio Ambiente, Cambio Climático y Salud de la OMS "Garantizar la salud y la seguridad de los trabajadores es una responsabilidad compartida del sector de la salud y del trabajo, al igual que no dejar a ningún trabajador atrás en este sentido. En el espíritu de los Objetivos de Desarrollo Sostenible de las Naciones Unidas, los sectores de la salud y el trabajo deben actuar juntos, mano a mano, para garantizar la eliminación de esta gran carga de morbilidad"[5]. La falta de protección adecuada de las personas trabajadoras y el desarrollo del trabajo en condiciones de trabajo inseguras son algunas de las características del empleo dentro de la economía informal a juicio de la OIT. En este sentido, los ODS abordan la informalidad dentro de sus objetivos de forma directa e indirecta. De forma directa, la informalidad se aborda en la meta 8.3 del ODS 8 que incluye entre sus objetivos tanto la creación de puestos de trabajo decentes como el fomento de la formalización y el crecimiento de las microempresas y las pequeñas y medianas empresas. De forma indirecta, la lucha contra la informalidad está presente en el ODS 1 centrado la lucha contra la probreza y en los ODS 5,10,17 [6] La OIT, en su Resolución sobre trabajo decente

[3] Asamblea General de la ONU, 25 de septiembre de 2015.

[4] http://www.oit.org/global/topics/decent-work/lang--es/index.htm

[5] https://www.ilo.org/global/about-the-ilo/newsroom/news/WCMS_819802/lang--es/index.htm

[6] 13. Economía informal (Plataforma de recursos de trabajo decente para el desarrollo sostenible) (ilo.org)

y economía informal adoptada por la 90ª Conferencia Internacional del Trabajo, celebrada en 2002, presta una especial atención a la economía informal, ofreciendo un visón integrada desde la perspectiva del trabajo decente[7]. Entre las Conclusiones de la Resolución 2002 OIT se incluye la definición del término 'economía informal' como el "conjunto de actividades económicas desarrollada por los trabajadores y las unidades económicas que, tanto en la legislación como en la práctica, están insuficientemente contempladas por sistemas formales o no lo están en absoluto"[8]. De acuerdo con esta Resolución, en ocasiones, el trabajo de la economía informal se caracteriza por lugares de trabajo pequeños o no definidos, condiciones de trabajo inseguras e insalubres, bajos niveles de competencias y productividad, ingresos bajos o irregulares, largas jornadas laborales y por falta de acceso a la información, la formación y la tecnología. Ante la complejidad del fenómeno de la economía informal, la OIT adoptó en 2015 la Recomendación 204[9]. A juicio de la doctrina, el término que utiliza la OIT de economía informal es más amplio y plural que el término trabajo informal o irregular. Este último, desde el punto de vista jurídico, equivale a un "trabajo ilegal, no declarado o sin todas las garantías jurídicas", mientras que la Resolución 204 OIT se refiere a la economía informal como "aquella dimensión productiva insuficientemente cubierta por sistemas formales", que abarcaría tanto a los supuestos de "incumplimientos de legalidad, como la ausencia o carencia de la misma de regulación normativa"[10]. En la economía informal hay personas asalariadas y personas que realizan un trabajo por cuenta propia; ahora bien, "la mayoría de los trabajadores por cuenta propia se encuentran en condiciones inseguras y vulnerables como las de los trabajadores asalariados"[11].

El cumplimiento de los Objetivos de Desarrollo Sostenible y el crecimiento económico y social de un país depende, en gran parte, de los niveles de trabajo decente y de calidad que es capaz de ofrecer a la ciudadanía. El fomento del empleo subordinado o autónomo precario, en condiciones deficientes e inseguras favorecería el trabajo no decente y empleos situados dentro de la economía informal.

---

[7] OIT, *Resolución relativa al trabajo decente y la economía informal*, 2002, http://www.ilo.org/public/spanish/standards/relm/ilc/ilc90/pdf/pr-25res.pdf,. Sobre la materia, vid. RODRIGUEZ EGIO, M.M. *Hacia un trabajo autonomo decente*, Bomarzo, 2016, pp 107-123.

[8] Conclusión nº 3 de la citada Resolución.

[9] OIT, Recomendación 204 "Sobre la transición de la economía informal a la formal", aprobada en la 104ª Conferencia Internacional del Trabajo, Ginebra, junio de 2015.

[10] MONEREO PÉREZ, J. L., y PERÁN QUESADA, S., "La OIT y el trabajo informal: la Recomendación 2004 de la OIT sobre la transición de la economía informal a la formal", en AA. VV., MONEREO PÉREZ, J. L., y PERÁN QUESADA, S. (dirs.), *Derecho social y trabajo informal. Implicaciones laborales económicas y de Seguridad Social del fenómeno del trabajo informal y de la economía sumergida en España y Latinoamérica*, Comares, Granada, 2016. p. 16.

[11] Conclusión nº 4 de la citada Resolución.

3. RETOS DEL TRABAJO DECENTE DESDE LA PERSPECTIVA DE LA PREVENCIÓN DE RIESGOS LABORALES

3.1. La protección en materia de seguridad y salud para todas las personas trabajadoras independientemente de su situación en el empleo[12]

El trabajo decente exige la protección de la seguridad y salud de las personas trabajadoras independientemente de la forma de empleo, ya sea por cuenta ajena o por cuenta propia. El panorama internacional y nacional de protección en materia de seguridad y salud pone de manifiesto diferentes niveles de protección según se trate de trabajo por cuenta ajena o por cuenta propia.

En el ámbito de la OIT, existen numerosos Convenios y Recomendaciones que se refieren a las condiciones de trabajo con el objetivo de dignificar el trabajo y proteger a las personas trabajadoras en materia de seguridad y salud en el trabajo pero no todos han sido ratificados y no todos abarcan los riesgos laborales existentes. Sin ánimo exhaustivo, en el ámbito del trabajo por cuenta ajena destacan el Convenio OIT núm. 155, sobre Seguridad y Salud de los trabajadores y el Convenio 187 sobre el Marco Promocional para la Seguridad y Salud en el trabajo. Entre los instrumentos de la OIT que se refieren al trabajo autónomo se encuentra el Convenio 167 OIT sobre seguridad y salud en la construcción (1988) que se aplica al trabajo autónomo en los términos que se designen en la legislación nacional; sin embargo, hasta el momento, no ha sido ratificado por España[13]. Por su parte, el Convenio 184 (2001), sobre seguridad y salud de las personas trabajadoras en la agricultura contempla la obligación de quienes trabajan por cuenta propia de colaborar en la aplicación de las obligaciones en materia de seguridad y salud en el trabajo cuando desarrollen su actividad junto con otros empleadores en un mismo lugar de trabajo[14] pero en la actualidad, no ha sido ratificado por España, quizás, por incluir al colectivo de personas que trabajan por cuenta propia. Con posterioridad, en el año 2003, la OIT adoptó la Estrategia global en materia de seguridad y salud en el trabajo, que incluía la introducción de una cultura de la seguridad y la salud preventivas, la promoción y el desarrollo de instrumentos pertinentes, y la asistencia técnica en esta materia, teniendo en cuenta particularmente, la mejora de las condiciones de trabajo de quienes trabajan por cuenta propia y la asistencia en materia de seguridad y salud en el trabajo[15]. Más recientemente, el Convenio número 187 (2006), sobre el

---

12 Un estudio detallado respecto del trabajo autónomo, puede consultarse, RODRIGUEZ EGIO, M.M. *Hacia un trabajo autonomo decente*, Bomarzo, 2016.

13 Art.1.3) Convenio 167 OIT.

14 Aunque el Convenio 184 OIT no exige la cobertura de las personas que trabajan por cuenta propia, la Recomendación 192 que acompaña al citado Convenio sobre la seguridad y la salud en la agricultura (2001), recomienda a los Estados miembros prever la ampliación progresiva de la protección prevista para las personas asalariadas a las autónomas.

15 OIT, Estrategia global en materia de seguridad y salud en el trabajo, p.30, http://www.ilo.org/public/libdoc/ilo/2004/104B09_309_span.pdf

marco promocional para la seguridad y salud en el trabajo[16], pretende promover una cultura de prevención en materia de seguridad y salud con el objeto de conseguir, de forma progresiva, un medio de trabajo seguro y saludable. Este Convenio exige a los Estados el desarrollo de políticas, sistemas y programas nacionales de seguridad y salud en el trabajo, previa consulta con las organizaciones de empleadores y trabajadores más representativas.

En el ámbito de la Unión Europea (UE),la seguridad y salud en el trabajo alcanza un lugar preferente en su política, a la vista de la adopción de numerosas normas que establecen un contenido mínimo para la protección de las personas trabajadoras sobre las que los Estados pueden introducir medidas que aumenten el nivel de protección. La Directiva Marco europea sobre seguridad y salud en el trabajo (Directiva 89/391 CEE) introdujo una visión global en materia de seguridad y salud en el trabajo, a diferencia del tratamiento particular de los riesgos laborales adoptado, hasta ese momento, por diversas normas comunitarias sobre seguridad laboral[17]. A partir de esta Directiva, la prevención se orienta hacia la evaluación y la planificación de la prevención desde una perspectiva integral de la salud; sin embargo, no hace referencia directa al trabajo autónomo más allá de su posible inclusión en los supuestos de concurrencia empresarial. Esta Directiva fue transpuesta a nuestro ordenamiento jurídico con la aprobación de la LPRL, donde, si bien se encuentran referencias expresas al trabajo autónomo, estas son escasas. Por su parte, el trabajo autónomo se incluye en la Directiva 93/103/CE, relativa al trabajo a bordo de los buques de pesca y en la Directiva 92/57/CEE, de 24 de junio, del Consejo, relativa a las disposiciones mínimas de seguridad y salud para las obras de construcción.La prevención de riesgos laborales en el trabajo autónomo se aborda de manera liviana en la Recomendación del Consejo, de 18 de febrero de 2003, relativa a la mejora de protección de la salud y la seguridad de las personas trabajadoras autónomas[18]. Esta Recomendación del Consejo reconoce de forma expresa la falta de cobertura de las personas trabajadoras independientes en las Directivas de la UE, sobre todo por la Directiva Marco 89/391/CEE y confirma la desprotección de este colectivo por parte de la normativa de seguridad y salud en el trabajo de determinados Estados miembros[19].

A nivel nacional, encontramos diferencias en la protección de la seguridad y salud en el trabajo de las personas trabajadoras según desarrollen un trabajo por cuenta

---

[16] Ratificado por España el 5 de mayo de 2009.

[17] En este sentido, sin ánimo exhaustivo, se encuentran: la Directivas 80/1107/CEE, sobre protección de los trabajadores frente a los riesgos relacionados con la exposición durante el trabajo, a agentes químicos, físicos y biológicos, modificada posteriormente por la Directiva 88/6467CEE, de 16 de febrero de 1988, llamada Directiva Marco de Higiene; la Directiva 77/576/CEE sobre señalización de seguridad en los centros de trabajo; la Directiva 78/610/CEE sobre protección sanitaria de los trabajadores expuestos al cloruro de vinilo monómetro; y la Directiva 89/392/CEE sobre aproximación de las legislaciones de los Estados miembros en materia de máquinas.

[18] Recomendación del Consejo de 18 de febrero de 2003 relativa a la mejora de la protección de la salud y la seguridad en el trabajo de los trabajadores autónomos, (2003/134/CE). DOUE de 28 de febrero de 2003.

[19] Recomendación 2003/391/CEE, considerando nº 5.

propia o por cuenta ajena[20]. Así la Ley 31/1995, de 8 de noviembre, de prevención de Riesgos Laborales (LPRL) reconoce el derecho una protección adecuada en materia de seguridad y salud en el trabajo a todas las personas que trabajan por cuenta ajena e impone a la empresa el deber de protección (art. 14 LPRL). En el supuesto del trabajo autónomo, la Ley 20/2007, de 11 de julio, del Estatuto del trabajo autónomo (LETA) se limita a reconocer a estas personas trabajadoras el derecho una protección adecuada de su seguridad y salud en el trabajo (art..3.e) LETA) y dedica a la prevención de riesgos laborales su art. 8. Tanto la LETA como la LPRL consideran a las personas que trabajan por cuenta propia más como sujetos que pueden generar riegos para las demás personas trabajadoras que concurran con ellas en escenarios laborales que como personas trabajadoras merecedoras de protección. En este sentido,establecen obligaciones en materia preventiva para quienes trabajan por cuenta propia centrando su atención, de un lado, en las situaciones de concurrencia de actividades empresariales y, de otro, en quienes desarrollan un trabajo por cuenta propia teniendo personas asalariadas a su cargo. En este segundo supuesto, las personas que trabajan por cuenta propia quedarían dentro del ámbito de la LPRL como empresarias deudoras de la seguridad y salud de las personas a su cargo[21].Sin embargo, en el supuesto de una persona que desarrolla un trabajo autónomo común, no empleadora y al margen de los supuestos de concurrencia de actividades empresariales, ni la LPRL ni la LETA recogen obligaciones en materia preventivas ni, consecuentemente, se contemplan en la LISOS[22] sanciones ante un eventual incumplimiento de las mismas. Su contenido no garantiza el derecho a protección adecuada de la seguridad y salud de quienes trabajan por cuenta propia, al no establecer "ni garantías ni contenidos fuertes de este derecho"[23].En estos casos, el derecho a una protección adecuada de la seguridad y salud de la persona trabajadora autónoma común queda condicionado a su voluntad de protegerse a sí misma en materia de riesgos laborales[24].

De acuerdo con los criterios de la OIT, la ausencia de eficacia y garantías suficientes del derecho a una protección adecuada en materia de seguridad y salud de quienes trabajan por cuenta propia podría situar al trabajo autónomo dentro de los parámetros de la economía informal y del trabajo no decente. Por otro lado, la ausencia de regulación

---

[20] Sobre la cuestión, puede consultarse RODRIGUEZ EGIO, M.M. *Hacia un trabajo autónomo decente*, cit., pp 123-237.

[21] OLARTE ENCABO, S., *Prevención de riesgos laborales de los trabajadores autónomos*,Comares, Granada,2009, pp. 27-28, señala que aunque el centro de imputación de la LPRL es el trabajo por cuenta ajena "ello no significa la exclusión en términos absolutos de su ámbito subjetivo del trabajo autónomo". Sin embargo, más restrictiva es la posición de LAHERA FORTEZA, J., "Prevención de riesgos laborales de los trabajadores autónomos tras la Ley 54/2003 y el RD 171/2004", *Documentación Laboral*, nº 70, 2003, p.89, quien pone de manifiesto la ausencia de un marco protector para las personas que trabajan por cuenta propia frente a los riesgos laborales.

[22] Real Decreto Legislativo 5/2000, de 4 de agosto, por el que se aprueba el texto refundido de la Ley sobre Infracciones y Sanciones en el Orden Social.

[23] OLARTE ENCABO, S., *Prevención de riesgos laborales de los trabajadores autónomos*, cit. p. 56.

[24] BALLESTER PASTOR, I., "RETA: análisis de la reformulación de sus postulados proteccionales en el camino hacia la convergencia con el régimen general", Revista General del Derecho del Trabajo y de la Seguridad Social, nº 29-30, 2012, p. 425.

del trabajo autónomo a tiempo parcial favorece una mayor desprotección del colectivo de personas que, en la práctica, pueden estar realizando un trabajo autónomo a tiempo parcial sin protección social adecuada e, incluso, dentro de la economía sumergida. Finalmente, conviene señalar la necesidad adaptación y actualización de la normativa de prevención de riesgos laborales vigente para garantizar de forma eficaz la seguridad y salud de todas las personas trabajadoras frente a los riesgos laborales emergentes derivados del impacto de la introducción de nuevas tecnologías y de la informática en el ámbito laboral especialmente, respecto de los riesgos ergónomicos y psicosociales.

3.2. Hacia el reconocimiento de la seguridad y salud en el trabajo como derecho fundamental

El derecho al trabajo conectado con el derecho a elegir una profesión y oficio reconocidos en la nuestra CE, debe interpretarse de acuerdo al marco normativo regulador de los derechos humanos que exige que el trabajo se desarrolle en unas determinadas condiciones laborales saludables, el respeto a la dignidad de la persona que trabaja y su derecho a la vida y a la seguridad y salud en el trabajo[25]. En este sentido, cabe recordar que la Declaración Universal de los Derechos Humanos (DUDH) reconoce el derecho al trabajo en condiciones equitativas y satisfactorias de trabajo (art.23), lo que supone que el ejercicio de un trabajo digno, con respeto a los derechos fundamentales de las personas trabajadoras[26], alejado de condiciones de trabajo precarias[27]. Por su parte, la Carta de los Derechos Fundamentales de la Unión Europea (CDFUE), reconoce el derecho de toda persona trabajadora a trabajar en condiciones que respeten su salud, seguridad y dignidad (art. 31.1). En el ámbito de la OIT la seguridad y salud en el trabajo ha sido un objetivo prioritario para esta Organización Internacional desde su fundación; en este sentido, su Constitución (1919) contempla el principio de protección de las personas trabajadoras respecto de las enfermedades y de los accidentes del trabajo. Ahora bien, hasta la fecha, la Declaración de la OIT relativa a los principios y derechos fundamentales en el trabajo[28] no reconoce el derecho a la salud y seguridad laboral con un carácter de derecho fundamental.Con ocasión del Centenario de la OIT, algunos expertos de la ONU reclamaron a la OIT el reconocimiento de la adopción de condiciones de trabajo seguras y saludables como principio y derecho fundamental

---

[25] Cfr. MONEREO PÉREZ, J. L., y LÓPEZ INSUA, B., "La garantía internacional del derecho a un "trabajo decente", *Revista Española de Derecho del Trabajo*, nº. 177, 2015, pp. 1, 5 y 9 de la versión electrónica.

[26] Sobre el contenido positivo y negativo de la dignidad, CARDONA RUBERT, M. B., y CABEZA PEREIRO, J., "Aproximación a las políticas sociolaborales", en CARDONA RUBERT, M. B., y CABEZA PEREIRO, J., (coord.), *Políticas sociolaborales,* Civitas-Thomson Reuters, Cizur Menor, 2014, pp. 49-50.

[27] En este sentido, MONEREO PÉREZ, J. L., y LÓPEZ INSUA, B., "La garantía internacional del derecho a un "trabajo decente", cit., 1 de la versión electrónica.

[28] OIT, Declaración de la OIT relativa a los principios y derechos fundamentales en el trabajo y su seguimiento, Ginebra,18 de junio de 1998, Texto de la Declaración y su seguimiento (DECLARATION) (ilo.org).

en el trabajo[29]. Finalmente, aunque la inclusión de la seguridad y salud en el trabajo se propuso como principio y derecho fundamenal en el proyecto de Declaración del Centenario lo que implicaría "que debe garantizarse a todas las personas trabajadoras con independencia de su situación en el empleo o modalidad contractual entre otros, el derecho a la seguridad y salud en el trabajo[30], dicha declaración no se incluyó en la Declaración del Centenario en esos términos[31] . Como advierte la doctrina, este logro favorece su futuro reconocimiento de forma que la Conferencia Internacional pudiera incluir "las condiciones de trabajo seguras y saludables en el marco relativo a los principios y derechos fundamentales en el trabajo: aprobar una enmienda a la Declaración de 1998, por la que se añadiría a la misma un nuevo principio y derecho fundamental, o adoptar una Declaración aparte, en la que se reconocería que constituyen un principio y derecho fundamental en el trabajo"[32]. Este reconocimiento de como derecho fundamental se llevará como propuesta desde la Confederación Sindical Internacional a la próxima Conferencia de la OIT de 2022[33]. El reconocimiento de la salud laboral dentro los principios y derechos fundamentales amparado dentro de la influencia de la Declaración de 1988[34] garantizaría el cumplimiento de los ODS 3 y 8 de la Agenda 2030. Al mismo tiempo, favorecería la ratificación y el seguimiento de los convenios aprobados en materia de salud laboral y la aprobación de otros instrumentos de *hard law* que incluyeran en su ámbito de aplicación a todas las personas trabajadoras independientemente de la forma de empleo o modalidade de contratación.

4. BIBLIOGRAFÍA

BALLESTER PASTOR, I., "RETA: análisis de la reformulación de sus postulados proteccionales en el camino hacia la convergencia con el régimen general", *Revista General del Derecho del Trabajo y de la Seguridad Social*, nº 29-30, 2012.

CARDONA RUBERT, M. B., y CABEZA PEREIRO, J., "Aproximación a las políticas sociolaborales", VV.AA.,CARDONA RUBERT, M. B., y CABEZA PEREIRO, J., (coord.), *Políticas sociolaborales,* Civitas-Thomson Reuters, Cizur Menor, 2014.

GIL y GIL, J.L. " La seguridad y salud laboral como principio y derecho fundamental en el trabajo", Cielo Laboral,nº 11, 2020.

LAHERA FORTEZA, J., "Prevención de riesgos laborales de los trabajadores autónomos tras la Ley 54/2003 y el RD 171/2004", *Documentación Laboral*, nº 70, 2003.

---

29 ONU, La Organización Internacional del Trabajo debe defender la salud laboral - ACNUDH.

30 Conferencia Internacional del Trabajo, 108ª, reunión 2019, Documento final del Centenario de la OIT, Informe IV,apartado III, B, iv).

31 Declaración Centerario OIT, wcms_711699.pdf (ilo.org).

32 GIL y GIL, J.L. " La seguridad y salud laboral como principio y derecho fundamental en el trabajo", Cielo Laboral,nº 11, 2020, p.2, gil_noticias_cielo_n11_2020.pdf (cielolaboral.com).

33 UGT, " La seguridad y la salud: un derecho fundamental en el trabajo", abril 2021, La salud y la seguridad, un derecho fundamental en el trabajo (fesmcugtpv.org).

34 GIL y GIL, J.L. " La seguridad y salud laboral como principio y derecho fundamental en el trabajo, cit. p. 3.

MONEREO PÉREZ, J. L., y PERÁN QUESADA, S., "La OIT y el trabajo informal: la Recomendación 2004 de la OIT sobre la transición de la economía informal a la formal", en VV.AA. , MONEREO PÉREZ, J. L., y PERÁN QUESADA, S. (dirs.), *Derecho social y trabajo informal. Implicaciones laborales económicas y de Seguridad Social del fenómeno del trabajo informal y de la economía sumergida en España y Latinoamérica*, Comares, Granada, 2016.

MONEREO PÉREZ, J. L., y LÓPEZ INSUA, B., "La garantía internacional del derecho a un "trabajo decente", *Revista Española de Derecho del Trabajo*, nº. 177, 2015.

OLARTE ENCABO, S., *Prevención de riesgos laborales de los trabajadores autónomos*,Comares, Granada, 2009.

RODRIGUEZ EGIO, M.M. *Hacia un trabajo autónomo decente*, Bomarzo, 2016.

CAPÍTULO XIX. DIGITALIZACIÓN DE LA SOCIEDAD Y LOGRO DE LOS DERECHOS DE LAS MUJERES (ODS 5): EL LANCE DE NO DEJAR A NADIE ATRÁS

EVA MARÍA RUBIO FERNÁNDEZ
Profesora Colaboradora (LIC) (LOU) de la Universidad de Murcia

1. INTRODUCCIÓN

Los Objetivos de Desarrollo Sostenible (en adelante, ODS) tienen como dos de sus finalidades la realización de los derechos humanos de todas las personas y la consecución de la igualdad de género y el empoderamiento de las mujeres y niñas, partiéndose de la premisa del carácter indivisible e integrado de estos y sus metas, así como de la imperiosidad de la integración sistemática de la perspectiva de género en la Agenda 2030 (y su seguimiento y revisión)[1]. Por su parte, desde finales del siglo XX se asiste a un proceso de digitalización creciente de las actividades e interrelaciones que acaecen en la sociedad, acrecentado y variado en cierto modo en sus sinergias por la pandemia del COVID19, que ha llevado a poner de manifiesto la conexión que existe entre las tecnologías de la información y de la comunicación (en adelante, TIC) y la consecución de los Objetivos de Desarrollo del Milenio, primero,[2] y de los ODS, después[3]. A su vez, la Asamblea General de Naciones Unidas y el Consejo de Derechos Humanos, alrededor de las TIC y los derechos humanos, han resaltado que las mismas, especialmente en relación con sus derivaciones en línea, son esenciales para la garantía del pleno ejercicio

1 Asamblea General de Naciones Unidas (en adelante, AGNU), Doc. A/RES/70/1, de 25 de septiembre de 2015, Preámbulo, para. 3, paras. 20 y 74 e), especialmente.

2 AGNU, resolución 56/183 sobre *la Cumbre Mundial de la Sociedad de la Información*, de 21 de diciembre de 2001, Preámbulo, y resoluciones siguientes.

3 Tras la inicial puesta de relieve por la Asamblea General en Doc. A/RES/69/313, de 27 de julio de 2015, sobre la Agenda de Acción de Addis Abeba de la Tercera Conferencia sobre la Financiación para el Desarrollo, el órgano plenario subrayaría esta interrelación en el tema las tecnologías de la información y las comunicaciones para el desarrollo sostenible a partir de Doc. A/RES/71/212, de 21 de diciembre de 2016, especialmente paras. 3 y 27, pudiendo hallar en las siguientes su reiteración y su última ejemplificación en Doc. A/RES/75/202, de 21 de diciembre de 2020, Preámbulo y para. 3. Corresponde citar también las resoluciones adoptadas en el marco del tema sobre el impacto del cambio tecnológico rápido en la consecución de los Objetivos de Desarrollo Sostenible (Doc. A/RES/72/242, de 22 de diciembre de 2017, Doc. A/RES/73/17, de 26 de noviembre de 2018, y Doc. A/RES/75/316, de 27 de agosto de 2021).

y disfrute de los derechos humanos, con especial hincapié en la libertad de expresión, y que no pueden implicar merma en la protección de estos[4].

Por otra parte, tanto en la Declaración de Principios y el Plan de Acción, aprobados en la primera fase de la Cumbre Mundial sobre la Sociedad de la Información (Ginebra, 10-12 de diciembre de 2003)[5], como el Compromiso de Túnez y el Programa de Túnez para la Sociedad de la Información, aprobado en la segunda fase de la citada Cumbre Mundial, (16-18 de noviembre de 2005)[6], hechos suyos por la Asamblea General[7], ya se puso de manifiesto la importancia de adoptar la perspectiva de género en la Sociedad de la Información si esta última quería integrar y respetar los derechos humanos, así como de promover la participación y contribución de las mujeres a ella. Fomento de la participación a la que alienta insistentemente la Asamblea General[8] mientras evidencia la brecha digital de género (17% de uso de Internet menor que el de los hombres a nivel mundial y un 43% inferior en el caso de los países menos adelantados, habiéndose agrandado dicha brecha en estos y en África[9]).

Presente el impacto de las TIC en el logro de todos los ODS[10], y de la igualdad de género y el empoderamiento de mujeres y niñas en particular (ODS 5), se han señalado metas concretas alrededor de estas tecnologías, como sucede en el caso del ODS 9[11] o el ODS 5 sobre el que versa este trabajo, presentando así tanto un carácter accesorio o instrumental, como un carácter que podríamos considerar sustantivo en la materialización de la Agenda 2030. Y, respecto del primero, cabe señalar que, por

---

4 Doc. A/RES/68/198, de 20 de diciembre de 2013, Preámbulo, Doc. A/RES/69/204, de 19 de diciembre de 2014, y sucesivas, siendo la más reciente Doc. A/RES/75/202, de 21 de diciembre de 2020, Preámbulo. Las referencias más claras a esta relación se hallan en el tema sobre el derecho a la privacidad en la era digital (Doc. A/RES/68/167, de 18 de diciembre de 2013, Doc. A/RES/69/166, de 18 de diciembre de 2014, Doc. A/RES/71/199, de 19 de diciembre de 2016, Doc. A/RES/73/179, de 17 de diciembre de 2018, Doc. A/RES/75/176, de 16 de diciembre de 2020, y Doc. A/HRC/RES/28/16, de 26 de marzo de 2015, Doc. A/HRC/RES/34/7, de 23 de marzo de 2017, Doc. A/HRC/RES/37/2, de 22 de marzo de 2018, Doc. A/HRC/RES/41/11, de 11 de julio de 2019, y Doc. A/HRC/RES/42/15, de 26 de septiembre de 2019).

5 Doc. A/C.2/59/3, de 27 de octubre de 2004, paras. 2 y 12.

6 Doc. A/60/687, de 15 de marzo de 2006, para. 23.

7 Doc. A/RES/59/220, de 22 de diciembre de 2004, para. 4, y Doc. A/RES/60/252, de 27 de marzo de 2006, para. 3.

8 AGNU, Doc. A/RES/63/202, de 19 de diciembre de 2008, para. 6; Doc. A/RES/64/187, de 21 de diciembre de 2009, para. 6; Doc. A/RES/65/141, de 20 de diciembre de 2010, para. 3; Doc. A/RES/66/184, de 22 de diciembre de 2011, para. 3; Doc. A/RES/67/195, de 21 de diciembre de 2012, para. 4; Doc. A/RES/68/198, para. 4; Doc. A/RES/69/204, paras. 4 y 5; Doc. A/RES/71/212, de 21 de diciembre de 2016, para. 11; y Doc. A/RES/72/200, de 20 de diciembre de 2017, para. 13; Doc. A/RES/73/218, de 20 de diciembre de 2018, para. 16; y, Doc. A/RES/74/197, de 19 de diciembre de 2019.

9 Doc. A/RES/75/202, para. 20.

10 Unión Internacional de Telecomunicaciones (UIT), *Las TIC para el cumplimiento de los Objetivos de Desarrollo Sostenible de las Naciones Unidas*, disponible en: https://www.itu.int/es/mediacentre/backgrounders/Pages/icts-to-achieve-the-united-nations-sustainable-development-goals.aspx

11 Véase, p. ej., el ODS 9 relativo a la construcción de infraestructuras resilientes, la promoción de la industrialización inclusiva y sostenible y el fomento de la innovación, una de cuyas metas consiste en el aumento significativo del acceso a estas tecnologías y la acción esforzada para que los países menos adelantados tengan acceso universal y asequible a Internet en 2020 (Doc. A/RES/70/1, meta 9 c).

quinto año consecutivo, en 2019 la industria móvil aumentó su impacto en el logro de los ODS, siendo, además, cuando alcanzó un mayor nivel de contribución (4,7%) (GSMA, 2020: 9, 17 y 34).

2. ANVERSOS Y REVERSOS EN LOS DESARROLLOS Y USOS DE LAS TIC RESPECTO DEL ODS 5

Teniendo en cuenta la señalada interacción entre ODS-derechos humanos y que, sobre estos, las obligaciones internacionales se proyectan sobre su disponibilidad, accesibilidad, aceptabilidad y adaptabilidad, dicha aportación puede ser ejemplificada respecto del derecho de las mujeres a la educación[12], el cual, a su vez, incide directa o indirectamente en la consecución del resto de metas fijadas para el ODS 5.

Sin ánimo de exhaustividad, las TIC pueden servir a los Estados para determinar cuál es el volumen de mujeres que han de tener en cuenta en la "cantidad suficiente" de instituciones y programas de enseñanza[13], así como para decidir cuál será la opción de enseñanza disponible, siendo ello de especial relevancia en situaciones de conflicto, desastre natural o emergencias sanitarias que conlleven restricciones de movimiento[14]. Por ende, pueden ser la herramienta mediante la que ofrecer la impartición de la educación a mujeres y niñas pertenecientes a minorías o sitas en una situación de desarraigo forzoso (asilo, refugio, apátridas, indocumentadas, desplazadas internas) en su idioma u otro adquirido[15], mediante el desarrollo de tecnologías de traducción automática (oral u escrita) para eludir la discriminación ante posibles barreras lingüísticas, o de superar las barreras funcionales y las discriminaciones relacionadas que pueden tener las niñas y mujeres con discapacidad sin coste alguno para estas[16].

Respecto de la accesibilidad, la obligación de los Estados de garantizar el suministro de la educación a una distancia geográficamente razonable, en casos de poca disponibilidad financiera, puede dar entrada a programas educativos a distancia, inclusive los de nivel superior (casos de mujeres en zonas rurales; encargadas del trabajo doméstico

---

[12] Reconocido en el art. 26 de la Declaración Universal de los Derechos Humanos (1948) y, entre otros, en el art. 13 del Pacto Internacional de Derechos Económicos, Sociales y Culturales (1966), en el art. 10 de la Convención para la Eliminación de toda forma de discriminación contra la mujer (1979), en el artículo 29 de la Convención de los Derechos del Niño (y de la Niña) (1989) y el art. 24 de la Convención de los Derechos de las Personas con Discapacidad (2006).

[13] Comité de Derechos Económicos, Sociales y Culturales (CtDESC), Observación general núm. 13 (1999) sobre *el derecho a la educación* (Doc. E/C.12/1999/10, de 8 de diciembre), para. 6 a), y Observación general núm. 16 (2005) sobre *la igualdad de derechos del hombre y la mujer al disfrute de los derechos económicos, sociales y culturales*, Doc. E/C.12/2005/4, de 11 de agosto, para. 30.

[14] Comité para la Eliminación de toda Forma de Discriminación contra la Mujer (CtEFDM), Recomendación general núm. 36 (2017) sobre *el derecho de las niñas y las mujeres a la educación*, Doc. CEDAW/C/CG/36, de 27 de noviembre de 2017. para. 50 c) y h).

[15] CtEFDM, Recomendación general núm. 36…, paras.42 y 46 e).

[16] *Ibidem.*, paras. 44 y 46 f). y Comité sobre los Derechos de las Personas con Discapacidad, Observación General núm. 4 (2016) sobre *el derecho a la educación inclusiva*, Doc. CRPD/C/GC/4, de 25 de noviembre, paras. 4 f), 22-24, 28-30, 35 a)-d) y 38.

y las responsabilidades parentales; o, con otras barreras socioculturales). Además, más allá de la obligación de suministrar educación primaria gratuita y de sucesivamente dotar de este carácter a la educación secundaria y superior, las TIC permiten ofrecer a niñas y mujeres en situación económica desfavorable (y recordemos que las mujeres tienen los empleos más precarios y se encuentran en mayor medida en situación de pobreza) materiales educativos digitales a coste inferior o gratuitos (p. ej. *Open Science, Open Course Ware, hubs* educativos o similares)[17].

A su vez, las TIC pueden brindar a las niñas y mujeres una forma más privada y libre de transmitir su posición acerca de la forma y fondo de la educación que los mecanismos y formas más convencionales (aceptabilidad), a la par que ahondan en la flexibilidad de la educación para su adaptación a las necesidades del alumnado en contextos culturales y sociales diversos y comunidades y sociedades en transformación (adaptabilidad)[18].

Lo anterior, obviamente, parte de la premisa de que las mujeres tengan acceso a la propia tecnología, sea por la garantía de suministro y/o acceso a Internet, sea por el acceso a los dispositivos pertinentes. Es en esa línea en la que trabaja la meta específica 5.b de este ODS: "la mejora del uso de la tecnología instrumental, en particular la tecnología de la información y las comunicaciones, para promover el empoderamiento de las mujeres".

Siendo criticable que no se haya cuantificado cuál ha de ser esa mejora, ni fijado plazos, así como el único indicador existente sea el "número de personas que tienen en propiedad un teléfono móvil, desagregado por sexo"[19], en el período 2017-2019, solo 66 Estados y territorios tenían datos sobre este extremo, siendo la tasa de propiedad de estos dispositivos entre las mujeres un 8,5 % inferior a la de los hombres[20], en cifras muy similares a las ofrecidas por la Unión Internacional de Telecomunicaciones para 2019, también sobre información parcial (10% en 24 de los 58 Estados con datos suministrados) (UIT, 2020: 6).

En relación con la segunda brecha digital de género, la relativa a las competencias y los usos de Internet, esta es mayor en los países en desarrollo, es mayor conforme el nivel de habilidades es más alto, incluyendo a las mujeres jóvenes y con formación superior y más profunda cuando aparece la intersectorialidad (Sáinz *et al.*, 2020: 34-37). De ahí, el exhorto del Consejo de Derechos Humanos a los Estados para que

[17] *Ibidem*, paras. 33-35 a)-y c), 36-37 y 39 a)-b) e *ibidem*, paras. 24, 27, 33, 43 y 49.

[18] CtDESC, Observación general núm. 13…, para. 12 y Comité de los Derechos del Niño, Observación general núm. 12 (2009) sobre *el derecho del niño a ser escuchado*, Doc. CRC/C/GC/12, de 20 de julio, para. 106.

[19] Doc. A/RES/70/1, p. 18. Cabe señalar que esta meta hace referencia a uno de los cuatro indicadores que han sido utilizados en el marco de la Unión Internacional de Telecomunicaciones para medir el acceso básico a Internet, siendo los tres restantes la proporción de personas usando un ordenador, usando Internet y usando un teléfono móvil, si bien el indicador escogido se considera "importante" para medir el acceso (Rodney Junio, Don, 2019: 26-27).

[20] Secretario General, Informe *Progresos realizados para lograr los Objetivos de Desarrollo Sostenible*, Doc. E/2021/58, de 30 de abril de 2021, para. 71.

fomenten su alfabetización digital[21], lo cual ahonda en el llamamiento a la adopción de políticas específicas que apoyen la plena inclusión e igualdad digitales para mujeres a Estados, sector privado, sociedad civil e instituciones internacionales (Panel de Alto Nivel, 2019: p. 29).

Esta formación es imprescindible, pues, trabajando las TIC herramientas para su seguridad y protección contra la violencia de género (redes de acompañamiento digital a casa; avisos antes amenazas, fuente de asesoramiento y salida; salidas a los cercos impuestos por gobiernos hostiles, etc.), estas están jugando como un nuevo elemento de potencial vulneración al discurrir el uso que se hace de ellas, en muchos casos, en aguas muy lejanas al respeto de los derechos humanos y el principio de igualdad entre mujeres y hombres (Secretario General OEA, 2019: 5-6). Surgen así las necesidades de recordar los estándares para mantener la neutralidad del medio digital (UNESCO y Alto Comisionado de Naciones Unidas para los Derechos Humanos, 2020) y la reacción frente a la violencia en línea.

La violencia contra las mujeres, entendida tal y como se deriva de la Convención para la Eliminación de toda forma de discriminación contra la Mujer (1979) (Díez Peralta, Eva, 2011: 106-107; Edwards, Alice, 2011: 179-183) y el Convenio europeo de lucha contra la violencia contra las mujeres y la violencia doméstica (2011)[22], se reproduce en el mundo digital, como era de esperar, y se ha recrudecido en términos exponenciales en antesala y simultaneidad con el auge de los movimientos ultra-conservadores y/o arribistas y su inducida desinformación. Las múltiples y variadas formas que está adoptando la violencia en línea contra las mujeres[23] se practican contra mujeres que no presentan perfiles altos de impacto de su actividad en las redes, aunque también respecto de políticas, periodistas y defensoras de derechos humanos que, con independencia de si han estado tradicionalmente relegadas a lo privado o son nativas digitales, disminuyen su actividad, se autocensuran o marchan del mundo digital, viéndose seriamente afectados sus derechos, entre otros, a la libertad de expresión, al nivel más alto de salud física y psicológica, a la libre elección de profesión y empleo o a la participación política y en procesos de decisión, ahondando así en la tercera brecha digital de género (Sáinz *et al.*, 2020: 37-40). A su vez, en el mundo digital proliferan las acciones que participan del marco global de intentos de cercenamiento del alcance e incluso puesta en duda de la propia existencia de las obligaciones internacionales derivadas de los derechos sexuales y reproductivos y de la transparencia y legalidad en

---

[21] Doc. A/HRC/RES/32/13, el 1 de julio de 2016, para. 4.

[22] Su órgano de promoción y supervisión del cumplimiento, el Grupo de Personas Expertas en la lucha contra la Violencia contra la Mujer y la Violencia Doméstica la Acción contra la Violencia (GREVIO), ha lanzado el proceso de elaboración de una recomendación general sobre la dimensión digital de la violencia contra las mujeres ("GREVIO launches public consultation on the draft General Recommendation on the Digital Dimension of Violence against Women", *Newsroom,* de 21 de mayo de 2021. Disponible en https://www.coe.int/en/web/istanbul-convention/-/grevio-launches-public-consultation-on-the-draft-general-recommendation-on-the-digital-dimension-of-violence-against-women

[23] Relatora Especial sobre la violencia contra la mujer, sus causas y consecuencias, Informe sobre la violencia en línea contra las mujeres y las niñas desde la perspectiva de los derechos humanos, Doc. A/HRC/38/47, de 18 de junio de 2018, paras. 30-42.

la actuación de los órganos de promoción y protección de derechos humanos (Alston, 2021; Baulle, 2021; Paul, 2021).

Frente a ello, cabe señalar a título ejemplificativo que el CtEFDM ha indicado toda una serie de obligaciones del Estado en relación con el ciberacoso y los centros educativos y la promulgación de normas que definan y sancionen el acoso practicado por conducto de las TIC y todas las formas de acoso en línea contra mujeres y niñas[24]. Además, conforme al art. 2 de la Convención y en línea con la diligencia debida (Sanz Caballero, 2015: 211-212), ha recomendado la aprobación y aplicación de medidas eficaces para fomentar que los medios de comunicación, con papel dual también en la cuestión eliminen representaciones estereotipadas e imágenes perjudiciales de las mujeres o de determinados grupos de estas[25].

Así mismo, dentro del amplio conjunto de reacción en el ámbito universal, el Consejo de Derechos Humanos, entre otros extremos, ha exhortado a los Estados a la adopción de medidas inmediatas y eficaces para hacer frente a todas las formas de violencia contra las mujeres y niñas. El Secretario General ha señalado que los Estados deben garantizarles el acceso a las TIC de forma segura y accesible, colaborar con quienes las suministran para acabar con la violencia y asegurar a las víctimas el acceso con rapidez a recursos efectivos[26] y la Alta Comisionada de Derechos Humanos de Naciones Unidas ha resaltado la importancia de los Principios Rectores de Naciones Unidas sobre Empresas y Derechos Humanos en la consecución del pleno respeto de los derechos humanos en el mundo digital [27], cabiendo tener preente que, en el marco de la diligencia debida de las empresas, se ha señalado que estas han de adoptar las medidas adecuadas para prevenir o mitigar las consecuencias negativas para los derechos de las mujeres directamente relacionadas con operaciones, productos o servicios prestados por sus relaciones comerciales[28].

Ello debe ser visto en concurrencia con la acción desarrollada al hilo de la prevención y acción contra la criminalidad, en general, o contra la delincuencia cibernética, en particular, como la Declaración de Doha *sobre la integración de la prevención del delito y la justicia penal en el marco más amplio del Programa de Naciones Unidas para abordar los problemas sociales y económicos y promover el Estado de derecho a nivel na-*

---

[24] CtEFDM, Recomendación general núm 36…, para. 72 f).

[25] CtEFDM, Recomendación general núm. 35 (2017) sobre la violencia por razón de género contra la mujer, por la que se actualiza la recomendación general num. 19, Doc. CEDAW/C/GC/35, de 26 de julio, para. 30 d.

[26] Secretario General, Informe *sobre la intensificación de los esfuerzos para eliminar todas las formas de violencia contra las mujeres y las niñas,* Doc. A/75/274, de 30 de julio de 2020, para. 53.

[27] Declaración en la mesa redonda de alto nivel con motivo del 47º periodo de sesiones del Consejo de Derechos Humanos, "La función del Consejo de Derechos Humanos a la hora de promover un enfoque de las tecnologías nuevas y emergentes basado en los derechos humanos", de 15 de junio de 2019, disponible en: https://www.ohchr.org/SP/HRBodies/HRC/Pages/NewsDetail.aspx?NewsID=27168&LangID=S

[28] Grupo de Trabajo sobre la cuestión de los derechos humanos y las empresas transnacionales y otras empresas, Informe sobre las *Dimensiones de género de los Principios Rectores sobre las Empresas y los Derechos Humanos*, Doc. A/HRC/41/43, de 23 de mayo de 2019, Anexo, paras. 13-14 (especialmente, 14 c)).

cional e internacional y la participación pública (2015)[29] o los resultados de los trabajos sobre el tema "la lucha contra la utilización de las tecnologías de la información y las comunicaciones con fines delictivos". Entre estos últimos, cabe destacar la decisión de la Asamblea General de crear un grupo intergubernamental especial de personas expertas de composición abierta y representación geográfica equitativa para la elaboración de una convención internacional integral sobre este tema[30], el cual habrá de tener en cuenta las recomendaciones del Grupo de personas expertas encargado de realizar un Estudio Exhaustivo sobre el Delito Cibernético[31], con mención expresa a las "Estrategias y Medidas Prácticas Modelo Actualizadas para la eliminación de la violencia contra la mujer en materia de prevención del delito y justicia penal", aprobadas por la Asamblea General[32]. Extremo de especial significación visto que, en la recopilación de las problemáticas nacionales en dicha lucha, no pareció que los Estados tuvieran mayoritariamente en mente esta cuestión[33].

3. CONCLUSIONES

En esta situación, el equilibrio parece si no imposible, sí altamente complicado de alcanzar. Los impactos presentes y potencialmente futuros de las TIC en la consecución del ODS 5 es elevado, en parte, por la falta de regulación de lo que puede o no trabajarse con o aparecer en ellas, aunque esa virtud se está presentando precisamente como uno de sus principales defectos, pues la identificación de las personas autoras de los actos de violencia de género o de discriminación y la actuación respecto de ellas y sus actos sobre el marco jurídico establecido se presenta especialmente compleja.

Ante el dilema entre la reclamación de nuevas normativas y proclamaciones de derechos humanos y la contrarréplica de quienes insisten en la desregularización o el ahondamiento en lo existente, cabe recordar que existe un sólido marco de

---

[29] Aprobada por el 13º Congreso de las Naciones Unidas sobre Prevención del Delito y Justicia Penal y hecha suya por la Asamblea General, Doc. A/RES/70/174, de 17 de diciembre de 2015, para. 4 y Anexo, cuyo parágrafo 9.b) relativo a la creación de un entorno cibernético seguro y resistente, así como a la prevención y combate de la delincuencia en Internet debe ser leído en conexión con los parágrafos 4 (concerniente a la conexión entre desarrollo sostenible y Estado de derecho) y 5. f)-i), referidos a la perspectiva de género respecto del sistema de justicia penal, prevención del delito y tratamiento y rehabilitación de delincuentes.

[30] AGNU, Doc. A/RES/74/247, de 27 de diciembre de 2019, para. 2. Su primer periodo de sesiones será en enero de 2022 y el órgano plenario espera la presentación del proyecto de convención para su 78º período de sesiones (Doc. A/RES/75/282, de 26 de mayo de 2021, para. 4).

[31] *Informe de la reunión del Grupo de Expertos encargado de Realizar un Estudio Exhaustivo sobre el Delito Cibernético, celebrada en Viena del 6 al 8 de abril de 2021*, Doc. UNODC/CCPCJ/EG.4/2021/2, de 19 de abril de 2021, paras. 29, 41 y 59. Este grupo fue establecido por la Comisión de Prevención del Delito y Justicia Penal a solicitud de la AGNU, partiendo de lo acordado en la Declaración de Salvador sobre *estrategias amplias ante problemas globales: los sistemas de prevención del delito y justicia penal y su desarrollo en un mundo en evolución* (Doc. A/RES/65/230, de 21 de diciembre de 2010, para. 9).

[32] AGNU, Doc. A/RES/65/228, de 21 de diciembre de 2010, para. 4.

[33] Secretario General, Informe sobre la *lucha contra la utilización de las tecnologías de la información y las comunicaciones con fines delictivos*, Doc. A/74/130, de 30 de julio de 2019.

protección internacional de los derechos humanos y la igualdad de género, del cual se predica la interpretación evolutiva que permitiría la cobertura jurídica de la acción. Empero, puesto que las normas nacionales adoptadas sobre violencia contra las mujeres han sido principalmente dirigidas a un tipo muy concreto de esta, sí que cabe reclamar la adopción de nuevos marcos jurídicos que, además, faciliten la cooperación internacional al respecto. El imperio de los aspectos más positivos de las TIC depende de una acción clara, contundente, sostenida en el tiempo, eficaz frente a las expresiones digitales de la discriminación y la violencia de género y con ello el éxito en la realización del ODS 5 (en todas sus metas, incluidas las 5.1 y 5.2), así como respecto al carácter indivisible e integrado de todos los ODS con la debida perspectiva de género. Sin ella, será imposible afirmar que en 2030 los 17 ODS se habrán logrado.

4. BIBLIOGRAFÍA

Díez Peralta, Eva. (2011). Los Derechos de la Mujer en el Derecho Internacional. *Revista Española de Derecho Internacional*, 63 (2), 87-121.

Edwards, Alice. (2011). *Violence against Women under International Human Rights Law.* Cambridge: Cambridge University Press.

GSMA. (2020). *2020 Mobile Industry Impact Report: Sustainable Development Goals.* Disponible en: https://www.gsma.com/betterfuture/2020sdgimpactreport/

Panel de Alto Nivel del Secretario General sobre la Cooperación Digital. (2019). *La era de la interdependencia digital.* Rodney Junio, Don. (2019). Gender Equality in ICT access. En Araba Sey and Nancy Hafkin (ed.), *Taking Stock: Data and Evidence on Gender Digital Equality in Digital Access, Skills and Leadership*, (pp. 24-44). United Nations University y EQUALS Global Partnership. Disponible en: https://www.equalsintech.org/taking-stock

Sáinz, Milagros., Arroyo, Lidia. y Castaño, Cecilia. (2020). *Mujeres y digitalización. De las brechas a los algoritmos.* Madrid: Instituto de la Mujer y para la Igualdad de Oportunidades (Ministerio de Igualdad). Disponible en: http://dx.doi.org/10.30923/mujdigbrealg

Sanz Caballero, Susana. (2015). *La respuesta del derecho internacional público ante la violencia contra las mujeres y las niñas.* En Abril Stoffels, Ruth María (dir.). *Mujer e igualdad: participación política y erradicación de la violencia* (197-222). Barcelona: Huygens.

Secretario General de la OEA. (2019). *Combatir la violencia en línea contra las mujeres: Un llamado a la protección* (White Paper Series 7). OEA y Gobierno de Canadá. Disponible en: https://www.oas.org/en/media_center/press_release.asp?sCodigo=E-108/19

UIT. (2019) *Facts and figures 2019. Measuring digital development.* Ginebra: UIT. Disponible en: https://www.itu.int/es/mediacentre/Pages/2019-PR19.aspx

UIT. (2020) *Facts and figures 2020. Measuring digital development*. Ginebra: UIT. Disponible en: https://www.itu.int/en/ITU-D/Statistics/Pages/facts/default.aspx

UNESCO y Alto Comisionado de las Naciones Unidas para los Derechos Humanos. (2020). *Estándares internacionales de derechos humanos en materia de neutralidad de la red*. Disponible en: https://es.unesco.org/sites/default/files/estandaresneutralidadred.pdf

CAPÍTULO XX. DIVORCIO INTERNACIONAL ENTRE CÓNYUGES DEL MISMO SEXO Y EL POSIBLE PROBLEMA DE DISCRIMINACIÓN EN EL ÁMBITO EUROPEO

María Ángeles Sánchez Jiménez
Universidad de Murcia

1. INTRODUCCIÓN

Los Objetivos del Desarrollo Sostenible (ODS) se enmarcan en la Agenda 2030 aprobada en 2015 por los Estados miembros de las Naciones Unidas y constituyen un "llamamiento universal a la acción para poner fin a la pobreza, proteger el planeta y mejorar las vidas y las perspectivas de las personas en todo el mundo"[1]. Su consolidación exige una movilización global en diversos niveles y frentes, entre los que presenta evidente transcendencia el jurídico. La reglamentación legislativa ha de avanzar para conseguir las transformaciones necesarias en el recorrido de los ODS. En este sentido, la perspectiva crítica con la legislación es esencial al ser la que puede permitir detectar las modificaciones necesarias para impulsar los resultados implícitos en estos objetivos.

Este ámbito jurídico centra el presente trabajo de transferencia del conocimiento y, más concretamente, en el contexto del derecho europeo de las relaciones familiares internacionales, aspecto que configura una de las líneas esenciales de mi investigación. En este sentido el objeto del tema abordado viene referido a la discriminación que deriva del problema jurídico que puede producirse en la Unión Europea en el caso de divorcio entre cónyuges del mismo sexo[2]. Un problema que refleja la discriminación legislativa que aún existe en el ámbito europeo entre parejas del mismo y distinto sexo, motivo por el que requiere de una atención inmediata. El derecho a la no discriminación por motivos de orientación o identidad sexual está expresamente reconocido en el art. 21. 1 de la Carta de los Derechos Fundamentales de la Unión Europea[3].

---

1 https://www.un.org/sustainabledevelopment/es/

2 Este trabajo de transferencia responde al profundo análisis de investigación realizado en relación a este problema. M. A. SÁNCHEZ JIMÉNEZ, "Divorcio entre cónyuges del mismo sexo como paradigma de la ineludible incorporación del *Forum necessitatis* al Reglamento Bruselas II *bis*. *Revista de Derecho Comunitario Europeo* (RDCE), nº 63, 2019, pp. 407-448. DOI: 10.18042/cepc/rdce.63.02 (también en este trabajo puede consultarse la abundante bibliografía relacionada con el tema).

3 Establece este precepto: "Se prohíbe toda discriminación, y en particular la ejercida por razón de sexo, raza, color, orígenes étnicos o sociales, características genéticas, lengua, religión o convicciones, opiniones políticas o de cualquier otro tipo, pertenencia a una minoría nacional, patrimonio, nacimiento, discapacidad, edad u orientación sexual". Por su parte, el articulo 2 de la Declaración Universal de Derechos

Como punto de partida es preciso constatar que el matrimonio entre personas del mismo sexo, válido en España desde el año 2005[4], no es reconocido en todos los Estados miembros de la UE[5]. La diversidad que existe entre los Estados miembros respecto de la reglamentación de la «validez del matrimonio», y con ella la admisión (o no) del matrimonio entre personas del mismo sexo, se sustenta sobre la base de la desigualdad en el tratamiento entre homosexuales y heterosexuales en cuanto a la posible celebración del matrimonio. Esta diversidad motiva que, llegado el momento de su divorcio, se pueda plantear el grave problema jurídico que ahora se aborda.

2. EL PLANTEAMIENTO DEL PROBLEMA

En el ámbito del derecho europeo relativo a las relaciones familiares internacionales, existen dos Reglamentos (UE) aplicables a los supuestos de divorcio de carácter internacional (que se constata en los casos como el de cónyuges de distinta nacionalidad, o que tuvieran la residencia en un país distinto al de la nacionalidad común). Se trata del Reglamento 2201/2003 relativo a la competencia, el reconocimiento y la ejecución de resoluciones judiciales en materia matrimonial y de responsabilidad parental[6], también conocido como Reglamento «Bruselas II bis» (como a partir de ahora se denomina) y el Reglamento 1259/2010 (también conocido como «Reglamento Roma III», así llamado a partir de ahora) «por el que se establece una cooperación reforzada en el ámbito de la ley aplicable al divorcio y a la separación judicial»[7].

Humanos, establece: "Toda persona tiene todos los derechos y libertades proclamados en esta Declaración, sin distinción alguna de raza, color, sexo, idioma, religión, opinión política o de cualquier otra índole, origen nacional o social, posición económica, nacimiento o cualquier otra condición". El articulo 14 de la Convención Europea de Derechos Humanos señala: "El goce de los derechos y libertades reconocidos en la presente Convención ha de ser asegurado sin distinción alguna, tales como las fundadas en el sexo, la raza, el color, la lengua, la religión, las opiniones políticas u otras cualesquiera, el origen nacional o social, la pertenencia a una minoría nacional, la fortuna, el nacimiento o cualquier otra situación".

4 En España admitidos por la Ley 13/2005, de 1 de julio, por la que se modifica el Código civil en materia de derecho a contraer matrimonio (BOE 157, de 2 julio 2005).

5 Menos aún a nivel mundial. Países que permiten este matrimonio: Países Bajos (2000), Bélgica (2003), España, Canadá (2005), Sudáfrica (2006); Noruega y Suecia (2009); Argentina, Islandia y Portugal (2010), Dinamarca (2012); Francia, Brasil, Inglaterra/Gales, Nueva Zelanda y Uruguay (2013); Luxemburgo y Escocia (2014); Finlandia, Irlanda y Estados Unidos (2015); Colombia y Groenlandia (2016); Australia, Malta y Alemania (2017), Austria, Ecuador, Taiwán e Irlanda del Norte (2019); Costa Rica (2020); Suiza (2021). A ellos se añaden algunos Estados de México. Como puede constatarse, quedan aún muchos Estados miembros de la Unión Europea donde este matrimonio no está permitido.

6 Reglamento 2201/2003, de 27 de noviembre de 2003, «relativo a la competencia, el reconocimiento y la ejecución de resoluciones judiciales en materia matrimonial y de responsabilidad parental, por el que se deroga el Reglamento (CE) 1347/2000» (DO L 338, de 23 de diciembre de 2003). Este Reglamento quedará sustituido por el Reglamento (UE) 2019/1111, de 25 de junio de 2019 relativo a la competencia, el reconocimiento y la ejecución de resoluciones en materia matrimonial y de responsabilidad parental, y sobre la sustracción internacional de menores. Aunque su entrada en vigor tuvo lugar a los veinte días de su publicación, su aplicación está prevista con carácter general a partir del 1 de agosto de 2022 (art. 105), siendo entonces efectiva la derogación del. Reglamento «Bruselas II bis».

7 Reglamento 1259/2010, de 20 de diciembre de 2010 (DO L 343, de 29 de diciembre de 2010).

Los tribunales del Estado miembro donde se presente la demanda de divorcio han de aplicar los foros de competencia recogidos en el art. 3 del Reglamento «Bruselas II bis» para determinar si pueden (o no) conocer del asunto. Tras este control de oficio de la competencia, dicho tribunal (competente) tiene que aplicar el «Reglamento Roma III» para determinar la ley estatal que va a aplicar para resolver sobre este divorcio (ley material aplicable al divorcio), siempre que pertenezca a un Estado miembro parte de la cooperación reforzada que está en la base de la adopción de este instrumento europeo[8].

Un aspecto esencial, por tratarse de la causa del problema que configura el objeto que ahora se aborda, es la ausencia de unificación en el ámbito europeo del concepto de «validez del matrimonio». Ninguno de los Reglamentos europeos (Reglamento «Bruselas II bis», ni el «Reglamento Roma III») definen este concepto, a pesar de que dicha unificación hubiera sido coherente con su objetivo, más aún en un Reglamento regulador de la Ley aplicable a la separación y divorcio. A falta de esta definición, el matrimonio entre personas homosexuales es válido en unos Estados miembros y no lo es en otros. Esta diversidad genera el problema que puede plantearse llegado el momento en el que estas personas pretenden divorciarse, particularmente en el caso en que resulten competentes, en virtud del Reglamento «Bruselas II bis», los órganos jurisdiccionales de un Estado miembro que no admita la validez de este matrimonio.

Ante esta situación, la respuesta se encuentra en el art. 13 del «Reglamento Roma III». Concretamente este art. 13 opta por la vía de la salvaguarda de la diversidad al permitir que los tribunales competentes de un «Estado miembro participante» no dicten una sentencia de divorcio respecto de un matrimonio cuya validez no sea reconocida, en el sentido, como aclara el considerando (26) que lo interpreta, de que ese matrimonio no exista según la ley de dicho Estado.

Se trata de un precepto que realmente prioriza la concepción restrictiva sobre la validez del matrimonio entre personas del mismo sexo. La trascendencia de este precepto es que supone el reconocimiento de una ruptura en la aplicación del propio Texto reglamentario al introducir una fragmentación entre los «Estados miembros participantes», cuyas consecuencias son esenciales. El resultado que deriva es la posibilidad de una directa incidencia en la misma viabilidad del acceso al divorcio. Concretamente, en el caso que ahora interesa en el que, en virtud del Reglamento «Bruselas II bis», la competencia quede atribuida a los tribunales de alguno de los «Estados miembros participantes» que no reconozca la validez de dicho matrimonio, si dichos tribunales no dictaran una sentencia de divorcio (dado que "no quedan obligados" a ello en virtud del art. 13 del «Reglamento Roma III»), el resultado sería la denegación de justicia y, con ella, la vulneración del derecho a la tutela judicial (para conseguir el divorcio los cónyuges tienen que acudir a los tribunales de dicho Estado miembro y, sin embargo, estos tribunales pueden no dictar una sentencia de divorcio) que además se estaría generando en el espacio judicial europeo de libertad y seguridad. Se trata de

---

[8] Los Estados Miembros que son parte de la cooperación reforzada de este Reglamento son: Bélgica, Bulgaria, Alemania, Grecia, España, Estonia, Francia, Italia, Letonia, Lituania, Luxemburgo, Hungría, Malta, Austria, Portugal, Rumanía.

un grave problema jurídico que, además, resulta evidentemente discriminatorio, al no ser común al caso del divorcio entre cónyuges de distinto sexo.

Un ejemplo en el que podría constatarse este problema sería el caso de matrimonio celebrado en España entre un nacional español y otro varón nacional cubano que posteriormente tuvieran que trasladar su residencia habitual a Italia. Transcurrido el tiempo pretenden divorciarse. En este caso el Reglamento «Bruselas II bis» (art. 3), atribuye la competencia judicial para conocer del divorcio a los tribunales del Estado de la residencia habitual común, esto es, a los tribunales italianos. Ahora bien, en Italia no se reconoce este matrimonio entre dos varones. El art. 13 del «Reglamento Roma III» permite que estos tribunales no dicten una sentencia de divorcio.

Es particularmente grave que el «Reglamento Roma III» introdujera este art. 13 sin advertir (o, de haberlo hecho, aún peor) esta consecuencia, ya que, de otro modo, hubiera previsto una solución paralela, integrada en sede de competencia donde el problema se materializa. La especial gravedad de estas situaciones constituye el evidente reflejo de la necesidad, que incluso podría calificarse urgente, de una solución inminente.

3. UNA PROPUESTA PARA LA SOLUCIÓN

Siendo la causa del problema planteado las diferencias entre los Estados miembros respecto del concepto de «validez del matrimonio», la solución exige la unificación de este concepto en su más amplia acepción. No obstante, lo cierto es que, en tanto exista la diversidad, también persisten sus negativas consecuencias. La denegación de justicia que se genera y, con ella, la vulneración del derecho a la tutela judicial en el espacio judicial de libertad y seguridad europeo determina la indudable responsabilidad de afrontarlas y de arbitrar una solución que ha de venir en el Reglamento «Bruselas II bis», como Texto regulador de la competencia.

Concretamente, esta solución debiera haber pasado por la articulación de un foro de necesidad (*forum necessitatis*) en el propio Reglamento «Bruselas II bis». Su incuestionable trascendencia, patente en su propio objetivo de responder a la denegación de justicia, puede identificarse como la solución que se presenta más inmediata, en el sentido de necesaria, en tanto no llegue a materializase la unificación del concepto sobre la «validez del matrimonio» entre los Estados miembros, o se aportara un concepto común, a los efectos de la aplicación de los Reglamento «Bruselas II bis» y «Reglamento Roma III»[9]. Además, la importancia de articular este foro de necesidad en

[9] En cualquier caso, el legislador comunitario es el responsable, ya que, en definitiva, es precisa la aproximación de las legislaciones. Es necesario por ello descartar que la solución en el contexto de la UE pueda venir por el concepto común que pudiera llegar a aportar el TJUE, ya que su labor no es sustituta de la que ha de realizar el legislador. Aun así, no se puede negar la importancia que puede suponer en esta labor la Sentencia TJUE de 5 de junio de 2018, AS. C-673/16, Coman (*Relu Adrian Coman* y Otros contra *Inspectoratul General pentru Imigrări* y Otros). Su importancia deriva de las implicaciones o consecuencias jurídicas que pudiera llegar a tener como avance para la igualdad, y con ella, para la admisión de los matrimonios entre personas del mismo sexo en aquellos Estados miembros que aún no lo admiten. No obstante, esta Sentencia no da ese paso, pues la solución del Tribunal se encuentra dentro de los límites

el Reglamento «Bruselas II bis» deriva de la consideración de los actuales Reglamentos (UE) relativos a las relaciones familiares de carácter internacional. Es significativo que todos ellos lo incorporen en sus normas de competencia. El primero fue el Reglamento (CE) 4/2009 relativo a las obligaciones de alimentos[10], cuyo art. 7 introduce este *forum necessitatis*[11]. Un foro que, del mismo modo, viene articulado en el Reglamento (UE) 650/2012 relativo a las *sucesiones mortis causae* (art. 11)[12], así como, posteriormente, por el Reglamento (UE) relativo a los regímenes económicos matrimoniales y el Reglamento (UE) relativo a los efectos patrimoniales de las uniones registradas, ambos de 24 de junio de 2016[13]. En todos ellos, como expresamente indican sus considerandos, este foro obedece a la finalidad de remediar, en particular, las situaciones de denegación de justicia[14]. Todo ello muestra la trascendencia que presenta la articulación de este foro en el Reglamento «Bruselas II bis», cuya incorporación no debería plantear problemas para su aceptación por los Estados miembros.

4. CONCLUSIONES

A pesar de contar con la posibilidad de introducir la solución que se acaba de exponer, que además hubiera sido coherente con los demás textos europeos reguladores de las relaciones familiares internacionales, es preciso finalizar lamentando que este problema no parece que sea del interés del legislador europeo. Muestra de ello es

del Derecho a la libre circulación de personas. La interpretación del concepto de «cónyuge», que realiza, viene limitada al ámbito de aplicación de la Directiva 2004/38, relativa al derecho de los ciudadanos de la Unión y de los miembros de sus familias a circular y residir libremente en el territorio de los Estados miembros, y no cuestiona la actual libertad de los Estados miembros respecto de la legalización del matrimonio entre personas del mismo sexo.

10 Reglamento 4/2009 de 18 de diciembre de 2008 «relativo a la competencia, la ley aplicable, el reconocimiento y la ejecución de las resoluciones y la cooperación en materia de obligaciones de alimentos». DO L 7, de 10 enero de 2009.

11 Establece este precepto que, "(c)uando ningún órgano jurisdiccional de un Estado miembro sea competente con arreglo a los artículos 3, 4 y 5, los órganos jurisdiccionales de un Estado miembro podrán, en casos excepcionales, conocer del litigio si un procedimiento no puede razonablemente introducirse o llevarse a cabo o resulta imposible en un Estado tercero con el cual el litigio tiene estrecha relación. El litigio debe guardar una conexión suficiente con el Estado miembro del órgano jurisdiccional que vaya a conocer de él".

12 Reglamento (UE) 650/2012 «relativo a la competencia, la ley aplicable, el reconocimiento y la ejecución de las resoluciones, a la aceptación y la ejecución de los documentos públicos en materia de sucesiones *mortis causa* y a la creación de un certificado sucesorio europeo». DO L 201, de 27 de julio de 2012.

13 Reglamento (UE) 2016/1103, «por el que se establece una cooperación reforzada en el ámbito de la competencia, la ley aplicable, el reconocimiento y la ejecución de resoluciones en materia de regímenes económicos matrimoniales» y Reglamento (UE) 2016/1104, «por el que se establece una cooperación reforzada en el ámbito de la competencia, la ley aplicable, el reconocimiento y la ejecución de resoluciones en materia de efectos patrimoniales de las uniones registradas» (ambos en DO L 183, de 8 de julio de 2016).

14 Considerando (31) del Reglamento (UE) 650/2012, (41) del Reglamento (UE) 2016/1103 y (40) del Reglamento (UE) 2016/1104.

que el nuevo Reglamento 2019/1111 de 25 de junio de 2019 elaborado para sustituir al Reglamento «Bruselas II bis»[15] ni altera los foros de competencia respecto de su predecesor, ni unifica el concepto de la validez del matrimonio, ni introduce el foro de necesidad. La modificación que introduce viene centrada en los aspectos relativos a la responsabilidad parental y sustracción internacional de menores. Sin descartar la importancia de la materia objeto de la reforma, es destacable que se ha perdido una oportunidad para abordar la modificación de las normas de competencia en materia de nulidad, separación judicial y divorcio estos foros y, en particular, y por lo que ahora interesa, para introducir el *forum necessitatis*. El Reglamento «Bruselas II bis» seguirá siendo el único que no lo articula, de entre los que se refieren a las materias relativas a las relaciones familiares de carácter internacional y el grave problema que ha quedado expuesto y la ausencia de tutela judicial efectiva como consecuencia del mismo seguirá existiendo en el ámbito europeo.

No se puede comprender que este problema, que no es nuevo, persista en el tiempo sin que el legislador europeo haya adoptado medidas concretas para darle una salida. Su evidente pasividad manifiesta, cuando menos, su opción por el recurso a la "técnica del avestruz", quizá a la espera de que el problema «se» solucione al desaparecer (por sí sola) la causa que lo genera. Ante esta inamovilidad, es preciso continuar poniendo de manifiesto que la necesidad de evolución es una cuestión de responsabilidad, por su directa repercusión en el ciudadano europeo y en la igualdad de las personas con independencia de su condición sexual.

---

15 *Vid. supra* nota núm. 6.

CAPÍTULO XXI.
ODS 8. TRABAJO DECENTE. EL TRABAJO DE CUIDADOS EN ESPAÑA: LOS INJUSTIFICABLES CONTRASENTIDOS DEL MODELO

ALEJANDRA SELMA PENALVA
Profesora Titular. Derecho del Trabajo y de la Seguridad Social.
Universidad de Murcia

1. SITUACIÓN SOCIAL

Son las estadísticas las que revelan que todavía son las mujeres las que siguen asumiendo con mayor frecuencia que los hombres las cargas familiares. Ahora bien, estas tareas de cuidado sobrepasan el estricto entorno familiar y, en la práctica, convierten también en femenino el trabajo de cuidado y atención de personas que no pueden valerse por sí mismas que se presta de forma profesional, tanto por cuenta ajena como por cuenta propia[1]. Servicios sociales, trabajo doméstico, asistencia domiciliaria se convierten hoy en profesiones básicamente desempeñadas por mujeres[2].

En cualquier caso, la feminización del trabajo de cuidados, tanto en su vertiente retribuida como en la no retribuida ha de considerarse un rotundo fracaso en la igualdad de género y un serio lastre que sigue avivando la brecha de género en salarios y pensiones: por una parte, la elevada parcialidad y la baja cualificación que requieren estos trabajos, determinan que, cuando estas actividades se llevan a cabo de forma

---

[1] La prevalencia abrumadora del sexo femenino que se registra tanto en lo que respecta al cuidado que se realiza de forma profesional como el que se presta de forma informal en el entorno familiar es un tema que, desde hace años, viene siendo ampliamente abordado por nuestra doctrina, intentado visibilizar las causas y las consecuencias de esta circunstancia. Entre otros, véase ELIZALDE SAN MIGUEL, B., "¿Femenino e informal? El modelo tradicional de cuidados a examen desde una perspectiva demográfica", *Prisma Social: revista de investigación social*, nº. 21, 2018, pp. 243-262; MEIL LANDWERLIN, G., "El uso de los permisos parentales por los hombres y su implicación en el cuidado de los niños en Europa", *Revista latina de sociología*, nº. 1, 2011, soporte informático; AAVV, "*Visiones multidisciplinares de la igualdad entre hombres y mujeres*", ORTIZ GONZÁLEZ-CONDE, LÓPEZ ANIORTE, RUBIO FERNÁNDEZ (Coords.), Laborum, Murcia, 2019; MOLINA NAVARRETE, C., "El régimen cuasi-profesional de cuidados de las personas dependientes en el entorno familiar: visualizando un trabajo con rostro de mujer", *Centro de Estudios Financieros. Revista de Trabajo y Seguridad Social*, nº. 297, 2007, pp. 33-78. También destaca la importante presencia femenina en el sector de los cuidados domiciliarios, tanto familiares como profesionales, RAMÍREZ GARCÍA, J.M., "El cuidado de personas dependientes: perfil y costes personales", *TS nova: trabajo social y servicios sociales*, nº. 14, 2017, p. 9.

[2] www.epdata.es.

profesional, el sujeto que las realiza encuentre en ellos una reducida fuente de ingresos que, en la mayor parte de los casos, le obliga a compaginar simultáneamente diversas tareas profesionales para poder alcanzar una retribución mensual razonable; pero esta precariedad laboral no afecta solo al trabajo de cuidados realizado de forma retribuida. De la misma forma, la elevada exigencia que requieren los cuidados no profesionales, como la realidad se ocupa insistentemente de confirmar, deja sentir una huella muy profunda en la carrera profesional de las personas que los asumen, obligándolas a sacrificar oportunidades profesionales con el fin de poder atender a la menores o dependientes, desenganchándolas muchas veces del mercado de trabajo durante un periodo crucial de su vida activa. Pero no sólo esto. También el ámbito de los cuidados resulta ser en la práctica un ámbito propicio para que prosperen fenómenos de colaboraciones amistosas o vecinales, en las que la frontera entre un trabajo amistoso prestado por una persona del entorno de la familia y la relación laboral no declarada se muestra particularmente difusa. El resultado de todo ello es que, la feminización de las labores de atención y cuidado de personas se convierte, desde diversos puntos de vista, en un escollo más a la igualdad de género muy difícil de combatir[3].

2. INTENTOS DE SOLUCIÓN

La escasa visibilidad y cobertura social que nuestro ordenamiento jurídico venía ofreciendo a los empleados de hogar se intentó corregir modificando tanto el elenco de derechos incluidos en la relación laboral especial que este colectivo mantiene con el cabeza de familia, como sustituyendo el tradicional régimen especial por el sistema especial de Seguridad Social con el fin de equiparar la protección que reciben este tipo de empleados al resto de trabajadores por cuenta ajena cuando atraviesan una situación de necesidad. Al mismo tiempo, son ya diversas normas las que, a lo largo de los años, intentan ir mejorando progresivamente el elenco de derechos de conciliación de los que pueden disfrutar tanto trabajadores por cuenta ajena como trabajadores autónomos, creando hoy ya un sistema mucho más completo y variado que el que en su momento definían la Ley 39/1999 de conciliación de la vida familiar y laboral, o la LO 3/2007, para la igualdad efectiva de mujeres y hombres.

Pese a todo, diez años después de su puesta en marcha, la práctica demuestra que el doble objetivo que perseguía la creación del Sistema Especial de Seguridad Social de Empleados de Hogar (elevar la recaudación a la Seguridad Social, y al mismo tiempo,

---

[3] Todos estos temas se analizan cuidadosamente, entre otros trabajos, en GONZÁLEZ VIDALES, C., "Actividades encuadradas en el sector cuidados: trabajos declarados y cuidados invisibles. Panorámica general", *Lex social: revista de los derechos sociales*, vol. 11, nº. 2, 2021, pp. 497-512; MARTÍN CANO, M.C., "El trabajo de cuidados se concibe en femenino": Una realidad aún latente, III Congreso virtual sobre Historia de las Mujeres: Comunicaciones, 2011, soporte digital; RAMÍREZ GARCÍA, J.M., "El cuidado de personas dependientes: perfil y costes personales", *TS nova: trabajo social y servicios sociales*, nº. 14, 2017, p. 9; RENDÓN GAN, T., "La división del trabajo por sexo en el mundo", *Investigación económica*, vol. 61, nº. 238, 2001, pp. 157-202; ROALES PANIAGUA, E., "El trabajo de igual valor y la transparencia social como elementos clave en la eliminación de la brecha salarial entre mujeres y hombres"; *Noticias CIELO*, nº. 5, 2019.

mejorar la calidad del empleo del servicio doméstico) no se ha cumplido, y a pesar de los esfuerzos realizados, no se puede negar que todavía el ámbito del trabajo doméstico queda afectado por grandes dosis de precariedad laboral[4]. En similares términos, tampoco las opciones de conciliación que actualmente existen para trabajadores por cuenta propia o por cuenta ajena logran satisfacer sus necesidades sin comprometer al mismo tiempo su actividad profesional, reduciendo su dedicación, en detrimento de las oportunidades de promoción y retribución de la persona que las disfruta[5].

3. CONSIDERACIONES CRÍTICAS

Ha llegado el momento de visibilizar un factor de desigualdad, muy importante y muy pocas veces comentado: servicio doméstico y conciliación de la vida familiar y laboral son realidades inseparables de un mismo binomio. En muchos hogares, solo el apoyo que presta el trabajo doméstico puede combatir la tendencia al abandono o reducción de la dedicación laboral que sufre, con carácter general el colectivo femenino ante las cargas familiares, provocando la consiguiente brecha de género en salarios y pensiones, y que, por el momento, ha resultado imposible de revertir.

Y es que, no se puede negar que el apoyo institucional a menores y personas dependientes resulta en España tremendamente reducido. De esta forma, ante la insuficiencia de servicios públicos y la dificultad de buscar un apoyo familiar (sobre todo, en tiempos de coronavirus en los que, por motivos de seguridad, desaparece la ayuda doméstica que ofrecían los abuelos), será únicamente la contratación privada de servicios (como alternativa a la renuncia a oportunidades laborales con el fin de atender a la familia) la que permita a muchas familias sobrellevar la situación. Pese a todo, aunque han sido muchos los intentos que a lo largo de los años, siguiendo un modelo de ensayo-error, ha puesto en marcha el legislador con el fin de combatir la llamada brecha de género en salarios y pensiones, por el momento, ha olvidado esta estrecha conexión, y por ello, la regulación del servicio doméstico en España no contempla todavía las bonificaciones laborales ni fiscales suficientes[6] para compensar a las familias trabajadoras el gasto que implica recurrir a esta estrategia de conciliación, demostrando que no se ha tomado

---

4 CORRAL JUAN, A.M., "Las empleadas de hogar y la precariedad", *Alternativas económicas*, nº. 76, 2020, pp. 50-51.

5 Como pone de manifiesto, entre otros, HERRARTE, A., y SÁEZ, F., "Mujer y abandono del empleo tras la maternidad", *Economistas*, nº 116. 2008, pp. 211-218.

6 Hoy en día, se sigue manteniendo lo establecido en el artículo 4.2 del RD-Ley 28/2018, en cuanto a la aplicación de una reducción del 20 por 100, en la aportación empresarial a la cotización a la Seguridad Social por contingencias comunes en el Sistema Especial de Empleados de Hogar, tal como dispone el artículo 7.3 del RD-Ley 18/2019, que se podrán aplicar los empleadores que hayan contratado, bajo cualquier modalidad contractual, y dado de alta en el Régimen General a un empleado de hogar a partir del 1 de enero de 2012, siempre y cuando el empleado no hubiera figurado de alta a tiempo completo en el citado Sistema Especial para el mismo empleador, dentro del período comprendido entre el 2 de agosto y el 31 de diciembre de 2011. Además de ello, tan solo existe una bonificación en la cuota de cotización para las familias numerosas que puede llegar al 45 por 100, en los términos previstos en los artículos 2 y 9 de la Ley 40/2003, de 18 de noviembre, de protección a las familias numerosas, siempre que se presten servicios domésticos durante más de 60 horas al mes.

conciencia de que, en muchos hogares, el apoyo doméstico no es un lujo sino una ayuda imprescindible[7].

Pero no es éste el único problema al que se enfrenta el servicio doméstico. La facilidad de fraude que caracteriza a este sector de actividad resta sin duda eficacia a cualquier intento de equiparación normativa que se quiera llevar a cabo. Y es que, la práctica demuestra que cualquier incremento de los costes sociales vinculados a la prestación laboral de servicios domésticos provoca un aumento exponencial de los supuestos de fraude a la Seguridad Social[8] aprovechando la intimidad del domicilio familiar para contratar a extranjeros irregulares o para evitar el alta en la Seguridad Social y con ello, ahorrar los costes sociales que ello implica, con lo que se está condenando a este sector de actividad a la más absoluta desprotección. Un buen ejemplo de ello lo aportan las escasas altas de empleados de hogar a tiempo parcial registradas en los últimos años[9]. ¿Quiere esto decir que las familias renuncian al apoyo doméstico al no haber podido hacer frente a este gasto en épocas de crisis económica? ¿Qué optan, ahora más que antes, por recurrir al trabajo autónomo prestado de forma ocasional, por empresas de limpieza, con el fin de evitar obligaciones añadidas? O, lo que, quizá puede ser más factible, ¿se trata de un signo revelador de que ha crecido la economía sumergida en este sector de actividad, incrementando con ello la consiguiente desprotección social? Sin duda, la intensa subida que el SMI ha experimentado en los últimos años no ha contribuido a atenuar el problema, sobre todo, después de comprobarse que ésta no ha llevado aparejada un incremento similar del resto de salarios y pensiones, haciendo insostenible, para muchos hogares, recibir un servicio de atención y cuidado del hogar y la familia. Y es que muchas veces, la desproporción que existe entre el coste económico que implica obtener cuidado externo de los hijos y el valor de la retribución que se percibirá conservando el puesto de trabajo, desincentiva la prolongación de la vida activa durante los años siguientes a la maternidad.

Se trata ésta de una situación que no se solventará hasta que se articule una red de guarderías públicas eficaz para atender las necesidades de los usuarios, se rebaje la edad mínima de acceso a la enseñanza pública y se refuerce la red institucional de servicios públicos prestados a las personas dependientes (mejorando así, en definitiva, la oferta de empleo público relativa a la prestación de trabajo de cuidados, reduciendo

---

7 Acerca de las intensas obligaciones que genera, en un hogar familiar, la contratación de personal doméstico, véase BORÓ HERRERA, F., "¿Es adecuado el control administrativo del trabajo de las personas empleadas del hogar?: actuación en la materia de la inspección de trabajo y seguridad social española en el periodo de 2006 a junio de 2020, *Lex social: revista de los derechos sociales*, vol. 11, nº. 1, 2021, pp. 587-636.

8 Este cambio, no ha llevado aparejado un incremento en el volumen global de cotización, al mismo tiempo que todavía el número de altas se encuentra enormemente alejado de la cifra aproximada de servicio doméstico reflejada en la Encuesta de Población Activa. Entre otros autores, véase LÓPEZ INSÚA, B.M., "Nadando entre dos aguas: salario decente "versus" economía irregular en el empleo al servicio del hogar familiar, *Revista Española de Derecho del Trabajo*, nº. 231, 2020, p. 137 y RODRÍGUEZ CARDO, I.A., "La integración de los empleados de hogar en el Régimen General de la Seguridad Social: una visión crítica", *Revista digital Facultad de Derecho*, nº. 6, 2013, p. 28 del soporte informático.

9 Cfr. las estadísticas al respecto publicadas, hasta el año 2019, por UGT. https://www.ugt.es/sites/default/files/04-09_informe_trabajo_domestico_y_de_cuidados_para_empleadores_particulares.pdf

sustancialmente las dificultades de conciliación a las que diariamente se enfrentan muchos hogares sin que ello represente a las familias un coste añadido, y dotando al mismo tiempo a este tipo de empleados de una calidad y estabilidad en el empleo de la que actualmente carecen), o al menos, hasta que se haya configurado un régimen laboral y fiscal adecuado para lograr que el servicio doméstico prestado en virtud de una relación laboral de calidad no se convierta en un gasto inasumible para muchos hogares de nuestro país[10].

4. CONCLUSIONES

En síntesis, puede afirmarse que, la regulación actual del trabajo doméstico aporta tan sólo una solución incompleta a las demandas sociales pues, pese a sus loables propósitos, contribuye a acentuar el fraude al sistema. Al respecto, no se puede olvidar que el cabeza de familia no es realmente un "empresario" sino un mero "empleador" (receptor de mano de obra que no pretende incorporar a una estructura productiva destinada a comercializar bienes o servicios al mercado y obtener un beneficio empresarial con ello) y por ello, el hecho de encontrarse en una situación en la que se necesite recurrir a apoyo externo para atender a la familia, no siempre va acompañada de la disponibilidad económica suficiente como para asumir, sin conflictos, cualquier gasto social que esta actividad genere, aunque con ello se pretenda alcanzar el, sin duda necesario, objetivo de ofrecer la protección social que los empleados domésticos merecen.

Resulta esencial insistir en que no se pretende desde estas líneas minorar la protección del empleado de hogar, todo lo contrario. Ha llegado el momento de que el legislador de un paso al frente, un paso decidido y valiente con el fin de combatir la brecha de género desde diversos frentes. Hay que ser consciente de las especiales dificultades de conciliación a las que se enfrentan no solo las familias numerosas, sino otros muchos colectivos para los que la ayuda doméstica resulta imprescindible. Al respecto, se aboga por una mejora contundente de los incentivos fiscales y laborales que ayuden a premiar la regularización de este tipo de contrataciones. Y es que, no puede dejar de enlazarse el problema de la necesaria dignificación del trabajo doméstico, con la escasez de ayudas que actualmente existen para mejorar las oportunidades de conciliación de la vida familiar y laboral para familias trabajadoras, con el escaso importe medio que tienen las pensiones por jubilación e incapacidad permanente en nuestro país, así como con la prácticamente inexistente protección pública, sea en dinero o en servicios, que por el momento reciben nuestros grandes dependientes (colectivos todos ellos altamente demandantes de ayuda doméstica, por imperiosa necesidad y no por mero capricho).

Sobre esta importantísima cuestión, se ha de recordar que las estadísticas demuestran no solo las dificultades que sin duda existe a la hora de asumir todos los costes que implica el servicio doméstico partiendo de los ingresos medios que registran los

---

[10] Sobre la necesaria ampliación, subjetiva y cuantitativa, de los incentivos fiscales a la contratación de empleados de hogar, véase MIRAS MARÍN, N., "Los incentivos fiscales a la maternidad", en AAVV, *Retos en materia de igualdad de género en el siglo XXI*" (coord. Selma Penalva), Dykinson, Madrid, 2018.

hogares familiares en España[11], sino también, que el hecho de no poder financiar una ayuda externa es el principal motivo de abandono de oportunidades laborales de las mujeres en nuestro país[12]. Y es que, mientras no se tome conciencia de que el problema de la precariedad del empleado de hogar no es un problema aislado que se pueda solventar fácilmente simplemente contando con la sensibilización social, sino que se trata una situación compleja, íntimamente conectada a otros problemas sociales, económicos, laborales, y familiares igualmente importantes, no se sabrá ofrecer una respuesta adecuada que consiga, verdaderamente, visibilizar y dignificar el trabajo doméstico, sin provocar la indeseada revitalización de la economía sumergida que, hasta ahora, toda reforma del modelo ha llevado aparejada.

En definitiva, una regulación completa y efectiva de la figura del empleado de hogar supondría un gran avance en la igualdad de género y en la reducción de la brecha salarial desde una doble perspectiva: por una parte favorecería la regularización de un ingente colectivo (sustancialmente femenino) que por el momento permanece dentro de la economía sumergida y alejado del modelo de protección social, y por otra, no menos importante, elevaría al servicio doméstico al lugar que verdaderamente le corresponde: una posición clave, esencial e imprescindible para que las familias trabajadoras puedan compatibilizar, fácilmente y sin incurrir en un coste económico desmotivador, sus obligaciones familiares y laborales sin que ello implique la necesidad de sacrificar oportunidades laborales (que incide con especial fuerza sobre las mujeres) y que desemboca en los perniciosos efectos negativos que ya conocemos[13].

5. BIBLIOGRAFÍA

AAVV, "*Visiones multidisciplinares de la igualdad entre hombres y mujeres*", ORTIZ GONZÁLEZ-CONDE, LÓPEZ ANIORTE, RUBIO FERNÁNDEZ (Coords.), Laborum, Murcia, 2019.

[11] Al menos, el coste que supondría mantener el servicio doméstico a jornada completa, lo que implicaría un gasto de 13.300 euros anuales, teniendo en cuenta que los ingresos medios del hogar familiar son de 30.690 euros al año, según datos del INE de 2020.

[12] Al respecto existe un dato tremendamente revelador sobre el que, quizá, no se presta la necesaria atención: en cerca del 50% de los casos la persona que ha hecho uso de una medida de conciliación en su actividad profesional para cuidar a menores o dependientes, o que se ha alejado del mercado laboral por ese motivo, reconoce que lo ha hecho, por no poder sufragar el gasto que implicaría obtener una atención profesional. Según los reveladores datos facilitados por el INE, https://www.ine.es/ss/Satellite?L=es_ES&c=INESeccion_C&cid=1259925472720&p=1254735110672&pagename=ProductosYServicios%2FPYSLayout

[13] Al respecto, se ha dicho que " (…) las mujeres que desempeñan el trabajo doméstico posibilitan la conciliación entre trabajo y familia de otras mujeres, en mejor situación socioeconómica o insertas en trabajos de mayor calidad y remuneración. De esta manera, se configura una "cadena de cuidados" en cuyos diferentes eslabones mujeres reemplazan a otras mujeres en las responsabilidades y tareas domésticas y de los cuidados familiares (…)", cfr. SANZ SÁEZ, C., "La precarización como realidad de mercado: la frontera entre el empleo doméstico y el trabajo de cuidados", *Lex social: revista de los derechos sociales*, vol. 11, nº. 1, 2021, p. 529.

CORRAL JUAN, A.M., "Las empleadas de hogar y la precariedad", *Alternativas económicas*, nº. 76, 2020, pp. 50 y ss.

GONZÁLEZ VIDALES, C., "Actividades encuadradas en el sector cuidados: trabajos declarados y cuidados invisibles. Panorámica general", *Lex social: revista de los derechos sociales*, vol. 11, nº. 2, 2021, pp. 497-512.

BORÓ HERRERA, F., "¿Es adecuado el control administrativo del trabajo de las personas empleadas del hogar?: actuación en la materia de la inspección de trabajo y seguridad social española en el periodo de 2006 a junio de 2020, *Lex social: revista de los derechos sociales*, vol. 11, nº. 1, 2021, pp. 587 y ss.

ELIZALDE SAN MIGUEL, B., "¿Femenino e informal? El modelo tradicional de cuidados a examen desde una perspectiva demográfica", *Prisma Social: revista de investigación social*, nº. 21, 2018, pp. 243 y ss.

HERRARTE, A., y SÁEZ, F., "Mujer y abandono del empleo tras la maternidad", *Economistas*, nº 116, 2008, pp. 211 y ss.

LÓPEZ INSÚA, B.M., "Nadando entre dos aguas: salario decente "versus" economía irregular en el empleo al servicio del hogar familiar, *Revista Española de Derecho del Trabajo*, nº. 231, 2020, pp. 137 y ss.

MARTÍN CANO, M.C., "El trabajo de cuidados se concibe en femenino: una realidad aún latente", *III Congreso virtual sobre Historia de las Mujeres: comunicaciones*, 2011, soporte digital.

MIRAS MARÍN, N., "Los incentivos fiscales a la maternidad", en AAVV, *Retos en materia de igualdad de género en el siglo XXI*" (coord. Selma Penalva), Dykinson, Madrid, 2018.

MEIL LANDWERLIN, G., "El uso de los permisos parentales por los hombres y su implicación en el cuidado de los niños en Europa", *Revista latina de sociología*, nº. 1, 2011, soporte informático.

MOLINA NAVARRETE, C., "El régimen cuasi-profesional de cuidados de las personas dependientes en el entorno familiar: visualizando un trabajo con rostro de mujer", *Centro de Estudios Financieros. Revista de Trabajo y Seguridad Social*, nº. 297, 2007, pp. 33 y ss.

RAMÍREZ GARCÍA, J.M., "El cuidado de personas dependientes: perfil y costes personales", *TS nova: trabajo social y servicios sociales*, nº. 14, 2017, pp. 9 y ss.

RENDÓN GAN, T., "La división del trabajo por sexo en el mundo", *Investigación económica*, vol. 61, nº. 238, 2001, pp. 157 y ss.

ROALES PANIAGUA, E., "El trabajo de igual valor y la transparencia social como elementos clave en la eliminación de la brecha salarial entre mujeres y hombres"; *Noticias CIELO*, nº. 5, 2019.

RODRÍGUEZ CARDO, I.A., "La integración de los empleados de hogar en el Régimen General de la Seguridad Social: una visión crítica", *Revista digital Facultad de Derecho*, nº. 6, 2013, soporte informático.

SANZ SÁEZ, C., "La precarización como realidad de mercado: la frontera entre el empleo doméstico y el trabajo de cuidados", *Lex social: revista de los derechos sociales*, vol. 11, nº. 1, 2021, p. 529 y ss.

CAPÍTULO XXII.
LA REFORMA FISCAL VERDE EN LA UE: UNA FÓRMULA PARA NEUTRALIZAR LAS EMISIONES DE DIÓXIDO DE CARBONO

Victoria Selma Penalva
Profesora de Derecho Financiero y Tributario de la Universidad de Murcia

1. UNA APROXIMACIÓN AL PROBLEMA

El objetivo 13 de desarrollo sostenible impulsado por Naciones Unidas hace referencia a la "Acción por el Clima" y a la necesidad de adoptar medidas urgentes para combatir el cambio climático.

Uno de los problemas más graves a los que se enfrenta el medioambiente a nivel global es el aumento de los niveles de dióxido de carbono (CO2) y de otros gases de efecto invernadero.

Históricamente son los llamados países desarrollados lo que a través de su industria han contaminado más, no solo con emisiones de dióxido de carbono (CO2), sino también de otras sustancias contaminantes (Por ejemplo, Metano: CH4, Óxido de Nitrógeno: N20, etc.).

Generalmente, las empresas desarrollaban su producción en su propio territorio, sin embargo, la contaminación que generaban acabó afectando al clima global ya que la contaminación no se circunscribe a un lugar determinado. Los estados desarrollados han avanzado en su política medioambiental lo que ha provocado la fuga de producción de las empresas e industrias contaminantes a territorios con una legislación más laxa en este tema.

En el caso de España, hay que destacar que es de los países europeos que tiene una menor regulación relativa a la tributación de las emisiones de gases contaminantes a la atmósfera terrestre y, en concreto, de CO2, no obstante, se han adoptado diferentes medidas de carácter fiscal para evitar o reducir su emisión, sobre todo, en el ámbito autonómico. Destacaremos las siguientes:

- Aragón: Impuesto Medioambiental sobre la Emisión de Contaminantes a la Atmósfera[1], en relación con este impuesto, resulta intereante el análisis que del mismo realiza POZUELO ANTONI[2].
- Navarra: Impuesto sobre los gases fluorados de efecto invernadero.
- Galicia: Impuesto sobre contaminación atmosférica[3].
- Cataluña: Impuesto sobre la emisión de óxidos de nitrógeno a la atmósfera producida por la aviación comercial, Impuesto sobre la emisión de gases y partículas a la atmósfera producida por la industria, Impuesto sobre la producción de energía eléctrica de origen nuclear[4] e Impuesto sobre las emisiones de dióxido de carbono de los vehículos de tracción mecánica[5].
- Andalucía: Impuesto sobre emisión de gases a la atmósfera[6].
- Región de Murcia: Impuesto por emisiones de gases contaminantes a la atmósfera[7].

A nivel estatal, en España encontramos el Impuesto sobre gases fluorados de efecto invernadero[8], es un tributo de naturaleza indirecta que recae sobre el consumo de aquellos productos comprendidos en su ámbito objetivo y grava, en fase única, el consumo de estos productos atendiendo al potencial de calentamiento atmosférico[9].

Por su parte, en la Unión Europea existen diferentes Directivas que abordan la necesidad de establecer una política fiscal verde dirigidas a la creación de un impuesto fronterizo al carbono para frenar la entrada de productos con alta huella de carbono producidos en otros países, y en este extremo centraremos nuestro análisis.

---

1 Decreto legislativo 1/2007, de 18 de septiembre, del Gobierno de Aragón, por el que se aprueba el Texto Refundido de la Legislación sobre los impuestos medioambientales de la Comunidad Autónoma de Aragón. (BOA núm. 117, de 03 octubre de 2007).

2 POZUELO ANTONI, F.D.A., "El impuesto aragonés sobre el daño mediambiental causado por la emisión de contaminantes a la atmósfera" en AA.VV. *La fiscalidad de los derechos de emisión: Estado de situación y perspectivas de futuro,* Ministerio de Hacienda, Instituto de Estudios Fiscales, Madrid, 2010, pp. 591.

3 Ley 12/1995, de 29 de diciembre, del impuesto sobre la contaminación atmosférica (DOG núm. 249, de 30 de diciembre de 1995).

4 Ley 12/2014, de 10 de octubre, del impuesto sobre la emisión de óxidos de nitrógeno a la atmósfera producida por la aviación comercial, del impuesto sobre la emisión de gases y partículas a la atmósfera producida por la industria y del impuesto sobre la producción de energía eléctrica de origen nuclear (DOGC núm. 6730, de 17 de octubre de 2014).

5 LEY 16/2017, de 1 de agosto, del cambio climático (DOGC núm. 7426, de 3 de agosto de 2017).

6 Ley 18/2003, de 29 de diciembre, por la que se aprueban medidas fiscales y administrativas (BOJA núm. 251, de 31 de diciembre de 2003).

7 La Ley 9/2005, de 29 de diciembre, de Medidas Tributarias en materia de Tributos Cedidos y Tributos Propios año 2006 (BORM suplemento 3 del núm. 301, de 31 de diciembre de 2005).

8 Ley 16/2013, de 29 de octubre, por la que se establecen determinadas medidas en materia de fiscalidad medioambiental y se adoptan otras medidas tributarias y financieras.

9 LUCAS DURÁN, M., "El impuesto sobre gases fluorados de efecto invernadero", *Crónica Tributaria,* nº 157/2015, p. 49.

2. IMPUESTO FRONTERIZO AL CARBONO

2.1. Fundamento jurídico

De momento es solo una propuesta. La Comisión Europea hace referencia a este gravamen en su Comunicación sobre el Pacto Verde Europeo y se fundamenta en los artículos 191 y 192 del Tratado de Funcionamiento de la Unión Europea.

El Art. 191.1 señala que "La política de la Unión en el ámbito del medio ambiente contribuirá a alcanzar los siguientes objetivos: la conservación, la protección y la mejora de la calidad del medio ambiente, la protección de la salud de las personas, la utilización prudente y racional de los recursos naturales, el fomento de medidas a escala internacional destinadas a hacer frente a los problemas regionales o mundiales del medio ambiente. y en particular a luchar contra el cambio climático".

En cuanto a su aplicación material, se prevé que el Impuesto se implemente gradualmente a partir de 2023 y que su implementación completa sea a partir de 2026.

2.2. Situación de hecho

Se parte de la siguiente situación de hecho: Empresas que producen sus bienes en países en vía de desarrollo que no cuentan con una rígida normativa medioambiental como la de la Unión Europea pero que venden sus productos en el mercado de la UE.

Como hemos apuntado en líneas anteriores, y tal y como señaló la Comisión de Medio Ambiente, Salud Pública y Seguridad Alimentaria en su informe de 1 de junio de 2011 sobre el análisis de las opciones para rebasar el objetivo del 20% de reducción de las emisiones de gases de efecto invernadero y la evaluación del riesgo de fugas de carbono[10], en los últimos años se está produciendo una "fuga de carbono", que se lleva a cabo con la deslocalización de la producción a lugares con estándares medioambientales más débiles para tratar de eludir las medidas de protección del medio ambiente existentes en la Unión Europea y en sus Estados miembros. Sin embargo, ese traslado de la producción para producir de forma más económica y contaminante reduce cualquier avance climático global, de ahí que haya que buscar soluciones.

2.3. Funcionamiento del impuesto

Este impuesto aun no tiene un mecanismo de aplicación establecido, pero su implantación exigirá paralelamente una profunda reforma de la fiscalidad de la energía *ad intra* en la Unión Europea.

En la actualidad, la Unión Europea maneja tres posibles escenarios: El primero, la configuración de un impuesto a la importación en general, el segundo, la creación de

---

[10] Disponible en: https://www.europarl.europa.eu/doceo/document/A-7-2011-0219_ES.html

un impuesto especial sobre los bienes intensivos en emisiones y, por último, el tercero y más controvertido, la implantación de un impuesto vinculado al mercado de CO2.

En cualquier caso, el que se prevé como escenario ganador es el que apuesta por la creación de un impuesto a la importación que se aplique a los bienes importados en función de su intensidad de carbono.

Los impuestos aplicados en frontera se basan generalmente en una equivalencia entre la tributación que se impone a los productos domésticos mediante un impuesto interior y la tributación que se impone a los productos importados mediante la carga que se les aplica en frontera[11].

Es interesante el ejemplo que presenta FERNÁNDEZ PONS[12]: El ajuste fiscal en frontera del oro.

Aquellos países que establecen un impuesto interior a la producción doméstica de oro pueden imponer al oro que provenga del exterior, además del arancel aduanero ordinario una carga específica equivalente a la que grava la producción de oro doméstico. Si extendemos este funcionamiento a la producción o emisión de carbono, la Unión Europea debería diseñar primero un impuesto interior que gravase ciertos productos en virtud del carbono emitido durante su producción antes de crear un impuesto al carbono en frontera.

2.4. Objetivos del gravamen

El propósito fundamental de este impuesto es continuar con el avance y con el desarrollo en la protección del Medio Ambiente y evitar el cambio climático, aunque podemos encontrar otros propósitos subsidiarios:

En primer lugar, resguardar a las empresas que mantienen su fabricación en la Unión Europea de los potenciales perjuicios económicos causados por los productos más baratos fabricados en países con estándares medioambientales más bajos, compensando la diferencia entre el precio del carbono del país o región importadora de bienes y el país o región exportadora de bienes, donde el precio de carbono puede ser más bajo o inexistente. De esta forma, las industrias locales que soportan mayores costes por cumplir la política climática no están en desventaja con sus competidores económicos.

También, promover que las empresas fuera de la Unión Europea que proyecten la venta de sus productos en el mercado europeo apuesten por adoptar medidas más contundentes para reducir sus propias emisiones en la elaboración de sus productos.

---

[11] FERNÁNDEZ PONS, X., "Los impuestos aplicados en frontera se basan generalmente en una equivalencia entre la tributación que se impone a los productos domésticos mediante un impuesto interior y la tributación que se impone a los productos importados mediante la carga que se les aplica en frontera", *Revista de Educación y Derecho,* nº 21/2020, pp. 3-5.

[12] FERNÁNDEZ PONS, X., "Los impuestos aplicados en frontera se basan generalmente... Ob. Cit. pp. 12-13.

Y como no, impulsar a los territorios en vía de desarrollo a la intensificación su legislación mediombiental para poder acceder al mercado europeo sin tener que enfrentarse a limitaciones y cargas económicas adicionales.

2.5. Problemas que plantea

Fundamentalmente existen tres problemas en relación con la implantación de este Impuesto fronterizo al carbono: de prueba, de compatibilidad con las normas de la Organización Mundial del Comercio y, por último, de perjuicio a lo más vulnerables.

2.5.1. Problema de prueba

La primera pregunta que surge es: ¿Cómo medir la huella de carbono de los productos?

La Oficina Española de Cambio Climático, dependiente del Ministerio para la Transición Ecológica, ha respondido a esta pregunta en su guía para el cálculo de la huella de carbono, elaborada con el objetivo de crear planes de mejora.

Antes de determinar cómo se mide, debemos tener claro qué es la huella de carbono, se entiende como huella de carbono "la totalidad de gases de efecto invernadero emitidos por efecto directo o indirecto por un individuo, organización, evento o producto" y, en concreto, la huella de carbono de un producto mide los gases de efecto invernadero emitidos durante todo el ciclo de vida de un producto: desde la extracción de las materias primas, pasando por el procesado y fabricación y distribución, hasta la etapa de uso y final de la vida útil (depósito, reutilización o reciclado)[13].

Aunque el concepto general incluya en el cálculo desde la extracción de las materias primas para la creación de dicho producto, hasta el final de su vida útil, entendemos que, en lo que afecta a la determinación de la huella de carbono en relación con el impuesto que estamos analizando, habría que limitarse a calcular la huella de carbono producida en su fabricación y distribución hasta llegar al territorio de la Unión Europea.

Por lo que respecta a la forma de realizar la medición, tal y como se indica en la mencionada guía, existen diferentes métodos[14]:

- "Greenhouse Gas Protocol Corporate Standard (GHG Protocol). Desarrollado por World Resources Institute (Instituto de Recursos Mundiales) y World Business Council for Sustainable Development (Consejo Empresarial Mundial para el Desarrollo Sostenible), es uno de los protocolos más utilizados a escala

[13] OFICINA ESPAÑOLA DE CAMBIO CLIMÁTICO, *Guía para el cálculo de la huella de carbono y para la elaboración de un plan de mejora de una organización*, [Documento en línea], Ministerio de Transición Ecológica, [Consulta: 23/10/2021]. Disponible en: *https://www.miteco.gob.es*

[14] OFICINA ESPAÑOLA DE CAMBIO CLIMÁTICO, *Guía para el cálculo de la huella de carbono y*… Ob. Cit., p. 9.

internacional para cuantificar y gestionar las emisiones de gases de efecto invernadero.

- UNE-ISO 14064-1. De acuerdo con el GHG Protocol se desarrolla en 2006 la norma ISO 14064 que se estructura en 3 partes. La que sería de aplicación para esta guía es la 14064-1 que especifica los principios y requisitos, a nivel de organización, para la cuantificación y el informe de emisiones y remociones de gases de efecto invernadero. Las otras partes de esta norma se dirigen, por un lado, a proyectos sobre gases de efecto invernadero específicamente diseñados para reducir las emisiones de GEI o aumentar la remoción de gases de efecto invernadero (ISO 14064-2) y, por otro lado, a la validación y la verificación de los gases de efecto invernadero declarados (ISO 14064-3).
- UNE-ISO 14065: 2012. Requisitos para los organismos que realizan la validación y la verificación de gases de efecto invernadero, para su uso en acreditación u otras formas de reconocimiento.
- UNE-ISO 14069: 2013. Cuantificación e informe de gases de efecto invernadero para organizaciones. Constituye la guía para la aplicación de la ISO 14064-1.
- IPCC 2006 GHG Workbook. Una completa guía para calcular los gases de efecto invernadero provenientes de diferentes fuentes y sectores, y que incluye una detallada lista de factores de emisión. Esta guía se creó con el fin de servir de orientación para cuantificar las emisiones de gases de efecto invernadero de los inventarios nacionales, pero puede ser de gran utilidad a la hora de calcular la huella de carbono de las organizaciones. Si no se dispone de factores de emisión específicos, el IPCC 2006 GHG Workbook proporciona factores de emisión genéricos que pueden servir para calcular la HC de una organización.
- Bilan Carbone (Francia). La Agence d l'Environnement et de la Maîtrise de l'Energie (Agencia Francesa del Medio Ambiente y Gestión de la Energía), elaboró e implementó a partir de 2004 esta herramienta metodológica dedicada a la medición de emisiones de GEI. Se basa en los contenidos de GHG Protocol e ISO 14064.
- Indicadores GRI (Global Reporting Initiative) (...)"

Hay que destacar que en España existe un registro voluntario que recoge las diferentes actuaciones de las empresas, administraciones y otras organizaciones españolas en el cálculo, reducción y compensación de las emisiones de gases de efecto invernadero que genera su actividad. Asimismo, también recoge una cartera de proyectos forestales con estas entidades pueden tratar de compensar la huella que dejan en el planeta[15].

En cualquier caso, para acreditar cuál es la huella de carbono de los productos, resulta fundamental la expedición de un certificado de huella de carbono, en la actualidad en España no es obligatorio, pero para implementar este impuesto resultaría necesario dicho certificado, así como regular quién lo emite, unificar los métodos

---

15 Vid. https://www.miteco.gob.es/es/cambio-climatico/temas/mitigacion-politicas-y-medidas/registro-huella.aspx

para medir la huella de carbono e instrumentar una fórmula clara y fiable de verificar dicho certificado cuando proviene de productos elaborados en terceros países fuera de la Unión Europea.

2.5.2. Problema de posible incompatibilidad con las normas de la Organización Mundial del Comercio

El Acuerdo General sobre Aranceles Aduaneros y Comercio, que depende del Consejo de Comercio de Mercancías (integrado por los representantes de todos los estados miembros de la Organización Mundial del Comercio), hace referencia al comercio internacional de mercancías y a cómo algunas de las medidas que se han adoptado o se proyectan adoptar para garantizar la sostenibilidad medioambiental pueden vulnerar alguno de los principios en los que la propia Organización se sustenta o normas comerciales básicas.

Uno de los principios que puede entrar en conflicto con la aprobación de un impuesto fronterizo al carbono es el principio de no discriminación entendido como no discriminación entre productos similares de distintos interlocutores comerciales y también no discriminación entre sus propios productos los productos de características similares pero de origen extranjero.

Pero ¿Cuándo un producto es similar a otro? Existen dos teorías:

La primera, hace referencia a la naturaleza y características físicas del producto cuando llega a la frontera. La segunda, determina que dos productos son análogos cuando su naturaleza, características físicas y procesos y métodos de producción son similares.

En cualquier caso, el criterio mantenido por la Organización Mundial del Comercio es que para considerar dos productos similares no se deben tener en cuenta los procesos de producción, aunque señala que se pueden establecer excepciones[16]:

- El artículo XX del Acuerdo General sobre Aranceles Aduaneros y Comercio: hay diversos fines legítimos de carácter no comercial que pueden justificar la imposición de restricciones al comercio o de ciertas distinciones a productos similares.
- En el acuerdo no hay ninguna norma específica relacionada con medidas para luchar contra el cambio climático.
- Puede considerarse una medida "necesaria para proteger la salud y la vida de las personas y de los animales o para preservar los vegetales" o una medida "relativa a la conservación de recursos naturales agotables, a condición de que tales medidas se apliquen conjuntamente con restricciones a la producción o al consumo nacionales".

---

16 Vid. https://www.wto.org/spanish/tratop_s/envir_s/envt_rules_exceptions_s.htm

2.5.3. Problema de potencial perjuicio a los más vulnerables

Cabe posibilidad de que trabajadores en los países de producción de los bienes vean mermados sus ingresos para que la empresa productora ahorre costes. Asimismo, también puede ocurrir que las empresas traten de repercutir el importe de este impuesto a los consumidores, provocando que los colectivos con menor renta soporten una carga adicional como ya ha venido ocurriendo con el funcionamiento de otros impuestos de naturaleza análoga.

3. VALORACIÓN CRÍTICA DEL IMPUESTO FRONTERIZO AL CARBONO

3.1. Consideraciones en contra de su implantación

Lo primero que debemos plantearnos es si podemos considerar justo que la Unión Europea, responsable históricamente de una cuarta parte de las emisiones de CO2 en el mundo, establezca un gravamen que afecte, aunque sea de forma indirecta, a los países en vías de desarrollo que han contaminado mucho menos.

Para RAVIKUMAR[17] la imposición de este gravamen puede considerarse una forma de imperialismo económico en el que se produce una transferencia de riqueza del mundo en desarrollo al mundo desarrollado, penalizando algo que en los últimos años se ha potenciado: Distintas organizaciones internacionales (por ej. El Grupo del Banco Mundial) ofrecían financiación a los países en desarrollo para expandir su infraestructura de combustibles fósiles. En la actualidad, las industrias extractivas como la minería, el petróleo y el gas están casi siempre lideradas por corporaciones multinacionales con sede en países del primer mundo, lo que les obliga a mantener una línea de desarrollo de altas emisiones durante las próximas décadas. De esta forma, si el objetivo es reducir las emisiones globales de carbono, la política climática debería centrarse en ofrecer un refuerzo positivo y desarrollar capacidades en los países en desarrollo en lugar de imponer medidas punitivas como el ajuste de las fronteras de carbono. Las medidas unilaterales por parte de la UE no son eficientes. La cooperación es entre Estados es esencial. Además, hay que tener en cuenta las necesidades de los países menos desarrollados, que soportan desproporcionadamente los impactos del cambio climático y ahora se les penaliza por emitir CO2. La crisis climática se resuelve considerando a los países en vías de desarrollo como partícipes en la lucha contra el cambio climático, no como meros observadores.

---

[17] RAVIKUMAR, A. P. "Por qué el impuesto fronterizo al carbono de la UE es injusto e imperialista", [Documento en línea], ***MIT Technology Review,*** 2020, [Consulta: 28/10/2021]. Disponible en: https://www.technologyreview.es/s/12465/por-que-el-impuesto-fronterizo-al-carbono-de-la-ue-es-injusto-e-imperialista

3.2. Consideraciones a favor de este impuesto

Puede servir para garantizar que la política climática más fuerte de un territorio no se merme al trasladar la producción intensiva en carbono a una región con una política climática más débil.

Asimismo, puede fomentar la descarbonización de las empresas intensivas en carbono y al mismo tiempo serviría para incentivar que otras regiones mejoren su política climática y así no estar sujetas al impuesto fronterizo al CO2 y tener acceso al mercado del país.

4. CONCLUSIONES

Primera. Nos encontramos ante una grave amenaza climática, los esfuerzos realizados hasta el momento no son suficientes por lo que hay que buscar nuevos instrumentos que nos ayuden a luchar contra el cambio climático y la imposición sobre las emisiones de dióxido de carbono es fundamental para ello.

Segunda. Hay que luchar contra la deslocalización de la producción de bienes de las sociedades europeas y acabar con las "zonas de sacrificio".

Tercera. Este impuesto es necesario, pero hay que saber estructurarlo y aplicarlo.

Cuarta. Sería conveniente la búsqueda de acuerdos con los países emisores de CO2 y la inversión en dichos países potenciando la misma a través de refuerzos positivos a las empresas productoras.

5. BIBLIOGRAFÍA

FERNÁNDEZ PONS, X., "Los impuestos aplicados en frontera se basan generalmente en una equivalencia entre la tributación que se impone a los productos domésticos mediante un impuesto interior y la tributación que se impone a los productos importados mediante la carga que se les aplica en frontera", *Revista de Educación y Derecho,* nº 21/2020.

LUCAS DURÁN, M., "El impuesto sobre gases fluorados de efecto invernadero", *Crónica Tributaria,* nº 157/2015, p. 49.

OFICINA ESPAÑOLA DE CAMBIO CLIMÁTICO, *Guía para el cálculo de la huella de carbono y para la elaboración de un plan de mejora de una organización,* Ministerio de Transición Ecológica, 2021.

POZUELO ANTONI, F.D.A., "El impuesto aragonés sobre el daño mediambiental causado por la emisión de contaminantes a la atmósfera" en AA.VV. *La fiscalidad de los derechos de emisión: Estado de situación y perspectivas de futuro,* Ministerio de Hacienda, Instituto de Estudios Fiscales, Madrid, 2010.

RAVIKUMAR, A. P. "Por qué el impuesto fronterizo al carbono de la UE es injusto e imperialista", *MIT Technology Review,* 2020.

CAPÍTULO XXIII. EL DERECHO DE ACCESO A LA JUSTICIA Y LOS OBJETIVOS DE DESARROLLO SOSTENIBLE ESTABLECIDOS POR NACIONES UNIDAS: PRIMERA APROXIMACIÓN

JULIO SIGÜENZA LÓPEZ
Profesor Titular de Derecho Procesal
Universidad de Murcia

I. LOS «OBJETIVOS DE DESARROLLO SOSTENIBLE» APROBADOS POR LA ASAMBLEA GENERAL DE LAS NACIONES UNIDAS

1. Hace veintiún años los Estados integrantes de la Organización de Naciones Unidas establecieron ocho Objetivos del Desarrollo del Milenio (ODM) que debían alcanzarse en 2015: la erradicación de la pobreza extrema y el hambre; la enseñanza primaria universal; la promoción de la igualdad entre hombres y mujeres, así como el empoderamiento de estas; la reducción de la mortalidad de los menores de cinco años; la mejora de la salud materna; la erradicación del VIH/SIDA, el paludismo y otras enfermedades igualmente graves; la sostenibilidad del medio ambiente; y el fomento de una alianza universal para el desarrollo.

2. Fueron propósitos bienintencionados que, como todos sabemos, llegado ese año, no se habían alcanzado.

3. El que ello fuera así no desmerece sin embargo tan loable y ambicioso proyecto. Al contrario. Marcó el camino que debe seguirse para eliminar trabas y problemas que nos empobrecen como sociedad, para generar colaboraciones que favorezcan dicha tarea, para concienciar a la opinión pública de los obstáculos a los que nos enfrentamos y para seguir marcándonos propósitos y objetivos de los que podamos sentirnos legítimamente orgullosos.

4. Concluida dicha etapa, hace ahora siete años, la Asamblea General de las Naciones Unidas aprobó la llamada «Agenda 2030 para el Desarrollo Sostenible», fijando diecisiete objetivos y, al hilo de estos, ciento sesenta y nueve metas.

5. Dicha iniciativa constituyó una nueva oportunidad para que los Estados y los actores de las relaciones internacionales (organizaciones intergubernamentales, empresas transnacionales y organizaciones no gubernamentales) se comprometiesen con seriedad y responsabilidad en su consecución, pues esta solo es posible si unos y otros se conciencian de la necesidad de hacerlos realidad y los ciudadanos exigimos con firmeza que no se ceje en dicho empeño.

6. De los diferentes objetivos señalados en la «Agenda 2030 para el Desarrollo Sostenible», todos ellos relevantes, nos permitimos destacar en este instante el penúltimo de ellos, consistente en *Promover sociedades pacíficas e inclusivas para el desarrollo sostenible, facilitar acceso a la justicia para todos y crear instituciones eficaces, responsables e inclusivas a todos los niveles*, una de cuyas metas –la tercera de las doce que refiere– es la de promover el Estado de Derecho en los planos nacional e internacional y garantizar la igualdad de acceso a la justicia para todos.

2. EL DERECHO DE ACCESO A LA JUSTICIA

7. El *Diccionario de la lengua española*, en su vigésima tercera edición, define la palabra justicia como «principio moral que lleva a dar a cada uno lo que le corresponde o pertenece» (primera acepción), como «Derecho, razón o equidad» (segunda acepción), identificándola asimismo con «Poder judicial» (sexta acepción), esto es, con uno de los tres poderes del Estado, encargado de dirimir las contiendas que se planteen ante la jurisdicción a través de un proceso garantista que permita aplicar correcta y debidamente la ley.

8. Si nos atenemos a este último significado, favorecer el acceso a la justicia implica adoptar las medidas necesarias para garantizar que todos los ciudadanos puedan acceder a la Administración de Justicia para que esta se pronuncie sobre la demanda de tutela que solicitan.

9. Sin embargo, si tenemos en consideración los dos primeros, tendremos que convenir que facilitar el acceso a la justicia significa también favorecer el acceso a otros modos de resolución de conflictos que permitan decidir estos conforme a criterios jurídicos, la razón o la equidad y, por tanto, de forma efectiva y civilizada. Pues alcanzar soluciones justas no es patrimonio de la Administración de Justicia.

10. Entre estos mecanismos, complementarios sin duda de la tarea que lleva a cabo la jurisdicción, tiene una especial relevancia la mediación, que debe ser fomentada por los poderes públicos, pero siempre desde el respeto a la libre y voluntaria decisión de quienes puedan querer acudir a ella para gestionar y, en su caso, resolver sus diferencias. De ahí que, en nuestra opinión, el acceso a la justicia también deba comprender la posibilidad de que, aquellos que lo deseen, puedan buscar una solución a aquellas con la ayuda de un tercero imparcial que guíe y oriente el procedimiento a seguir en pro de dicho objetivo[1]. Máxime si se considera que «La Justicia no es únicamente la "administración de la justicia contenciosa". Es todo un sistema que se enmarca dentro del movimiento de lo que la filosofía del derecho denomina la justicia deliberativa,

[1] Véase a este propósito, entre otros: MARTÍN DIZ, F., «El derecho fundamental a justicia. Revisión integral e integradora del derecho a la tutela judicial efectiva», en *Revista de Derecho Político*, núm. 106, septiembre-diciembre 2019, pp. 13 a 42.

que no es monopolio de los cuerpos judiciales ni de la abogacía, sino que pertenece a toda la sociedad civil»[2].

Si ello es así, si la justicia no es solo el recurso a la jurisdicción y ha de ser capaz de ofrecer a los ciudadanos la vía más adecuada para que puedan gestionar sus diferencias, que en ocasiones será la judicial, pero en otras será negocial, no puede dejar de tenerse en cuenta dicha circunstancia al definir el derecho de acceso a la justicia, que necesariamente deberá comprender la posibilidad de acceder a los mecanismos de solución de controversias que puedan hacer efectiva dicha solución consensuada.

11. Sentado lo anterior, y por lo que hace al derecho de acceso a la justicia en su sentido más extendido, como «elemento esencial del contenido de la tutela judicial, consistente en provocar la actividad jurisdiccional que desemboque en la decisión de un Juez» (STC 149/2016, de 19 de septiembre [ECLI:ES:TC:2016:149], Pte. Sr. Valdés Dal-Ré), parece acertado concluir que, cuanto más se favorezca la posibilidad de reclamar a la jurisdicción determinadas tutelas, más se reforzará la confianza de los ciudadanos en la Administración de Justicia y menores serán las dudas que estos puedan albergar sobre si compensa o no acudir a los tribunales en demanda de aquellas.

3. EL PROCESO EUROPEO DE ESCASA CUANTÍA: UN BUEN INSTRUMENTO PARA ACERCAR LA JUSTICIA A LOS CIUDADANOS QUE, NO OBSTANTE, PUEDE Y DEBE SER MEJORADO

12. La Unión Europea, asociación política y económica única en el mundo, constituida en la actualidad, tras la reciente salida del Reino Unido, por 27 países, que han delegado parte de su soberanía en distintas instituciones comunes para que estas adopten democráticamente decisiones sobre asuntos de interés para todos ellos, ha realizado en los últimos años importantes esfuerzos para regular procesos que puedan ser utilizados por todos los ciudadanos que la integran, a fin de facilitar su derecho de acceso a la justicia.

13. Uno de ellos es el proceso europeo de escasa cuantía, pensado para simplificar y acelerar los litigios de pequeña entidad económica en determinados asuntos civiles y mercantiles de carácter transfronterizo, regulado por el Reglamento (CE) núm. 861/2007, de 11 de julio de 2007, del Parlamento Europeo y el Consejo –en adelante el RPEEC–.

14. Según se apunta en los considerandos iniciales de dicha norma, con esta se pretenden dos grandes objetivos. De un lado, regular un proceso europeo que, sin merma de las debidas garantías, facilite la resolución de determinados asuntos patrimoniales de carácter transnacional[3]. De otro, eliminar cualquier procedimiento intermedio

---

[2] Cfr. el apartado I de la Exposición de Motivos del Anteproyecto de Ley de medidas de eficiencia procesal del servicio público de justicia, aprobado por el Consejo de Ministros el 15 de diciembre de 2020.

[3] Cfr. los artículos 1 a 19 del Reglamento (CE) núm. 861/2007, del Parlamento Europeo y del Consejo, de 11 de julio de 2007, por el que se establece un proceso europeo de escasa cuantía («Diario Oficial de la Unión Europea», núm. 199, de 31 de julio de 2007, pp. 1 a 22).

que pueda impedir que las sentencias dictadas en un país integrante de la Unión, tras el desarrollo de dicho proceso, puedan ejecutarse en otro distinto a aquel en que se hayan acordado[4].

15. Su análisis pormenorizado, al que hemos dedicado algunos trabajos[5], pone de manifiesto que constituye un buen instrumento para la tutela del crédito que, no obstante, no es demasiado conocido en nuestro país, en el que es escasamente utilizado.

16. Dicha afirmación no es gratuita. Se basa en la información que facilita el Centro de Documentación Judicial (CENDOJ) del Consejo General del Poder Judicial, que no registra ningún resultado cuando se consulta los procesos europeos de escasa cuantía tramitados por Juzgados de Primera Instancia, o por Juzgados de Primera Instancia e Instrucción, y solo refiere 71 tramitados por Juzgados de lo Mercantil[6], la gran mayoría referidos a reclamaciones en materia de transporte, sobre todo aéreo, como consecuencia de retrasos en el vuelo contratado, pérdidas de enlace con otros viajes, extravío de equipajes, etcétera. Lo que hace una media de 5,0714 asuntos por año desde que el Reglamento entró en vigor el 1 de enero de 2009.

17. El examen concienzudo de las resoluciones dictadas en dichos asuntos pone de manifiesto varios datos significativos.

En primer lugar, como ya se ha señalado, que en todos los casos han conocido de este proceso en primer grado los juzgados de lo mercantil.

En segundo término, que todos los supuestos tienen su causa en contratos de transporte: 68 en contratos de transporte aéreo y 2 en contratos de transporte terrestre[7], existiendo otro en el que se reclama una indemnización por daños y perjuicios, pero no es posible deducir con base en qué, ya que en la sentencia no se dan datos sobre el fundamento de la controversia ni la identidad del demandado, analizándose en ella si el allanamiento de este cumple los requisitos legales y si procede condenarle en costas[8].

En tercer lugar, que la inmensa mayoría de ellos se han suscitado ante los juzgados de lo mercantil de Palma de Mallorca[9], si bien en el último año se han incrementado notablemente los interesados ante los juzgados de lo mercantil de Barcelona.

---

[4] Vid. los artículos 20 a 23 del Reglamento arriba mencionado.

[5] Por ejemplo: Sigüenza López, J., «Un buen instrumento para la tutela del crédito que suscita no pocos problemas prácticos: el proceso europeo de escasa cuantía», en *Cuadernos de derecho transnacional,* Vol. 13, número 2, 2021, págs.. 550-574.

[6] Datos a 8 de noviembre de 2021 (aunque en la base de datos figuran 72, uno de ellos nada tiene que ver con el proceso europeo de escasa cuantía).

[7] *Vide* las Sentencias del Juzgado de lo Mercantil núm. 3 de Pontevedra (con sede en Vigo) de 27 de septiembre de 2018 (ECLI:ES:JMPO:2018:3089), Pte. Sr. Burguillo Pozo; y del Juzgado de lo Mercantil núm. 1 de Pamplona de 4 de marzo de 2020 (ECLI:ES:JMNA:2020:3850), Pte. Sra. Fernández Zabalegui.

[8] Sentencia del Juzgado de lo Mercantil núm. 3 de Palma de Mallorca de 10 de agosto de 2018 (ECLI: ES:JMIB:2018:2876), Pte. Sr. Fernández González.

[9] Los restantes, salvo error mío, ante los juzgados de lo mercantil de Barcelona (14), Gerona (3), Madrid (2), Pontevedra [con sede en Vigo] (2), Vizcaya [con sede en Bilbao] (2), Oviedo (1), Pamplona (1) y Valencia (1).

Puede asimismo señalarse que 27 resoluciones fueron dictadas por mujeres y 44 por hombres.

Y, finalmente, que en muchos de estos procesos quien reclama es una empresa a la que los particulares han cedido su derecho, presumiblemente a cambio de un precio acordado.

18. Un análisis más detallado nos revela asimismo que, en los dos últimos años, es decir, en 2020 y en el presente 2021, se han incrementado notablemente el número de procesos europeos de escasa cuantía tramitados en España en relación con los que se cursaron en años precedentes, ya que, en solo ese tiempo, se resolvieron 35 supuestos, es decir, casi la mitad de los tramitados en los seis anteriores, los comprendidos entre 2014 y 2019.

19. Los anteriores datos, sumamente reveladores, obligan a reflexionar sobre el futuro de este proceso[10] y también, claro está, sobre las medidas que podrían adoptarse para hacerlo más atractivo a los ciudadanos.

20. A tal efecto, y con dicho propósito, nos permitimos hacer las siguientes propuestas y recomendaciones.

Primera. - Es preciso dar a conocer debidamente su existencia, toda vez que es un gran desconocido, incluso para muchos profesionales del derecho, pues constituye un instrumento apto y eficaz para realizar determinadas reclamaciones. Por ejemplo, las que pretendan la devolución del precio que se haya pagado por la compra de un producto defectuoso realizada en un Estado afectado por el RPEEC distinto al propio, o las que interesen el abono de servicios contratados y no pagados por un ciudadano europeo durante su estancia en otro país de la Unión al que sea de aplicación dicha norma.

---

[10] Recuérdese a estos efectos que, según dispone el art. 28 del propio reglamento comunitario:

«1. A más tardar el 15 de julio de 2022, la Comisión presentará al Parlamento Europeo, al Consejo y al Comité Económico y Social Europeo un informe sobre el funcionamiento del presente Reglamento, que incluirá una evaluación sobre lo siguiente:

a) si resulta adecuado un incremento adicional del límite al que hace referencia el artículo 2, apartado 1, con el fin de alcanzar el objetivo del presente Reglamento de facilitar el acceso de los ciudadanos y las pequeñas y medianas empresas a la justicia en asuntos transfronterizos, y

b) si resulta adecuado extender el ámbito de aplicación del proceso europeo de escasa cuantía, en particular a las demandas relativas a retribuciones salariales, a fin de facilitar el acceso a la justicia de los trabajadores en litigios laborales transfronterizos con sus respectivos empleadores, previo examen de todas las repercusiones de dicha extensión.

Dicho informe irá acompañado, en su caso, de propuestas legislativas.

A tal efecto y a más tardar el 15 de julio de 2021, los Estados miembros facilitarán a la Comisión información sobre el número de demandas en el marco del proceso europeo de escasa cuantía, así como sobre el número de peticiones de ejecución de sentencias dictadas en el proceso europeo de escasa cuantía.

2. A más tardar el 15 de julio de 2019, la Comisión presentará al Parlamento Europeo, al Consejo y al Comité Económico y Social Europeo un informe sobre la difusión de información acerca del proceso europeo de escasa cuantía en los Estados miembros, y podrá proponer recomendaciones sobre cómo dar a conocer mejor dicho proceso».

Una amplia campaña de difusión resulta pues imprescindible para dar a conocer las bondades de este proceso a los ciudadanos de la Unión Europea, favoreciendo con ello su derecho de acceso a la justicia.

Segunda. - Una forma de incentivar su uso sería la de suprimir la necesidad de abonar una tasa judicial en aquellos países que aún se exige.

Es cierto que en España no se requiere y que, no obstante, apenas es utilizado. Pero ello es debido, a nuestro parecer, a la falta de incentivos para su uso y al desconocimiento entre los profesionales del derecho a que antes hicimos referencia. Por lo que la eliminación de esta traba podría hacerlo más atractivo en los países de la Unión Europea que aún la mantienen.

Tercera. - Parece conveniente incrementar el valor económico de la demanda en estos procesos. Es verdad que en 2015 se elevó a 5.000€ y que, sin duda, dicho umbral es más adecuado que el inicial de 2.000€. Pero entendemos que sería conveniente incrementarlo aún más, por ejemplo, a 7.500€, al menos en aquellos casos en que el litigio se suscite entre empresas o personas jurídicas, a fin de animar a sus responsables a su utilización. Tiene el riesgo, es cierto, de que se constituyan empresas con el fin de comprar créditos litigiosos a particulares superiores a 5.000€. Pero entendemos que ello no supone un inconveniente que lo haga desaconsejable. Al revés, si se incrementa el número de procesos europeos de escasa cuantía por dicha razón, sería el momento de replantearse si dicho incremento no debe extenderse también a reclamaciones en las que el actor sea una persona física.

Cuarta. - Sería adecuado que su tramitación se regulase de forma más completa de lo que lo está actualmente, limitando así las muchas remisiones que se hacen en el RPEEC a las legislaciones de los Estados en los que es de aplicación dicha norma, ya que ello constituye un factor de complicación, sobre todo para los legos en derecho, que desanima recurrir al mismo.

Quinta. - Debería aclararse que la desestimación de lo pretendido por el actor solo es posible en la sentencia. Y, por tanto, que cuando el Reglamento dispone que, en algunos casos, cabe rechazar la demanda, el legislador europeo se está refiriendo a su inadmisión a trámite o a que por parte de la autoridad competente se rechaza seguir tramitándola. En último extremo, sería positivo que en el Reglamento se dispusiera que en estos casos la decisión judicial debe ser la misma que, en supuestos semejantes, se acordaría en un pleito nacional.

Sexta. – Sería conveniente expresar, con la debida claridad, cómo han de prestar los Estados afectados por el RPEEC la asistencia práctica que se han comprometido a facilitar a quienes deseen hacer uso de este proceso para que puedan cumplimentar los formularios que en él se refieren (cfr. su art. 11). Pues ello redundará, sin duda, en una mayor confianza en este proceso, en un mayor empleo del mismo y en un mejor desarrollo del procedimiento.

Séptima. - De igual modo, sería positivo que se indicará en dicha norma, con el máximo detalle posible, cómo han de cumplir los órganos jurisdiccionales el deber de informar a las partes sobre las cuestiones procesales que se hayan suscitado y deban ser resueltas, en aquellos casos en que sea preciso (cfr. el art. 12.2 del RPEEC). Pues, de lo contrario, dicho cometido puede quedar reducido a una mera declaración de intenciones, sin ninguna relevancia, con los inconvenientes que ello conlleva.

Octava. – Igualmente, sería oportuno que se delimitase con la mayor exactitud posible en qué supuestos puede acordarse de oficio por el órgano jurisdiccional la celebración de una vista oral tras la presentación de los respectivos escritos de alegaciones. Ya que, de lo contrario, si no se hace así, en algunos supuestos puede quedar en entredicho su necesaria imparcialidad, siendo preciso asimismo que se disponga que, en aquellos casos en que dicha vista deba tener lugar, deben cumplirse de la mejor manera posible las exigencias de contradicción, inmediación, concentración y publicidad.

En este punto sería igualmente conveniente que se especificase que la decisión de no celebrar una vista oral, cuando esta haya sido solicitada al menos por uno de los contendientes, debe estar debidamente fundada, a fin de que sea posible conocer, con el debido detalle, las razones que llevan al órgano jurisdiccional a no acordarla.

Novena. – Convendría considerar la posibilidad de que las partes pudiesen formular conclusiones por escrito tras la práctica de la prueba, en aquellos casos en que esta se acuerde, toda vez que ello podría coadyuvar a que fijasen con mayor precisión sus respectivas posiciones.

Décima. - El proceso europeo de escasa cuantía genera gastos para las partes (traducción de documentos, desembolsos de viaje para asistir a audiencias si no se pueden realizar por medios telemáticos, remuneración de testigos, etcétera) que sería bueno que se redujesen: quizá con ayudas estatales o de la propia Comisión de la Unión Europea, al menos durante los primeros años, para hacer más atractivo este instrumento.

Aunque la propuesta pueda parecer sorprendente, si se piensa bien, no es tan extraña. De hecho, entre nosotros, la Administración corre con ciertos gastos en el arbitraje de consumo, como el pago de determinadas pericias, a fin de poder alcanzar una resolución justa y equitativa sin coste para los consumidores y, en general, para las partes. Si se piensa bien, podría hacerse lo mismo en el proceso europeo de escasa cuantía.

Undécima. – Finalmente, creemos que sería conveniente que se dispusiera que la sentencia dictada en primera instancia en este proceso puede ser siempre impugnada ante un tribunal distinto y jerárquicamente superior al que haya firmado aquélla, habida cuenta que con ello se incrementarían las posibilidades de acierto, a la par que se limitarían los supuestos de posible error o equívoco judicial. La remisión que en este punto hace el RPEEC a las legislaciones nacionales da lugar a que en algunos países pueda recurrirse dicha decisión y en otros no, con la lógica incertidumbre que ello conlleva, pareciendo aconsejable establecer un mismo criterio en todo el territorio de la Unión y que este pase por permitir que pueda impugnarse dicha resolución, a fin de minimizar en lo posible un eventual error judicial.

4. REFLEXIONES FINALES

§21. Las anteriores disquisiciones ponen de manifiesto la necesidad de meditar con seriedad y rigor al menos sobre dos relevantes cuestiones.

En primer lugar, sobre la necesidad de delimitar a qué justicia nos referimos cuando hacemos referencia al derecho de acceso a la justicia.

Y, en segundo término, en directa relación con lo que se acaba de apuntar, sobre la conveniencia de articular procesos que refuercen la confianza de los ciudadanos en su Administración de Justicia y hagan más sencillo que estos puedan acceder a la jurisdicción, pudiendo tomarse como ejemplo a tal efecto la regulación del proceso europeo de escasa cuantía, que, pese a sus indudables bondades, suscita sin embargo importantes problemas prácticos que convendría solventar para hacer de dicho proceso un instrumento más atractivo y eficaz de lo que ya lo es actualmente.

s22. Aunque hemos hecho referencia a ambas cuestiones en los anteriores epígrafes, permítasenos unas palabras adicionales sobre la primera de ellas, por venir referida a una materia sobre la necesariamente habrá que seguir meditando en un futuro próximo.

§23. Por derecho de acceso a la justicia venimos entendiendo la facultad de cualquier persona para dirigirse a jueces y tribunales en demanda de tutela.

Sin embargo, como hemos señalado, la palabra justicia tiene diversas acepciones, significando también la virtud que inclina a dar a cada uno lo que le corresponde, o lo que debe hacerse según derecho o razón, empleándose asimismo para referirse a uno de los tres poderes estatales, en concreto, al encargado de reconocer o denegar las peticiones de tutela a que antes nos referimos.

Nuestra Constitución señala que la justicia, como la libertad, la igualdad y el pluralismo político, constituye un valor superior de nuestro ordenamiento jurídico. Y, por tanto, un principio que inspira nuestro derecho y que, por ello, ha de estar presente en la creación de normas legales y administrativas, que reciben de aquel su savia y su esencia[11].

Actuar con justicia implica actuar con equidad y proporcionalidad, con rectitud, es decir, conforme al derecho y a la razón.

Aunque este muy arraigada la idea de que solo puede alcanzarse justicia recurriendo a la jurisdicción y, por tanto, solicitando el amparo de los tribunales, coincidimos con quienes consideran que esta es solo una de las vías posibles, pero no la única[12]. Hoy se abren paso con especial vigor métodos de resolución de conflictos distintos al proceso jurisdiccional mediante los que los ciudadanos podemos ver satisfechos nuestros intereses y anhelos en materias que son de nuestra libre disposición y es

---

[11] STS, Sala Tercera, de lo Contencioso-Administrativo, de 4 de marzo de 1999 (ECLI:ES:TS:1999:1501), Pte. Sr. Escusol Barra.

[12] Carnicer Díez, C., «El acceso a la justicia en España», en *Lecciones sobre justicia internacional* (AA.VV.), obra editada por el Consejo Superior de Investigaciones Científicas, CSIC, Instituto Fernando el Católico, IFC, Madrid, 2009, pp. 213 a 228.

preciso tener en cuenta esta realidad y, por ende, facilitar o favorecer el acceso a los mismos. Sobre todo, si el poder legislativo, en el ejercicio de la autoridad que le está conferida, decide exigir que antes de que se acuda a la jurisdicción civil se intente alcanzar una solución negociada al conflicto de que se trate, tal y como ha anunciado el poder ejecutivo que en breve le propondrá haciéndole llegar el Anteproyecto de Ley de Medidas de Eficiencia Procesal. Dicha imposición, porque de una imposición se trata, debe ser regulada con especial cautela y cuidado, a fin de no limitar los derechos que tenemos constitucionalmente reconocidos, para lo cual resulta necesario que no se penalice a quien, tras haber intentado alcanzar una solución consensuada, decide acudir a la jurisdicción, ya que de lo contrario estaría debilitándose muy seriamente su libertad de optar por el medio que le parezca más conveniente para solucionar sus conflictos jurídicos.

Derribar barreras y obstáculos al acceso a los jueces y magistrados constituye por tanto una tarea en la que siempre se ha de estar vigilante. Estudiar, fomentar y desarrollar métodos de solución de conflictos extramuros de la jurisdicción resulta asimismo imprescindible, por cuanto pueden ayudar a superar las tensiones que oscurecen las relaciones humanas. Definir y concretar un concepto de acceso a la justicia que englobe ambas realidades constituye uno de los mayores retos que los juristas estamos llamados a afrontar en los próximos años.

ADENDA INTERNACIONAL: LA AGENDA 2030 DE LAS NACIONES UNIDAS Y LOS 17 OBJETIVOS DE DESARROLLO SOSTENIBLE (ODS). ANÁLISIS DE ALGUNAS POLÍTICAS - FISCALES Y NO FISCALES - ITALIANAS

Roberta Alfano (Dir)

Il perseguimento dell'Agenda 2030 per lo Sviluppo Sostenibile: analisi di alcune fattispecie – fiscali e non solo – italiane

INTRODUCCIÓN

L'Agenda 2030 per lo Sviluppo Sostenibile – approvata dall'Assemblea Generale dell'ONU e costituita da 17 *Sustainable Development Goals,* (SDGs) per il perseguimento di un programma globale d'azione per le persone, il pianeta e la prosperità da raggiungere entro il 2030 – tenta di fornire una visione a tutto campo delle tre dimensioni dello sviluppo sostenibile – economica, sociale ed ecologica – per la lotta alla povertà, all'ineguaglianza, ai cambiamenti climatici, nel rispetto crescente dei diritti umani.

Lo Sviluppo Sostenibile, nella sua più vasta accezione, pur essendo, in linea teorica, ormai fortemente radicato tra i principi che governano le politiche di intervento dei diversi Paesi dell'Unione Europea, comporta innumerevoli problematiche applicative, al cui *contenimento* la fiscalità può giocare un ruolo importante.

The Platform for Collaboration on Tax - (PCT) - lanciata nell'aprile 2016 su iniziativa congiunta di FMI, OCSE, ONU e GBM al fine di promuovere un'azione collettiva finalizzata a rafforzare i sistemi fiscali nei Paesi in via di sviluppo ed emergenti tramite il dialogo politico, l'assistenza tecnica e il *capacity building* - negli ultimi tempi, complice anche l'emergenza pandemica, ha con insistenza ribadito la necessità che i diversi Paesi rinforzino e migliorino l'efficacia dei loro sistemi fiscali per permetterne una declinazione in grado di generare risorse interne necessarie per il perseguimento dei 17 *Goals* di sviluppo sostenibile attraverso la promozione di una crescita economica "che non lasci indietro nessuno[1]".

---

1 PCT, *First Global Conference on Sustainable development goals,* February 14-16, 2018, United Nations Headquarters, New York *in* https://www.tax-platform.org/. Per A. Guterres, ONU; "Invito la comunità internazionale a istituire meccanismi efficaci per combattere l'evasione fiscale, il riciclaggio di denaro e i flussi finanziari illeciti, in modo che i Paesi in via di sviluppo possano mobilitare meglio le proprie risorse". Per J. Kim, Banca mondiale, "Sistemi fiscali equi ed efficienti, combinati con un buon livello di servizi e responsabilità pubblica, creano fiducia dei cittadini nel governo e aiutano le società a prosperare". C. Lagarde, FMI: "Il finanziamento degli Sdg - ha spiegato - è un imperativo economico ed

La fiscalità deve essere analizzata attraverso uno sforzo sinergico fra attività interne e promozione di un sistema di tassazione internazionale equo ed efficiente, in grado di contrastare efficacemente evasione ed elusione fiscale, in ragione della via via crescente politica di cooperazione fiscale internazionale e delle diverse iniziative foriere di nuove opportunità, che permettono il moltiplicarsi esponenziale dei benefici propri della cooperazione internazionale[2].

Ciò premesso, si intende fissare l'attenzione su alcune specifiche fattispecie poste in essere dal sistema italiano in linea con i predetti obiettivi di sviluppo sostenibile.

In primo luogo, si intende analizzare il ruolo di particolare rilevanza riconosciuto all'economia circolare e le precipue modalità di sviluppo nel sistema interno[3].

Come già evidenziato in una precedente pubblicazione[4], molteplici le potenzialità della fiscalità per promuovere soluzioni che incoraggino comportamenti circolari in funzione incentivante atti a favorire la transizione ecologica, posto che la fiscalità può certamente influenzare i comportamenti degli operatori economici, aggravando economicamente le condotte nocive per l'ambiente e agevolando quelle ecocompatibili, nel tentativo di favorire quel cambio di mentalità che è alla base nel nuovo paradigma "produci, usa, riusa e ricicla" proprio dell'economia circolare[5].

Dopo aver tracciato un quadro generale in merito alle politiche di economia circolare interna, si illustreranno le precipue politiche di incentivazione tributarie e finanziarie specificamente finalizzate alla promozione di condotte più responsabili da parte degli operatori economici, con riferimento all'utilizzazione della plastica ed all'efficientamento energetico nell'edilizia. Per delineare tali specifici aspetti si farà tesoro dell'esperienza posta in essere nel giugno 2021 attraverso la prima edizione della *Summer School in European Environmental Taxation*, realizzata presso l'Università di Napoli Federico II, sotto l'egida ed il finanziamento della Commissione Europea, che ha permesso al gruppo federiciano di studio di procedere ad ulteriori riflessioni.

---

etico con importanti implicazioni per la fiscalità". Per A. Gurría, OCSE, "Un'imposizione fiscale efficace è fondamentale per far funzionare la globalizzazione per tutti".

2 Ancora PCT, *First Global Conference on Sustainable development goals,* February 14-16, 2018 , United Nations Headquarters , New York, cit.; C. CIRANDA, *Il Fisco per lo sviluppo sostenibile, Fmi, Ocse, Onu e Gbm rilanciano In Fisco oggi* del 26 Febbraio 2018, in *www.fiscooggi.it,* che evidenzia, il ruolo dello scambio automatico di informazioni, del progetto Beps e dell'impegno attivo del Tax Committee Onu.

3 C. VALECHE-ALTINEL, C. WACHHOLZ, M. ENGSTRÖM, *A low-carbon and circular industry for Europe. Think 2030 policy paper by Ellen MacArthur Foundation and the Institute for European Environmental Policy*, 2021; INTERNATIONAL RESOURCE PANEL, *Resource efficiency and climate change: material efficiency strategies for a low-carbon future*, 2020; ELLEN MACARTHUR FOUNDATION, *Completing the Picture. How the Circular Economy Tackles Climate Change*, 26 Settembre 2019.

4 R. ALFANO, M. BISOGNO, *Aspectos fiscales de la economía circular desde la perspectiva italiana*, in G. Patón García (dir). R. Salassa Boix (cord.), A. AGULLÓ AGÜERO (prol.), *Tendencias actuales en economía circular: instrumentos financieros y tributarios*, 2021, pp. 183 ss.

5 A. URICCHIO, *I tributi ambientali e la fiscalità circolare*, in Diritto e Pratica Tributaria, n. 5, 2017, pp. 1849-1868; ID., *Dall'economia alla fiscalità circolare:primi interventi e prospettive di riforma*, in A. URICCHIO, G. SELICATO (a cura di) *Circular Economy and Environmental Taxation*, Bari, 2020, pp. 3-23.

Infine, proprio partendo da alcune sollecitazioni ricevute nel corso della *Summer School*, si intende procedere a fornire un ultimo spunto di riflessione in merito a un' altra particolare fattispecie in tema di sviluppo sostenibile riferita, questa volta, al quinto obiettivo, la parità di genere.

Come da più parti evidenziato in sede europea e non soltanto negli ultimi anni, i Paesi con livelli più elevati di disuguaglianza fiscale realizzano maggiori disuguaglianze di genere in ogni campo, in particolare in materia di salute, istruzione, partecipazione al mercato del lavoro e rappresentanza.

Complice dunque la riflessione compiuta in sede di *Summer School* ad opera degli studenti, si intende lasciare il compito ad una studentessa del corso di tracciare un sintetico quadro di riferimento di una specifica politica europea riferita ad una particolare fattispecie interna Si tratta del tentativo di riduzione, o quanto meno del contenimento, della c.d. *tampon Tax* – l'IVA per lungo tempo pari al 22% prevista per l'acquisto di assorbenti igienici esterni, tamponi interni, coppe e spugne mestruali – che, in ragione delle sollecitazioni UE e comparate ha trovato una peculiare applicazione nel nostro Paese. Ci sono state in primo luogo molteplici proposte di riduzione dell'aliquota IVA rimaste inascoltate. Successivamente è stata posta in essere una particolare campagna di sconti sul prezzo finale del presidio, volto, di fatto, ad abbattere l'incidenza della tassazione su tali prodotti; tale manovra non era però stata realizzata a livello nazionale ma su iniziativa di associazioni varie, ordini dei farmacisti e delibere meramente comunali, che avevano sollevato più di una perplessità. Soltanto con la legge di bilancio 2022 - legge 31 dicembre 2021 n. 234 - è stata finalmente prevista la riduzione dell'aliquota IVA dal 22 al 10%.

L'argomento suscita più di una riflessione. In questa sede, si intende procedere meramente a tracciare il quadro di riferimento; in qualità di gruppo di studio dell'Università di Napoli Federico II ci si riserva di sviluppare ed approfondire successivamente la peculiare fattispecie.

1 LA EVOLUCIÓN EUROPEA DE LAS POLÍTICAS DE «ECONOMÍA CIRCULAR» Y LA APLICACIÓN EN EL SISTEMA TRIBUTARIO ITALIANO (R. ALFANO[6])

L'Italia evidenzia positivi risultati in tema di economia circolare nel panorama europeo che la dispone al primo posto seguita da Francia, Germania, Spagna e Polonia nell'ambito della produzione, del consumo, della gestione circolare dei rifiuti oltre che degli investimenti e dell'occupazione nel riciclo, nella riparazione e nel riutilizzo[7]. L'affermazione a livello internazionale ed europeo dei concetti di sostenibilità ed economia circolare hanno significativamente influenzato il sistema tributario interno e la leva fiscale ha assunto un ruolo significativo per la realizzazione degli obiettivi dell'economia

---

6 *Professore associato (abilitato ordinario) di diritto finanziario e tributario nell'Università degli Studi di Napoli Federico II.*

7 CIRCULAR ECONOMY NETWORK, *Terzo Rapporto sull'economia circolare in Italia*, 2021.

circolare nella transizione alla neutralità climatica attraverso una serie di misure ad hoc da parte del legislatore nazionale.

Con la diffusione dei concetti di sostenibilità[8] e *circular economy*[9], all'indomani degli accordi di Parigi e dell'approvazione dell'Agenda ONU 2030, l'Europa ha assunto un atteggiamento di capofila nei confronti delle problematiche ambientali[10]. Appare evidente la necessità, da un lato, di gestire le risorse in modo più efficiente, ovvero aumentandone la produttività nei processi di produzione e consumo, riducendo gli sprechi, mantenendo il più possibile il valore dei prodotti e dei materiali. Dall'altro, occorre evitare che tutto ciò che ancora intrinsecamente possieda una qualche utilità venga smaltito in discarica in forme peraltro non sempre legali, ma sia recuperato e reintrodotto nel sistema economico.

Tale sensibilità è certamente stata acuita dall'insediamento alla Presidenza della Commissione Europea di U. Von der Leyen: "*we do not have a moment to wait to fight climate change*" e l' ambiziosa *roadmap* europea confluita nel *Green Deal*[11] al fine di rendere l'economia europea più sostenibile e accelerare la transizione ecologica, attraverso una maggiore circolarità delle scelte di produzione e consumo. Tra le priorità di questo piano si riscontra un' ampia strategia di lotta al contenimento e miglior utilizzo della plastica, che ha assunto un ruolo chiave all'interno delle politiche europee[12], che sarà meglio esplicitata *infra.*

Il Governo italiano raccogliendo le sollecitazioni europee negli ultimi anni ha dunque nuovamente posto l'ambiente al centro dell'agenda fiscale, dopo un lungo pe-

---

[8] Ampia la dottrina sul tema. Riferendosi meramente ai contributi più recenti R. PILKE, P. RÄSÄNEN, *Practicing or Preaching? Linking Taxation and Sustainable Development in EU Foreign Policy*, European Foreign Affairs Review, 23(2), 2018, pp. 203-222; D. NERUDOVÁ, D. HAMPEL, J. JANOVÁ, M. DOBRANSCHI P. ROZMAHEL, *Tax System Sustainability Evaluation: A Model for EU Countries*, Intereconomics, 2019, pp. 138-141; A. PIRLOT. *A Legal Analysis of the Mutual Interactions between the UN Sustainable Development Goals (SDGs) & Taxation*, Ottobre 2019, consultabile alla pagina https:// ssrn.com.

[9] La Ellen Macarthur Foundation definisce la *circular economy* come un'economia pensata per potersi rigenerare da sola, in cui qualsiasi prodotto viene consumato e smaltito senza lasciare traccia, sul punto si veda ELLEN MACARTHUR FOUNDATION, T*owards a Circular Economy: Business Rationale for an Accelerated Transition*, 2015, consultabile sul sito www.ellenmacarthurfoundation.org. Ricordiamo che l'idea di un circuito circolare dei materiali venne presentata nel 1966 da Kenneth E. Boulding nel suo articolo "*The Economics of the Coming Spaceship Earth*". Nel 1976, in un rapporto presentato alla Commissione europea, dal titolo "*The Potential for Substituting Manpower for Energy*", Stahel e Reday delinearono la visione di un' economia circolare e il suo impatto in termini di creazione di posti di lavoro, risparmio di risorse e riduzione dei rifiuti.

[10] Tra le molteplici iniziative europee si annovera in particolare il piano d'azione per l'economia circolare approvato nel 2015 per porre rimedio all'elevato tenore di spreco europeo . COMUNICAZIONE COMMISSIONE EUROPEA, *L' anello mancante - Piano d'azione dell'Unione europea per l'economia circolare*, COM(2015) 614 final, 2 dicembre 2015.

[11] COMUNICAZIONE COMMISSIONE EUROPEA, *Il Green Deal europeo,* COM(2019) 640 final, 11 dicembre 2019.

[12] COMUNICAZIONE COMMISSIONE EUROPEA, *Strategia europea per la plastica nell'economia circolare*, COM(2018) 28 final, 16 gennaio 2018.

riodo di "distrazione" sul punto[13]. Dal punto di vista tributario, in primo luogo, occorre evidenziare l'uso dello strumento delle agevolazioni e delle incentivazioni. Infatti, fra gli strumenti tributari a disposizione degli Stati nazionali per conseguire una transizione ecologica, le fattispecie agevolative ricoprono un ruolo privilegiato perché capaci di influenzare le condotte degli operatori economici verso una maggiore ecosostenibilità, secondo l'approccio maturato dall' economia circolare che rifugge dalla logica dello scarto per rafforzare la catena del valore[14].

Un' agevolazione fiscale ambientale può trovare molteplici declinazioni, per esempio può assumere la forma di un credito d'imposta, di un' aliquota agevolata, di una deduzione o detrazione d'imposta, di un ammortamento di un bene strumentale ad un' attività che integri i canoni dell'economia circolare. L' esperienza italiana in tema di regimi fiscali agevolativi di condotte eco-sostenibili ha assunto forma episodica e di breve respiro[15], vuoi a causa della carenza di risorse vuoi per la mancanza di lungimiranza da parte del potere politico che stentava a credere che investire in innovazione verde potesse essere economicamente, socialmente e ambientalmente sostenibile. Per dare meramente conto di alcune fattispecie di peculiare interesse, occorre ricordare un primo interessante tentativo realizzato dal legislatore italiano per incentivare gli investimenti verdi delle piccole e medie imprese (PMI) in un'ottica di risanamento ambientale è rappresentato dalla cd. *tremonti ambientale*[16]. *Ex* art. 6, comma 13 della legge 23 dicembre 2000 n. 388, la quota di reddito delle PMI in regime di contabilità ordinaria, senza alcuna limitazione territoriale o settoriale, che avevano posto in essere investimenti di natura ambientale, non concorreva a formare

---

13 R. ALFANO, *Tributi ambientali. Profili interni ed europei,* Torino, 2012, *ibidem.*

14 La dottrina italiana in tema di agevolazioni fiscali è molto vasta, senza nessuna pretesa di esaustività si rinvia in ordine cronologico a R. ZENNARO, voce *Agevolazioni fiscali I,* in Digesto, IV ed., vol. I, Torino, 1987; F. MOSCHETTI, voce *Agevolazioni fiscali II. Problemi di legittimità costituzionale e principi interpretativi,* in Dig. Disc. Priv. Sez. Comm., vol. I, Torino, 1987; F. FICHERA, *Le agevolazioni fiscali,* Padova, 1992; N. D' AMATI, *Cenni problematici sulle agevolazioni fiscali,* in Dir. prat. trib., n. 1, 1994, pp. 369-411; S. LA ROSA, *Le agevolazioni tributarie,* in A. AMATUCCI (diretto da), Trattato di diritto tributario, volume I, tomo I, Padova 1994, p. 406 e ss.; N. D' AMATI, *Profili giuridici delle Agevolazioni fiscali,* in Boll. trib., n. 8, 1995, p. 565 e ss.; P. RUSSO, *Le agevolazioni e le esenzioni fiscali alla luce dei principi comunitari in materia di aiuti di Stato: i poteri del giudice nazionale,* in Riv. it. dir. pubbl. com., n. 1, 2004, p. 225 e ss.; M. BASILAVECCHIA, *Agevolazioni, esenzioni ed esclusioni fiscali (diritto tributario),* in Rass. trib., n. 2, 2002, p. 421 e ss.; F. BATISTONI FERRARA, *Agevolazioni ed esenzioni fiscali* in S.CASSESE, (a cura di), Dizionario di Diritto Pubblico, volume 1, Giuffrè, Milano, 2006, p. 175 e ss.; L. DEL FEDERICO, *Agevolazioni fiscali nazionali ed aiuti di Stato, tra principi costituzionali ed ordinamento comunitario,* in Riv. dir. trib. int., n.3, 2006, p.19 e ss.; S. FIORENTINO, *Agevolazioni fiscali e nozione di aiuto di Stato,* in M. INGROSSO, G. TESAURO (a cura di), Agevolazioni fiscali e aiuti di Stato, Napoli, 2009; R. ALFANO, *Agevolazioni fiscali in materia ambientale,* Rass. trib., n. 2, 2011, pp. 328-353; A. PACE, *Agevolazioni fiscali. Forme di tutela e schemi processuali,* Torino, 2012.

15 M. GREGGI, *L'ambiente e l'economia circolare nel diritto tributario,* in A. URICCHIO, G.SELICATO, Circular economy and environmental taxation, Bari, 2020, p. 41.

16 Per una ricostruzione dell' evoluzione della misura si rinvia a R. ALFANO, *Imposte sui redditi, Detassazione e regime agevolativo. Il caso della Tremonti ambientale. Analisi di un'esperienza e possibili prospettive future,* in V. FICARI (a cura di), I nuovi elementi di capacità contributiva. L' ambiente, Roma, 2019, pp. 133-150.

il reddito imponibile ai fini delle imposte sul reddito[17]. Per investimento ambientale si intendevano quelli utili ad un impianto atto a depurare, filtrare o trattare qualsiasi tipo di emissione, all'installazione di impianti e sistemi di autoproduzione di energia da fonti rinnovabili, ovvero interventi sul ciclo produttivo atti a sostituire o eliminare sostanze inquinanti o pericolose per l'ambiente o al risparmio energetico. Tuttavia, la genericità e indeterminatezza della normativa comportò notevoli difficoltà di applicazione concreta, lentamente dipanatesi in sede di interpretazione ministeriale e, successivamente, giurisprudenziale[18]. Le principali criticità sono sorte con riguardo agli investimenti nel settore fotovoltaico, circa l'applicabilità delle predette agevolazioni a tali impianti[19] e la loro cumulabilità con una serie di incentivi extratributari parimenti previsti dall'ordinamento per tali investimenti, i cd. conto energia[20]. Molteplici sono stati i problemi correlati alla concreta fruizione di questa misura agevolativa, dalla corretta individuazione degli investimenti che possano qualificarsi come "ambientali" alle difficoltà in merito alla valutazione dell'approccio incrementale e alla definizione del "sovraccosto". La misura in questione è stata poi abrogata con il decreto legge 22 giugno 2012, n. 83, convertito con legge 7 agosto 2012, n. 134 restando applicabile agli investimenti ambientali posti in essere fino alla data del 25 giugno 2012.

L'esperienza della Tremonti ambientale seppure criticata dal punto di vista applicativo ha certamente avuto un particolare rilievo e potrebbe essere recuperata e migliorata. Escludere parzialmente dalla base imponibile IRES per le società di capitali e gli enti commerciali gli utili destinati ad investimenti ambientali oppure quelli impiegati per l'acquisto di materie prime secondarie potrebbe essere un valido strumento per promuovere l'economia circolare. Il credito d'imposta per la transizione ecologica introdotto con la legge di bilancio 2020 sembra in linea con questo orientamento. Esso consente difatti alle imprese di beneficiare di un credito d'imposta pari al 10%, aumentato al 15% per effetto della legge di bilancio 2021, nel limite massimo di 1,5

[17] Ex comma 14 del predetto art. 6: "*Se i beni oggetto degli investimenti agevolati di cui al comma 13 sono ceduti entro il secondo periodo d'imposta successivo a quello in cui gli investimenti ambientali sono effettuati, reddito escluso dall'imposizione si determina diminuendo l'ammontare degli investimenti ambientali di un importo pari alla differenza tra i corrispettivi derivanti dalle predette cessioni e i costi sostenuti nello stesso periodo d'imposta per la reazione degli investimenti ambientali*".

[18] Così CTP Treviso sentenza n. 7 del 10.1.2013; in precedenza CTP Reggio Emilia, sentenza n.19 del 29.2.2012 e, successivamente, CTP Treviso sentenza n. 66 del 12.7.2013.

[19] A. BUSANI, *Anche l'agenzia delle entrate conferma la natura immobiliare dell'impianto fotovoltaico*, in Corr. trib., n. 17, 2011, n. 17, pp. 1423-1431.

[20] Dopo molteplici evoluzioni interpretative, è stata riconosciuta la cumulabilità della *Tremonti ambientale* con riguardo al secondo conto energia. Diversa la situazione per i successivi conti energia. L'art. 5 del DM 6 agosto 2010, il terzo conto energia, elencava - senza contemplare la Tremonti ambientale - in modo tassativo i benefici e i contributi con i quali la tariffa fotovoltaica poteva essere cumulata, né poteva considerarsi oggetto della deroga di cui al successivo comma 4 del citato art.5, riferita unicamente all'ipotesi di cumulo della tariffa con incentivi pubblici di natura nazionale, regionale, locale o comunitaria, in conto capitale o in conto interessi, concessi tramite bando. Analogamente ai sensi dell'art. 5 del DM 5 maggio 2011, il quarto conto energia, e ai sensi dell'art. art. 12 del DM 5 luglio 2012, il quinto conto energia: *ex* art. 26, comma 2, lett. d) del d.lgs. 28/2011, il cumulo sarebbe stato consentito solo a decorrere dal 2013, in periodo successivo, dunque, all'abrogazione delle Tremonti ambientale ex art. 23, commi 7 e 11 e allegato 1, n. 37 del DL 83/2012.

milioni di euro per gli investimenti 4.0 sui sistemi produttivi che abbiano anche un impatto positivo sull'ambiente. Una parte della dottrina italiana sostiene la possibilità di introdurre l'ammortamento tributario al 100% ed accelerato per l'acquisto di beni materiali ed immateriali strumentali all'impresa *green-oriented*[21], per la conversione di impianti tradizionali inquinanti, per beni immateriali relativi alle energie verdi e alle produzioni verdi. Appare in ogni caso evidente che, al fine di supportare una transizione ecologica che consenta di colmare i *gap* di circolarità esistenti, lo sviluppo sostenibile e l' economia circolare andrebbero sostenuti attraverso una coerente rivisitazione degli attuali regimi agevolativi, specialmente con riguardo alle imprese, per incoraggiare gli investimenti nel settore verde e stimolare l'eco-innovazione[22].

Dal punto di vista più strettamente tributario, il legislatore italiano, negli ultimi anni, ha dovuto tener conto delle profonde trasformazioni intervenute nelle modalità di produzione della ricchezza, dimostrando una particolare sensibilità verso le problematiche ambientali che il modello di sviluppo industriale ha generato. A partire dunque dal 2015, dopo l'inattuata applicazione dell'art. 15 della legge delega di riforma fiscale n. 23 del 2014, che prevedeva l'introduzione di nuove forme di fiscalità ambientale secondo la logica del doppio dividendo, solo a partire dalle disposizioni della legge di stabilità per il 2017 - con l' eccezione significativa dell'art. 68 della Legge n. 221 del 2015 che ha investito il Ministero dell'Ambiente di redigere un Catalogo per individuare i sussidi ambientalmente dannosi di natura fiscale o finanziaria[23] - vi è stato un primo concreto approccio, in particolare per le misure c.d. di industria 4.0. che hanno segnato un passo significativo in avanti nella direzione della promozione delle tecnologie ambientali per il riuso e il riciclo dei prodotti, per i sistemi per il risparmio energetico, per gli impianti di raccolta e smaltimento[24]. A seguire una particolare menzione va prima alla legge di bilancio 2019, che ha introdotto il sistema dell'*ecobonus* per ridurre le emissioni dei veicoli, poi con il Decreto Clima e la legge di bilancio 2020, la quale ha introdotto una serie di misure a salvaguardia dell'ambiente tra cui un prelievo sulla plastica monouso. Nella medesima direzione si sono poste la legge di bilancio 2021 e la legge di bilancio

---

[21] V. FICARI, *Nuovi elementi di capacità contributiva ed ambiente: l'alba di un nuovo giorno... fiscalmente più verde?*, in Riv. trim. dir. trib., n. 4, 2016, pp. 827-839; ID., *Conclusioni. Nuovi elementi di capacità contributiva ed ambiente: l'alba di un nuovo giorno... fiscalmente più verde?*, in V. FICARI (a cura di), *Nuovi elementi di capacità contributiva. L'ambiente*, Roma, 2019, pp. 215-226.

[22] A. URICCHIO, *Dall' economia alla fiscalità circolare:primi interventi e prospettive di riforma,* in A. URICCHIO, G. SELICATO (a cura di), Circular Economy and Environmental Taxation, Bari, 2020, pp. 22-23.

[23] MINISTERO DELL'AMBIENTE, *Catalogo dei sussidi ambientalmente favorevoli e dei sussidi ambientalmente dannosi*, 2017. Sono state pubblicate anche la seconda, la terza e la quarta edizione del Catalogo, consultabile alla pagina https://www.minambiente.it/pagina/catalogo-dei-sussidi-ambientalmente-dannosi-e-dei-sussidi-ambientalmente-favorevoli.

[24] A. URICCHIO, *I tributi ambientali e la fiscalità circolare,* in *Dir. e Prat. Trib.,* n. 5, 2017, p. 1849. Che rileva come gli investimenti in beni strumentali per l'innovazione ambientale potranno godere del c.d. iperammortamento al 250%; ulteriori agevolazioni sono previste per le pmi innovative come il credito d'imposta per la ricerca interna al 50% e la detrazione al 30% per i nuovi investimenti, per la mobilità sostenibile e per la messa in sicurezza del territorio e del patrimonio immobiliare ecobonus e le detrazioni per la spese per riqualificazione energetica (65%).

2022, quest' ultima istitutiva di molteplici e concrete risorse per il finanziamento e a supporto della transizione ecologica. Gli sviluppi registrati in tema di fiscalità ambientale sono stati accompagnati da un rafforzamento della *governance* ambientale, avutosi con l'istituzione presso la Presidenza del Consiglio dei Ministri di un Comitato interministeriale per la Transizione Ecologica e la rinomina del Ministero dell'Ambiente all'esito della formazione del governo Draghi divenuto Ministero dell'Ambiente e della Transizione Ecologica.

L'emergenza pandemica ha naturalmente rallentato l'implementazione delle misure fiscali ambientali dando precedenza agli interventi in tema di politiche sanitarie e sociali ma la strada sembra ormai tracciata e si evidenziano settori nei quali si sta ponendo la leva fiscale al servizio di una ripresa economica verde ispirandosi ai principi dell'economia circolare, come chiaramente evidenzia la posizione assunta anche dal Piano Nazionale di Ripresa e Resilienza[25]. Tra questi, sul versante della tassazione, l'esperienza che meglio incarna il tentativo del legislatore italiano di colmare i *gap* di circolarità esistenti è rappresentata dall'imposizione sulla plastica, per il quale, preliminarmente, si intende parimenti tracciare, in estrema sintesi, anche il quadro agevolativo pregresso.

2. LA EVOLUCIÓN DE LAS POLÍTICAS DE FISCALIDAD SOBRE EL PLÁSTICO EN EL ORDENAMIENTO ITALIANO (M. BISOGNO[26])

La plastica costituisce un materiale fondamentale per il progresso scientifico e tecnologico della nostra società, ma rappresenta al contempo uno dei principali responsabili dell'inquinamento globale[27]. La produzione e il consumo della plastica generano numerose esternalità negative per correggere le quali si può attingere allo strumento fiscale, aderendo ad una logica riparatoria d'internalizzazione delle esternalità negative secondo il paradigma dell'imposta pigouviana[28].

Nel tentativo di favorire la diffusione dei paradigmi connessi all'economa circolare e stimolare il riciclo degli imballaggi di plastica, il legislatore tributario ha introdotto nella legge di bilancio 2019 e nel decreto legge n. 34 del 2019 due forme di incentivazione a vantaggio della filiera del riciclo, le quali sono state solo recentemente attuate Insertar nota: Decreto del Ministero della Transizione Ecologica 6 ottobre 2021. Per gli anni 2019 e 2020 era stato introdotto un credito d'imposta del 36% per gli acquisti di prodotti in plastica realizzati con materiali provenienti dalla raccolta differenziata degli imballaggi in plastica e di imballaggi biodegradabili e compostabili secondo la

[25] CAMERA DEI DEPUTATI E SENATO DELLA REPUBBLICA, Servizio Studi, Il PNRR, aggior. al 15 luglio 2021.

[26] Assegnista di ricerca in diritto tributario, Università di Napoli Federico II.

[27] Secondo le stime della Commissione Europea la produzione di plastica e l'incenerimento dei rifiuti di plastica generano complessivamente circa 400 milioni di tonnellate di CO2 l'anno, che ogni anno finiscono negli oceani da 5 a 13 milioni di tonnellate di plastica, si veda COMUNICAZIONE DELLA COMMISSIONE, Strategia europea per la plastica nell'economia circolare, COM(2018) 28 final, Strasburgo, 16.1.2018.

[28] A. C. PIGOU, *The Economics of welfare*, 4 ed., Londra, 1932.

normativa UNI EN 13432:2002, fino ad un importo massimo annuale di 20.000 euro per ciascun beneficiario, nel limite massimo complessivo di un milione di euro annui per gli anni 2020 e 2021. Il D. L. 34/2019 ha poi riconosciuto un contributo pari al 25% del costo di acquisto di semilavorati e prodotti finiti derivanti, per almeno il 75% della loro composizione, dal riciclaggio di rifiuti o di rottami e compost di qualità derivante dal trattamento della frazione organica differenziata dei rifiuti. In nessuna delle due forme ha trovato spazio il riuso, concetto che nella gerarchia dei rifiuti fissata dall'Unione dovrebbe essere preferito al riciclo. La legge di bilancio 2021, oltre al peculiare sistema dell'*ecobonus* già citato[29], ha altresì inserito una serie di incentivi, alcuni di natura tributaria e altri più squisitamente finanziaria, nel tentativo di promuove condotte più sostenibili maggiormente in linea con i dettami della *circular economy*. In particolare, per promuovere il risparmio idrico è stato riconosciuto un contributo di 1000 euro per unità abitativa da utilizzarsi per la sostituzione di sanitari e rubinetteria a limitazione di flusso d'acqua e un credito d'imposta pari al 50% delle spese sostenute per l'acquisto di un sistema di filtraggio dell'acqua allo scopo di limitare il ricorso alla plastica[30]. Come rilevato la norma interna tace in merito alla nozione di riuso, putroppo neanche nelle more dell'attuazione di queste misure il legislatore ha ritenuto opportuno di riconsiderare questa posizione.

Con riferimento specifico alla c.d. *plastic tax*, occorre rilevare che, introdotta recentemente dalla legge di bilancio 2020 e tuttora non operativa, ricalca precedenti esperienze, che appare opportuno brevemente illustrare.

L'Italia risulta tra i primi Paesi europei ad occuparsi del problema delle buste di plastica nel 1988 introducendo un'imposta sulla loro fabbricazione[31]. La produzione e l'utilizzo dei sacchetti di plastica aveva assunto, in quegli anni, proporzioni particolarmente ingenti in Italia. Di qui l'esigenza di istituire, un'eco imposta sui sacchetti di plastica non biodegradabili[32], seguita da una serie di decreti attuativi[33], ambigui e

[29] La legge di bilancio 2021 ha in primo luogo confermato il rifinanziamento del sistema di ecobonus per l'acquisto di veicoli meno inquinanti e delle misure a sostegno del recupero del parco immobiliare italiano. Sono infatti in vigore nell'ordinamento fiscale italiano una serie di detrazioni fiscali di ammontare differente connesse a interventi che aumentano il livello di efficienza energetica degli edifici esistenti (ecobonus e superbonus 110%) ovvero per l'adozione di misure antisismiche sugli edifici (sisma bonus).

[30] Articolo 1, commi da 61 a 65 della legge n. 178/2020.

[31] E. ZECCA, *Osservazioni giuridico-economiche sull'imposta di fabbricazione sui sacchetti di plastica, istituita dall'art. 1,8 comma, legge. 475/1988*, in Riv. giur. amb., 1990, p. 479; C. FERGOLA, *L'introduzione di "imposte ecologiche" nell'ordinamento italiano*, in Dir. prat. trib., n. 1, 1992, p. 1345 ss.; R. ALFANO, *L'Italia e i tributi ambientali: il caso dell'imposta di fabbricazione sui sacchetti di plastica, cit.*, pp. 50-58. Per un'analisi del quadro giuridico vigente in tema di prelievi sui sacchetti di plastica si rinvia a M. BISOGNO, *Plastic and green bag taxes: Italian recent trends,* in M. VILLAR EZCURRA, C. CÁMARA BARROSO (a cura di), *Environmental Tax Studies for the Ecological Transition. Comparative analysis addressing urban concentration and increasing transport challenges*, Pamplona, 2019, pp. 217-231.

[32] L'art. 1, comma 8, del decreto stabilì che in caso di biodegradabilità per una quota non inferiore al 90 per cento era prevista l'esenzione dall'imposta.

[33] Inizialmente fu emanato il decreto ministeriale n. 1 del 3 gennaio 1989, che avrebbe dovuto essere applicato dal 1 febbraio 1989; esso, però, non stabilì quali fossero i parametri merceologici attraverso i quali accertare la biodegradabilità dei sacchetti, che, ai sensi della legge, permetteva l'esenzione. Tale lacuna indusse

dall'interpretazione spesso controversa[34]. L'imposta colpiva esclusivamente i sacchetti che il venditore al dettaglio forniva al consumatore per l'asporto delle merci[35]. Il presupposto dell'obbligazione tributaria sorgeva con la fabbricazione e l'imposta diventava esigibile all'atto della cessione dei prodotti dal fabbricante alle ditte destinatarie per l'immissione nel mercato interno. Dal punto di vista ambientale, l'esperienza inizialmente fu certamente positiva, determinando una forte contrazione dell'utilizzo dei sacchetti e favorendone il loro riutilizzo[36]. Successivamente, si dispose l'applicazione dell'imposta di fabbricazione su tutti i sacchetti di plastica, a partire dal 1° gennaio 1992[37], includendo anche quelli biodegradabili, tradendo lo spirito ecologico che aveva animato l'introduzione della disciplina in favore di esigenze di budget.

Nel 1993 questo prelievo è stato soppresso a causa del calo del gettito dovuto alle troppe esenzioni previste[38] e sostituito da un contributo per il riciclaggio sul polietilene vergine nella misura del 10% del valore di fatturazione del materiale grezzo[39]. Questa misura aveva lo scopo di finanziare le attività di raccolta differenziata, di recupero e di rigenerazione degli scarti di polietilene e, dall'altra, di finanziare lo sviluppo dei mercati che utilizzano i materiali provenienti dalla rigenerazione e dal riciclaggio del film di plastica[40]. Nel 1997 fu istituito il Consorzio nazionale imballaggi e s'introdusse il contributo ambientale CONAI[41] che ripartisce tra produttori e utilizzatori il costo

---

il tribunale amministrativo a sospenderne l'efficacia. T.A.R. Puglia, sez. di Lecce, ordinanza n. 162 del 3/2/1989, in Riv. giur. amb., 1989, p. 360. Successivamente vi fu un secondo decreto ministeriale del 28 febbraio 1989, n. 100 – entrato in vigore lo stesso giorno – che tendeva a superare i vizi di legittimità del precedente, ugualmente contestato dalle imprese di settore, che tentarono nuovamente la strada del giudice amministrativo, che però respinse le censure T.A.R. Lazio, sez. II, 26 ottobre 1989, n. 1489, in *Riv. giur. amb.*, 1990, p. 540.

[34] In particolare, si verificò un problema interpretativo dovuto alla poca chiarezza dell'art. 9 sexies del D.L. n. 397/1988: esso, infatti, prevedeva che dopo il 1° luglio 1989 i sacchetti di plastica dovessero essere prodotti esclusivamente "con fibre di origine animale e vegetale, con polietilene oppure con nuovi materiali che risultino biodegradabili per una quota non inferiore al novanta per cento". La mancanza della virgola dopo la parola "polietilene" fece pensare che anche ad esso (polietilene) si riferisse l'obbligo di biodegradabilità. Tale interpretazione fu contestata, in quanto la norma intendeva proprio impedire che, dopo tale data, potessero essere commercializzati sacchetti di plastica fatti con materiali non biodegradabili diversi dal polietilene, al fine di evitare che si espandesse un nuovo mercato di sacchetti non biodegradabili.

[35] La normativa prevedeva che il fabbricante dovesse presentare al competente ufficio tecnico delle imposte di fabbricazione una dichiarazione per l'accertamento del debito d'imposta, entro il giorno 15 del mese successivo a quello cui essa si riferiva. Entro lo stesso termine, l'imposta dovuta in base alla dichiarazione doveva essere versata alla sezione di tesoreria provinciale (art. 4 D.L. 1/1989).

[36] R. ALFANO, *L' Italia e i tributi ambientali: il caso dell'imposta di fabbricazione sui sacchetti di plastica*, in Dir. Prat. Trib., n. 1, 1997, pp. 50-58.

[37] Articolo 80 della legge n. 413 del 1991.

[38] Articolo 29 bis del D.L. 30 agosto 1993 n. 331.

[39] Articolo 29 bis della legge 29 ottobre 1993 n. 427.

[40] La misura è stata esaminata dalla Commissione Europea per la presunta violazione del divieto di aiuti di Stato.

[41] Sulla natura non tributaria del contributo CONAI si rinvia a M. E. ALBÈ, *L'annosa questione della natura giuridica dei Consorzi unici di filiera per la gestione dei rifiuti da imballaggio perviene al giudizio del Consiglio di Stato,* in Riv., quadr., dir., amb., n. 3, 2015, pp. 112-141.

per i maggiori oneri della raccolta differenziata, per il riciclaggio e per il recupero dei rifiuti di imballaggi.

Con riguardo ai sacchetti di plastica è stato introdotto in Italia il divieto di commercializzazione degli *shoppers* non biodegradabili dal 1° gennaio 2011[42], cui si è poi accompagnata l'entrata in vigore di un meccanismo di *pricing* di natura non tributaria[43] dal 1 gennaio 2018 con l'obiettivo di disincentivare il consumo dei sacchetti di plastica ammessi alla commercializzazione.

Il legislatore italiano è tornato ad introdurre un prelievo sulla plastica con l'art. 1, comma 634 della legge n. 160 del 2019 (legge di bilancio 2020), nella forma di un'imposta indiretta sui consumi che rientra nella categoria delle accise[44]. Sarebbe dovuta entrare in vigore nel marzo 2020 ma a causa della pandemia è stata prima rinviata a luglio 2021 e poi a gennaio 2023[45]. Il suo ambito di applicazione la rende applicabile ai cd. MACSI, prodotti di plastica di singolo impiego, nonché prodotti della medesima composizione (ovvero costituiti anche solo parzialmente da materie plastiche di origine sintetica) destinati a funzioni di contenimento o protezione di prodotti alimentari, chiusura o commercializzazione di MACSI o altri manufatti costituiti interamente da materiali diversi dalle stesse materie plastiche. L'obbligazione tributaria sorge al momento della produzione, dell'importazione nel territorio nazionale ovvero dell'introduzione nel medesimo territorio da altri Paesi dell'Unione Europea e diviene esigibile all'atto dell'immissione in consumo dei MACSI nel territorio nazionale. Sono esclusi dal pagamento dell'imposta i MACSI compostabili, i dispositivi medici, nonché i MACSI adibiti a contenere e proteggere preparati medicinali, e quelli la cui materia plastica provenga da riciclo.

L'introduzione di questo prelievo nell'ordinamento fiscale italiano continua ad alimentare il sorgere di molteplici dubbi di natura sia interpretativa che procedurale.

---

[42] Decreto Legge n. 225 del 2010.

[43] Il meccanismo del pricing istituito nell'esperienza italiana non ha natura tributaria, difatti il prezzo riscosso dall'esercente dell'attività commerciale entra a far parte dei ricavi dell'esercente e non è devoluto allo Stato. Il ricorso a strumenti di natura tributaria o economica per combattere la dispersione nell'ambiente delle buste di plastica è comune a diverse esperienze europee. La Danimarca ha introdotto nel 1994 un'imposta sulle buste di plastica, l'Irlanda nel 2002 ha inserito un prelievo pari a 15 centesimi su ogni sacchetto di plastica utilizzato negli negozi, che ha portato ad una riduzione del 90% del consumo dei sacchetti. Si veda UNEP, *Single-use plastics: a roadmap for sustainability*, 2018.

[44] Queste costituiscono un gruppo di imposte indirette erariali incidenti sulla fabbricazione e sul consumo di determinati prodotti, nonché sulla loro importazione nel territorio dello Stato. L'imposizione indiretta sui consumi ha radici antichissime, la ritroviamo infatti già nell'antica Grecia, nonché presso i Romani. Inizialmente assunse la forma del dazio, prevalentemente su generi alimentari mentre solo a seguito del processo d'industrializzazione prese le sembianze di imposte di fabbricazione e consumo, si rinvia sul punto a S. CNOSSEN, *Excise Systems: A Global Study of the Selective Taxation of Goods and Services*, The Johns Hopkins Press, Baltimore/London, 1977.

[45] Legge 30 dicembre 2021 n. 234.

In ordine alle difficoltà interpretative bisognerebbe meglio chiarire l'ambito oggettivo[46] e soggettivo[47] di applicazione del prelievo.

Quanto agli aspetti procedurali l'aspetto maggiormente criticato riguarda l'introduzione di pesanti oneri formali per i contribuenti i quali saranno tenuti a liquidare e pagare questa imposte attraverso dichiarazioni trimestrali presentate all'Agenzia delle Dogane e dei Monopoli entro la fine del mese successivo al trimestre solare cui la dichiarazione si riferisce. Inoltre, la produzione dei MACSI appare piuttosto diffusa e quindi difficile da monitorare efficacemente da parte dell'amministrazione finanziaria senza elevati costi di gestione.

Uno dei profili maggiormente controversi riguarda poi l'esistenza di possibili effetti distorsivi sulla concorrenza. Dal momento che questo tipo di tributo non è attualmente in vigore in tutti i Paesi europei, stante l'esigibilità del prelievo per la produzione o la vendita nel solo territorio italiano, la sua introduzione potrebbe danneggiare le imprese italiane della plastica a dispetto dei concorrenti europei. Questo profilo potrebbe trovare soluzione se si ipotizzasse una *plastic ta*x europea o se perlomeno si decidesse di armonizzare la disciplina dell'imposizione sulla plastica a livello europeo.

Nelle conclusioni del Consiglio europeo approvate il 21 luglio 2020 era stata annunciata l'introduzione a decorrere dal 1 gennaio 2021, di un contributo europeo da parte di ciascuno Stato membro da calcolarsi in base alla quantità di rifiuti di plastica non riciclati con un'aliquota di 0,80 €/kg[48]. Questa misura rappresenterebbe una risorsa proprio dell'Unione il cui gettito dovrebbe essere utilizzato per il rimborso anticipato dei prestiti contratti a titolo di *Next Generation EU*. L'entrata in vigore di questo prelievo e il fatto che i produttori di plastica sono soggetti dal 1997 al contributo ambientale CONAI per finanziare i costi di riciclo, imporrebbero al legislatore nazionale uno sforzo di rimodulazione del sistema d'imposizione vigente in Italia nel settore della plastica.

Analizzato in estrema sintesi il quadro di riferimento italiano, occorre rilevare come il diffondersi del concetto di economia circolare abbia ridestato l'interesse del legislatore nazionale all'uso di strumenti fiscali a protezione dell'ambiente. Appare conclusivamente evidente che i tentativi finora realizzati dal legislatore italiano per realizzare una rivoluzione verde, pur da apprezzare, non sembrano dunque sufficienti. Anche nel *Bel Paese* le maggiori attese per nuove misure e nuovi finanziamenti per la transizione verde sono ora rivolte al Piano nazionale di ripresa e resilienza per l'utilizzo delle risorse europee del *Next Generation EU*[49]. L'Italia avrà accesso a una quota di 209

[46] Bisognerebbe chiarire i prodotti su cui applicarlo e corrispondentemente quelli esenti tenendo conto che la direttiva *single use plastic* (da recepire entro luglio 2021) metterà al bando diversi prodotti monouso e restringerà notevolmente il campo d'applicazione di questa imposta.

[47] Occorrerebbe chiarire i soggetti passivi, soprattutto rispetto alla catena logistica e a fattispecie comuni nella prassi commerciale tra cui l'ipotesi di lavorazioni commissionate a terzi da parte del proprietario della materia.

[48] Conclusioni Consiglio Europeo, EUCO 10/20, Bruxelles, 21 luglio 2020.

[49] Il piano è finalizzato ad impattare il ciclo economico attuale e il Pil potenziale, in una prospettiva affatto diversa da quella statunitense. Negli Usa, l'erogazione dei fondi verrà ammortizzata nell'arco di sei anni. Al contrario in Italia, si intende realizzare un diverso e più graduale impatto: "È una visione un po'

miliardi, fetta che equivale al 27,8% dell'intero importo[50]. Il Piano Nazionale di Ripresa e Resilienza (cd. PNRR) è dunque lo strumento per cogliere la grande occasione del *Next Generation EU* al fine di rendere l'Italia un Paese più equo, verde e inclusivo, con un'economia più competitiva, dinamica e innovativa. Si sostanzia in un insieme di azioni e interventi disegnati per superare l'impatto economico e sociale della pandemia e costruire un'Italia nuova, intervenendo sui suoi nodi strutturali e dotandola degli strumenti necessari per affrontare le sfide ambientali, tecnologiche e sociali del nostro tempo e del futuro. Si tratta di un ampio e ambizioso pacchetto di investimenti e riforme in grado di liberare il potenziale di crescita della nostra economia, generare una forte ripresa dell'occupazione, migliorare la qualità del lavoro e dei servizi ai cittadini, la coesione territoriale e favorire la transizione ecologica[51]. In estrema sintesi, occorre rilevare che la Missione 2 del PNRR, intitolata "Rivoluzione Verde e Transizione ecologica", si articola in quattro componenti, la prima delle quali concerne l'agricoltura sostenibile ed l'economia circolare. Essa si prefigge di perseguire un duplice percorso verso una piena sostenibilità ambientale. Da un lato, migliorare la gestione dei rifiuti e dell'economia circolare, ammodernando o sviluppando nuovi impianti di trattamento rifiuti, in particolare colmando il divario tra le regioni del Nord e quelle del Centro-Sud (oggi circa 1,3 milioni di tonnellate di rifiuti vengono processate fuori dalle regioni di origine) e realizzando progetti *flagship* altamente innovativi in ambito di economia circolare, per esempio sulla gestione dei rifiuti elettrici ed elettronici (WEEE). Dall'altro, sviluppare una filiera agricola/alimentare *smart* e sostenibile, riducendo l'impatto ambientale di una delle eccellenze italiane, tramite catene di distribuzione "verdi". Si tratta di una sfida senza precedenti alla quale la diffusione dell'economia circolare ha fornito quella spinta necessaria a superare quella primigenia diffidenza verso l'uso di strumenti tributari per finalità extrafiscale.

La sfida è certamente aperta e va giocata ai diversi livelli di governo, con un occhio particolarmente attento all'ambito decentrato. Infatti, se numerose politiche ambientali sono di carattere prioritariamente globale, altre si rivelano di carattere prioritariamente locale e trovare la giusta struttura di *governance* fra i diversi livelli (globale, europeo, nazionale, regionale, locale) è essenziale. L'ambito decentrato, per le sue caratteristiche intrinseche (maggiore vicinanza al cittadino) ha delle enormi potenzialità in termini di realizzazione di politiche tributarie extrafiscali.

Rafforzare la fiscalità locale può comportare una riduzione delle asimmetrie territoriali esistenti. Se non interveniamo adesso le asimmetrie diventeranno fratture e l'Italia sarà sempre meno adeguata ad affrontare la concorrenza nella dimensione europea e internazionale: al "ritardo" del "Mezzogiorno" si aggiungerà inevitabilmente quello dell'intero Paese.

---

diversa: per gli Usa tutto subito e poi nulla dal 2022 in poi. Nel caso della UE si procede con più gradualità e calma. Si tratta di un piano ambizioso: la scommessa è che le nuove generazioni possano ripagare il debito con un'economia più forte. Ecco perché i piani devono essere così precisi" cfr. A. MAGNANI, *Next Generation EU, cos'è e come funziona*, in Il Sole 24 ore del 4 marzo 2021.

[50] A. MAGNANI, *Next Generation EU, cos'è e come funziona*, in Il Sole 24 ore del 4 marzo 2021.

[51] Per un approfondimento si rinvia al sito del Ministero dell'Economia e delle Finanze https://www.mef.gov.it/focus/Next-Generation-Italia-il-Piano-per-disegnare-il-futuro-del-Paese/.

3. LA EVOLUCIÓN DE LAS POLÍTICAS FISCALES ITALIANAS PARA LA EFICIENCIA ENERGÉTICA DE LOS EDIFICIOS: LA INCIDENCIA SOBRE EL MEDIOAMBIENTE Y LA ECONOMÍA (M. TRAPANESE[52])

Il settore dell'edilizia, occupando un ruolo centrale e primario nell'attuale sistema socio-economico, costituisce il primo consumatore di energia in Europa: esso è responsabile del 40% del consumo energetico e del 36% delle emissioni di gas a effetto serra[53]. Tale impiego energetico non è, tuttavia, corrisposto da interventi innovativi ed "ecosostenibili": difatti, circa il 75% degli edifici dell'Unione Europea è inefficiente sotto il profilo energetico, in quanto riscaldato e raffrescato con combustibili fossili e recanti vecchie tecnologie e apparecchiature energivore.

Il consumo di energia dipende, innanzitutto, dall'anzianità di ciascun edificio. Di certo il nostro patrimonio immobiliare rappresenta una grande ricchezza per il Paese e rispecchia la storia dei nostri territori; al tempo stesso, oltre il 40% degli edifici è stato costruito prima del 1960 ed il 90% prima del 1990 in assenza di una attenta regolamentazione sotto il profilo energetico. La gran parte dell'energia utilizzata, pertanto, viene dispersa e sprecata; tale dispersione può essere ridotta al minimo mediante la ristrutturazione degli edifici esistenti ed utilizzando soluzioni intelligenti e materiali efficienti nelle nuove costruzioni. Da sola la ristrutturazione potrebbe ridurre del 5-6% circa il consumo totale di energia dell'Unione Europea e del 5% circa le emissioni di biossido di carbonio. Ciononostante, in media ogni anno, meno dell'1% del parco immobiliare nazionale viene ristrutturato (le percentuali degli Stati membri oscillano fra lo 0,4% e l'1,2%)[54].

Migliorare l'efficienza energetica dell'edilizia è fondamentale per conseguire l'ambizioso obiettivo di neutralità in termini di emissioni di carbonio entro il 2050, così come definito nel *European Green Deal*, progetto che vuole rendere l'Europa il primo continente ad impatto climatico zero, parte integrante della strategia della Commissione Europea per attuare l'Agenda 2030 e gli obiettivi di sviluppo sostenibile delle Nazioni Unite. Mediante il *European Green Deal* la Commissione intende riorientare il processo di coordinamento macroeconomico del semestre europeo per integrarvi gli obiettivi di sviluppo sostenibile delle Nazioni Unite, al fine di porre la sostenibilità e il benessere dei cittadini al centro della politica economica e degli interventi dell'UE. Si tratta di una nuova strategia di crescita mirata a trasformare l'Unione Europea in una società giusta e prospera, dotata di un'economia moderna, efficiente sotto il profilo

52 *Dottoranda di ricerca in diritto tributario, PhD Student, Università degli Studi di Napoli Federico II, Universidad de Sevilla.*

53 F. FILIPPIDOU - J. JIMENEZ NAVARRO, *Achieving the cost-effective energy transformation of Europe`s buildings*, EUR 29906 EN, Publications Office of the European Union, Luxembourg, 2019: "*The energy performance of buildings is so insufficient that the levels of energy consumption place the sector among the most significant CO^2 emission sources in Europe. Nearly 40% of the final energy consumption and 36% of Greenhouse Gas (GHG) emissions are attributed to the sector, becoming a priority to achieve the European Union (EU) long term energy and climate goals, as defined in the EU's Long Term Strategy (EU LTS). As a result, most of the EU energy policy initiatives address the building sector*".

54 Cfr. Raccomandazione (UE) 2019/786 della Commissione sulla ristrutturazione degli edifici.

delle risorse e competitiva, fino a raggiungere nel 2050 la neutralità climatica, dunque un'economia che non genera emissioni nette di gas a effetto serra ed in cui la crescita economica è dissociata dall'uso delle risorse.

Nell'ambito del *Green Deal europeo,* del "*Clean energy for all Europeans*"[55] ed in ultimo del "*Fit for 55%*"[56] la Commissione ha fissato quale "obiettivo climatico 2030[57]" la riduzione delle emissioni di gas serra nell'Unione Europea di almeno il 55% rispetto ai livelli del 1990. A tal fine, l'efficienza energetica è un fronte d'intervento essenziale e l'edilizia, proprio in virtù del proprio impatto climatico, è uno dei settori in cui occorre maggiormente intervenire. Come analizzato dalla Commissione Europea, per abbattere le emissioni del 55% entro il 2030, le emissioni di gas serra degli edifici dovranno essere ridotte del 60%, il loro consumo di energia finale del 14% e il consumo energetico per riscaldamento e raffrescamento del 18%[58].

La direttiva 2010/31/UE[59] è il principale strumento legislativo con cui si sono invitati i singoli Stati membri a stabilire strategie a lungo termine "*per sostenere la ristrutturazione del parco nazionale di edifici residenziali e non residenziali, sia pubblici che privati, al fine di ottenere un parco immobiliare decarbonizzato e ad alta efficienza energetica entro il 2050, facilitando la trasformazione efficace in termini di costi degli edifici esistenti in edifici a energia quasi zero*"[60]. A tal fine, essa ha previsto: a) l'adozione di una metodologia di calcolo della prestazione energetica degli edifici e delle unità immobiliari; b) l'applicazione di requisiti minimi alla prestazione energetica di edifici e unità immobiliari di nuova costruzione e di quelli esistenti; c) l'introduzione di piani nazionali destinati ad aumentare il numero di edifici a *energia quasi zero*; d) la "certificazione energetica" degli edifici o delle unità immobiliari; e) l'ispezione periodica degli impianti di riscaldamento e condizionamento d'aria; f) i sistemi di controllo indipendenti.

La Direttiva EPBD è stata modificata nel 2018[61]. Per garantire la sua effettività, sono stati disposti regolamenti attuativi e numerose raccomandazioni, in particolare al fine

---

55 COM(2016) 860 final, *Clean energy for all Europeans.*

56 COM(2021) 550 final, *Pronti per il 55 %: realizzare l'obiettivo climatico dell'UE per il 2030 lungo il cammino verso la neutralità climatica.*

57 COM(2020) 562 final, *Un traguardo climatico 2030 più ambizioso per l'Europa Investire in un futuro a impatto climatico zero nell'interesse dei cittadini.*

58 COM(2020) 662 final, *Un'ondata di ristrutturazioni per l'Europa: inverdire gli edifici, creare posti di lavoro e migliorare la vita.*

59 Direttiva EPBD, *Energy Performance of Buildings Directive.*

60 Un elemento fondamentale della Direttiva EPBD, in particolare per il raggiungimento di tali obiettivi a lungo termine, è rappresentato dai requisiti relativi agli edifici *a energia quasi zero* («requisiti NZEB», *Nearly Zero-Energy Buildings*). L'articolo 9 della Direttiva – "Edifici a energia quasi zero" – stabiliva che "entro il 31 dicembre 2020 tutti gli edifici di nuova costruzione" fossero ad altissima prestazione energetica, cioè che il loro fabbisogno energetico - molto basso o quasi nullo - fosse coperto in misura significativa da energia da fonti rinnovabili, compresa quella "prodotta in loco o nelle vicinanze". Il termine era anticipato al 31 dicembre 2018 per gli edifici di nuova costruzione "occupati da enti pubblici e di proprietà di questi ultimi".

61 Direttiva (UE) 2018/844.

di accelerare la ristrutturazione degli edifici esistenti, promuovendo anche l'impiego delle tecnologie intelligenti negli stessi[62].

Attraverso questa fitta e lungimirante attività normativa in materia, l'Unione Europea si è affermata *leader* mondiale nelle misure per il clima e l'ambiente e vuole essere di esempio ed influenza nel settore attraverso specifiche organizzazioni volte a favorire la ricerca ed investimenti sul campo (con i progetti Orizzonte 2020[63] e tramite la Banca europea per gli investimenti, BEI), svolgendo un'opera di monitoraggio continuo anche grazie all'Osservatorio europeo del parco immobiliare (*BSO*), strumento avviato nel 2016 che attua un attento tracciamento delle caratteristiche, del rendimento energetico degli edifici nell'UE, ne controlla e valuta i miglioramenti[64].

In ultimo, la pandemia da Covid-19, da un lato, ha portato alla luce ancor di più l'importanza degli edifici nella nostra vita quotidiana, dall'altro, ha determinato un forte calo nel settore edilizio, pari al circa 15,7% rispetto al 2019 e una diminuzione del 12% degli investimenti nell'efficienza energetica nel 2020.

A fronte di una crisi mondiale di una portata ad oggi ancora incontrollabile, la grande sfida dell'Unione Europea è quella di reagire attraverso una ripresa economica "più verde", impiegando le proprie energie per operare la transizione verso la neutralità climatica e per incidere sulle disuguaglianze sociali. Sul piano edilizio, è stata approvata una nuova strategia c.d. "Ondata di ristrutturazioni" al fine non solo "di ridurre le bollette e le emissioni, bensì di cogliere anche le numerose possibilità e i benefici sociali, ambientali ed economici di vasta portata offerti dalla ristrutturazione. In un solo intervento gli edifici possono essere resi più sani, più ecologici, interconnessi all'interno di un quartiere, più accessibili, resilienti a eventi naturali estremi e dotati di punti di ricarica per la mobilità elettrica e parcheggi per biciclette. Gli edifici intelligenti possono fornire dati essenziali, nel rispetto della privacy, per la pianificazione e i servizi

---

[62] Regolamento delegato (UE) 2020/2155 e 2156 della Commissione, del 14 ottobre 2020; Raccomandazione (UE) 2016/1318 della Commissione, del 29 luglio 2016, sugli orientamenti per la promozione di edifici a energia prossima allo zero; Relazione della Commissione al Parlamento europeo e al Consiglio: *Progresso degli Stati membri verso edifici a energia prossima allo zero* (COM(2013) 483 final/2, 7.10.2013); Relazione della Commissione al Parlamento europeo e al Consiglio: *Sostegno finanziario per l'efficienza energetica negli edifici* (COM(2013) 225 final, 18.4.2013); Direttiva 2012/27/UE del Parlamento europeo e del Consiglio, del 25 ottobre 2012, sull'efficienza energetica, che modifica le direttive 2009/125/CE e 2010/30/UE e abroga le direttive 2004/8/CE e 2006/32/CE; Regolamento delegato (UE) n. 244/2012 della Commissione, del 16 gennaio 2012, che integra la Direttiva 2010/31/UE del Parlamento europeo e del Consiglio sul rendimento energetico nell'edilizia, stabilendo un quadro metodologico comparativo per il calcolo dei livelli ottimali in termini dei requisiti relativi ai costi di energia minima di prestazione per edifici ed elementi costruttivi.

[63] Sul portale *Horizon 2020 Energy Efficiency data hub* è possibile individuare i numerosi progetti finanziati dall'UE, nello specifico nel settore dell'edilizia (https://energy.easme-web.eu).

[64] https://ec.europa.eu/energy/topics/energy-efficiency/energy-efficient-buildings/eu-bso_en in cui è possibile consultare precisi ed aggiornati *database, datamapper* e *report*. Inoltre, al fine di informare gli operatori del settore dell'edilizia e fornire loro le competenze e le conoscenze necessarie per garantire che i progetti di costruzione e ristrutturazione soddisfino i requisiti di efficienza energetica, è stato creato un apposito portale europeo c.d. "BUILD-UP" (http://www.buildup.eu/en) gestito dall'Agenzia esecutiva per le piccole e le medie imprese (EASME).

urbani. La ristrutturazione profonda può ridurre la pressione edilizia sulle aree verdi, contribuendo a preservare la natura, la biodiversità e i terreni agricoli fertili"[65].

Investire negli edifici, inoltre, può dare un forte impulso alla ripresa economica: i lavori di ristrutturazione coinvolgono numerose imprese locali (principalmente le PMI che maggiormente sono state colpite dalla crisi pandemica) e richiedendo manodopera, potendo dunque creare nuovi posti di lavoro e investimenti spesso radicati in filiere locali, generare domanda di attrezzature ad alta efficienza di energia e risorse, apportare valore a lungo termine ai beni immobili, nonché incentivare una ricerca continua. Come si vedrà di seguito, è anche questa la direzione che viene perseguita con il *Next Generation EU*, strumento unionale per la ripresa, con il bilancio a lungo termine dell'UE per il periodo 2021-2027, nonché con il *Piano Nazionale di Ripresa e Resilienza* ("*PNRR*").

Sul piano interno, al fine di attuare le indicazioni europee e di dare avvio ad una significativa opera di efficientamento energetico nell'edilizia, sono state introdotte agevolazioni fiscali[66], nello specifico nella forma di detrazioni e crediti d'imposta[67]. Le prime detrazioni fiscali per interventi di risparmio energetico furono introdotte dalla legge finanziaria 2007, con successive proroghe ed estensioni dell'ambito di applicazione. Una svolta significativa si è avuta con il D.L. 4 giugno 2013, n. 63, che ha recepito la direttiva 2010/31/UE sulla prestazione energetica nell'edilizia (anche a seguito della procedura di infrazione n. 2012/0368 avviata dalla Commissione europea nei confronti

---

[65] Cfr. COM (2020) 662 final, *Un'ondata di ristrutturazioni per l'Europa: inverdire gli edifici, creare posti di lavoro e migliorare la vita*: "Grazie a un'ondata di ristrutturazioni entro il 2030 potrebbero essere creati 160.000 posti di lavoro verdi in più nel settore edile dell'UE, una boccata d'ossigeno per un settore in cui oltre il 90 % degli operatori è costituito da PMI, duramente colpite dall'impatto economico della crisi causata dalla pandemia. [...] L'Europa si trova di fronte a un'opportunità unica per fare della ristrutturazione degli edifici un'operazione benefica sia per il clima che per la ripresa".

[66] Sul tema delle agevolazioni fiscali, senza alcuna pretesa di esaustività, D'Amati, *Agevolazioni ed esenzioni tributarie*, in *Noviss. Dig. it., App.*, Torino, 1980, pp. 153 ss.; E. De Mita, *Erogazioni liberali e deduzioni fiscali*, in *Corr. trib.*, 1983, p. 1695; F. Moschetti, *Agevolazioni fiscali - Problemi di legittimità costituzionale e principi interpretativi*, in *Dig. disc. priv.*, sez. comm., I, Utet, Torino, 1987, p. 74; S. La Rosa, *Esenzioni ed agevolazioni tributarie*, in *Enc. giur.* Treccani, Roma, 1989; F. Fichera, *Le agevolazioni fiscali*, Cedam, Padova, 1992; F. Moschetti, *Profili generali*, in F. Moschetti (a cura di), *La capacità contributiva*, Cedam, Padova, 1993, p. 43; S. La Rosa, *Le agevolazioni fiscali*, in A. Amatucci, (a cura di), *Trattato di diritto tributario*, Cedam, Padova, 1994, I, pp. 401 ss.; M. Basilavecchia, *Agevolazioni, esenzioni ed esclusioni*, in *Encl. dir.*, V Agg., 2002 e in *Rass. trib.*, 2, 2002, p. 421; G. Zizzo (a cura di), *La fiscalità del terzo settore*, Milano, 2011; A. Pace, *Agevolazioni fiscali. Forme di tutela e schemi processuali*, Giappichelli, Torino, 2012; A. Guidara, *Agevolazioni fiscali*, in *Enc. giur.* Treccani - *Diritto online*, 2013; S.R. Gianoncelli, *Fiscalità di impresa e utilità sociale*, Torino, 2013. Con riferimento al rapporto fra agevolazioni fiscali ed aiuti di Stato, P. Russo, *Le agevolazioni e le esenzioni fiscali alla luce dei principi comunitari in materia di aiuti di Stato: i poteri del giudice nazionale*, in *Rass. Trib.*, 1-bis, 2003, p. 241; S. Fiorentino, *Agevolazioni fiscali e aiuti di Stato*, in M. Ingrosso e G. Tesauro (a cura di), *Aiuti di Stato e agevolazioni fiscali*, E.S.I., Napoli, 2009, p. 375; Id., *Controllo sugli aiuti di stato illegali, incompatibili e abusivi: il ruolo del giudice tributario*, in *Dir. e Proc. Trib.*, 1/2017, 1 ss. e in G. Ragucci e F. Albertini (a cura di), *Costituzione, legge e tributi - Scritti in onore di G. Gaffuri*, Milano, 2018, pp. 227 ss.

[67] Per una riflessione sulla natura dell'agevolazione in commento, S. D'ALESSIO, *Superbonus: natura del credito d'imposta e conseguenze per il suo utilizzo fraudolento*, in *il fisco*, 28/2021.

dell'Italia), effettuata mediante la modifica del decreto legislativo n. 192 del 2005, che ha fissato i nuovi criteri per l'aggiornamento e la programmazione di *standard* prestazionali degli edifici al fine di raggiungere gli obiettivi fissati a livello europeo in materia di *edifici a energia quasi zero*. Sono state, pertanto, definite le modalità di applicazione della metodologia di calcolo delle prestazioni energetiche e l'utilizzo delle fonti rinnovabili negli edifici. Sono state introdotte, inoltre, disposizioni vincolanti per gli edifici di nuova costruzione che dovranno rispettare i requisiti di "energia quasi zero"[68].

La norma di riferimento del TUIR dei *bonus fiscali* per le ristrutturazioni edilizie, per gli interventi di riqualificazione energetica e per gli interventi antisismici, è costituita dall'art. 16-*bis*, che prevede una detrazione nella misura base del 36% fino ad un limite di spesa di 48.000,00 euro annui per ciascuna unità immobiliare; tale diposizione è stata più volte integrata, prevedendo, tra l'altro, limiti di spesa e percentuali di detrazione maggiorati, ed in particolare: dall'art. 16 del già citato D.L. n. 63/2013 che ha integrato il *bonus* sulle ristrutturazioni edilizie e sugli interventi antisismici (c.d. "sismabonus") ed ha introdotto altresì il *bonus mobili*; dall'art. 14 del medesimo Decreto che ha integrato il *bonus* per gli interventi di riqualificazione energetica nella misura del 65% (c.d. "ecobonus").

Un intervento estremamente significativo si è avuto nell'ambito delle misure adottate per l'emergenza pandemica da Covid-19: l'art. 119 del decreto Rilancio (decreto legge n. 34/2020, convertito con modificazione con la legge n. 77/2020) ha introdotto il c.d. "Superbonus" ossia una detrazione d'imposta pari al 110% delle spese relative a specifici interventi di efficienza energetica e di misure antisismiche, vale a dire una detrazione superiore rispetto alla spesa che si va a sostenere[69]. In alternativa alla detrazione diretta in dichiarazione dei redditi, sono state introdotte le seguenti possibilità:

a) uno sconto sul corrispettivo dovuto in fattura, di importo massimo non superiore al corrispettivo stesso, anticipato dal fornitore dei beni e servizi relativi agli interventi agevolati. Il fornitore a sua volta può recuperare il contributo anticipato sotto forma di credito d'imposta di importo pari alla detrazione spettante o, nel caso di sconto

---

[68] D.L. n. 63 del 2013: Art. 4-*bis* (*Edifici ad energia quasi zero*) - "1. A partire dal 31 dicembre 2018, gli edifici di nuova costruzione occupati da pubbliche amministrazioni e di proprietà di queste ultime, ivi compresi gli edifici scolastici, devono essere edifici a energia quasi zero. Dal 1° gennaio 2021 la predetta disposizione è estesa a tutti gli edifici di nuova costruzione [...]". Nel dicembre 2016 è stato formulato uno specifico Piano d'Azione Nazionale per incrementare gli edifici ad energia quasi zero (PANZEB) che pone l'incremento dell'efficienza energetica negli edifici e la transizione verso gli edifici a energia quasi zero (NZEB) come obiettivo prioritario per il Paese che vuole essere perseguito grazie all'attivazione di un'ampia gamma di misure di regolazione e di incentivazione.

[69] D.L. n. 34 del 2020: Art. 119 (*Incentivi per efficientamento energetico, sisma bonus, fotovoltaico e colonnine di ricarica di veicoli elettrici*) - "1. La detrazione di cui all'articolo 14 del decreto-legge 4 giugno 2013, n. 63, convertito, con modificazioni, dalla legge 3 agosto 2013, n. 90, si applica nella misura del 110 per cento, per le spese documentate e rimaste a carico del contribuente, sostenute dal 1° luglio 2020 e fino al 31 dicembre 2021, da ripartire tra gli aventi diritto in cinque quote annuali di pari importo [...]". Cfr. G.P. TOSONI, L. DE STEFANI, L. ROLLINO, *Bonus 110%. I nuovi termini legislativi e tutte le regole fiscali e tecniche. Le procedure e gliadempimento per professionisti e contribuenti*, in *Il Sole 24ore*, Aprile 2021.

"parziale", pari all'importo dello sconto applicato, con facoltà di successive cessioni di tale credito ad altri soggetti, inclusi istituti di credito e altri intermediari finanziari;

b) la cessione diretta di un credito d'imposta corrispondente alla detrazione del 110% a terzi, inclusi istituti di credito e altri intermediari finanziari, che a loro volta potranno operare successive cessioni.

Trattasi di una misura davvero rivoluzionaria in quanto permette la ristrutturazione, o anche la demolizione integrale e ricostruzione, senza alcun costo da parte dei privati in quanto la detrazione, lo sconto in fattura o il credito d'imposta riconosciuto è addirittura superiore alle spese sostenute.

In concreto, i principali interventi agevolati finalizzati al raggiungimento del risparmio energetico "qualificato" (c.d. interventi "trainanti") sono i seguenti: la sostituzione degli impianti di climatizzazione invernale esistenti con impianti per il riscaldamento, raffrescamento o la fornitura di acqua calda sanitaria a pompa di calore, anche abbinati all'installazione di impianti fotovoltaici ovvero con impianti di microcogenerazione; interventi di isolamento termico delle superfici che interessano l'involucro dell'edificio. È inoltre previsto che nel caso in cui venga svolto uno di tali interventi di efficientamento (c.d. interventi "trainanti"), la detrazione del 110% possa essere estesa anche ad ulteriori lavori per il risparmio energetico (già agevolati dal 50% all'85%), ad interventi finalizzati all'eliminazione delle barriere architettoniche, all'istallazione di colonnine per la ricarica di veicoli elettrici, nonché agli interventi antisismici "speciali" (cc.dd. *super ecobonus* e *sismabonus del 110%*).

La legge di bilancio 2022 ha confermato e prorogato il termine per beneficiare del *Superbonus* ed in particolare, per le unità unifamiliari, fino al 31 dicembre 2022, a condizione che alla data del 30 giugno 2022 vengano effettuati lavori per almeno il 30% dell'intervento complessivo; mentre per i condomini e le persone fisiche proprietarie uniche o in comproprietà di edifici composti da due a quattro unità immobiliari distintamente accatastate, la proroga è prevista, con aliquote decrescenti, fino al 31 dicembre 2025. Pergli interventi che coinvolgono l'edilizia sociale (Iacp, Istituti autonomi case popolari), inoltre, il termine è prorogato fino al 31 dicembre 2023 qualora, alla data del 30 giugno 2023, siano stati effettuati lavori per almeno il 60% dell'intervento complessivo.

Gli obiettivi che si vogliono perseguire mediante tale misura sono ambiziosi e trasversali: oltre al principale effetto di risparmio energetico, anche in attuazione di quanto programmato nel *Piano Nazionale Integrato per l'Energia e il Clima 2030 (PNIEC)*, si vuole favorire una ripresa dalla crisi economica pandemica attraverso i numerosi investimenti che tale misura stimola nell'ambito edilizio e dunque i posti di lavoro che si vanno a generare. Dalle stime elaborate dal CRESME è emerso che dal 1998 al 2020 i preesistenti incentivi fiscali per il recupero edilizio e per la riqualificazione energetica hanno interessato oltre 21 milioni di interventi, attivando investimenti pari a oltre 346 miliardi di euro. Con riferimento all'impatto sull'occupazione, si è stimato che gli investimenti attivati nel periodo 2011-2020 hanno generato un assorbimento cumulato di 2.549.585 occupati diretti, corrispondenti a una media annua di 254.959 occupati.

Inoltre, mediante la ristrutturazione e l'efficientamento energetico si vuole affrontare un altro problema di fondamentale importanza, ossia la lotta alla c.d. "povertà energetica"[70] in applicazione del principio "*No one left behind*" che guida lo sviluppo sostenibile, anche sul piano sociale. Una linea di azione in tal senso riguarda la ristrutturazione ed efficientamento energetico delle case popolari, e dunque la ricomprensione degli Istituti autonomi case popolari tra i soggetti beneficiari delle agevolazioni fiscali in commento.

Ad oggi l'attuazione del *Superbonus* ha incontrato molti ostacoli a causa delle incertezze interpretative ed applicative, della eccessiva burocrazia, dell'attestazione di conformità edilizia particolarmente complessa per gli edifici risalenti, nonché a causa dell'incertezza circa l'estensione temporale dell'agevolazione stessa.

Le possibilità per una incisiva rivoluzione "energetica" sono concrete, anche alla luce delle risorse economiche che l'Unione Europea ha messo a disposizione mediante il *Next Generation EU* e di riflesso quelle destinate a tale specifico settore nel già menzionato *Piano Nazionale di Ripresa e Resilienza* (*PNRR*)[71]. Occorrerà grande serietà, professionalità ed unità da parte di tutte le forze politiche ed operatori economici nella persecuzione del comune obiettivo di una ripresa economica "più verde" ed inclusiva.

4. LA IGUALDAD DE GÉNERO, QUINTO OBJETIVO DE DESARROLLO SOSTENIBLE: EL CASO DE LA "TAMPÓN TAX" (SOFIA PAOLA ALFANO[72])

Quando si affronta il tema della *tampon tax*, ci si riferisce all'imposta sul valore aggiunto (IVA) gravante sui prodotti per l'igiene mestruale, come innanzitutto gli assorbenti ma anche le alternative più ecologiche quali la coppetta mestruale e gli assorbenti lavabili.

Il problema sorge in particolar modo quando questi beni vengono considerati impropriamente di lusso e quindi sottoposti alla conseguente elevata aliquota IVA.

Nonostante l'argomento stia nuovamente trovando significativo spazio nel dibattito pubblico, specialmente in ambito europeo, è ancora estremamente difficile portare avanti un confronto sul tema, in quanto permeato di pregiudizi e non considerato di primaria importanza.

---

[70] Cfr. il RAPPORTO ENEA 2020 per una analisi circa la situazione della "povertà energetica" in Italia, pagg. 36 ss.

[71] Nello specifico, i fondi stanziati per il *Superbonus* sono allocati nella "Componente 3" della "Missione 2" del PNRR, ossia l'"Efficienza energetica e riqualificazione degli edifici" e sono complessivamente 13,95 miliardi di euro, volti "a favorire l'utilizzo di un incentivo temporaneo per la riqualificazione energetica e l'adeguamento antisismico del patrimonio immobiliare privato e per l'edilizia sociale, attraverso detrazioni fiscali per i costi sostenuti per gli interventi".

[72] *Master's Degree student, International Relations, Alma Mater Studiorum, Università di Bologna. Erasmus + student, Vilnius University.*

Pertanto, si è scelto di interessarsene per poter perseguire in maniera adeguata il quinto degli obiettivi di sviluppo sostenibile dell'Agenda 2030 (*Sustainable Development Goals, SDGs*) relativo al raggiungimento della parità di genere.

La questione è stata sollevata nel 2004[73] dallo stato del Kenya, il primo ad abolire la *tampon tax*: la motivazione si era sostanziata nella difficoltà nell'accedere ai beni per l'igiene mestruale che aveva portato a un alto tasso di assenteismo scolastico femminile. A seguito di ciò, lo stato si è anche impegnato nello stanziare i fondi necessari per distribuire gli assorbenti gratuitamente nelle scuole.

Il legame con un alto tasso di assenteismo scolastico è stato evidenziato da molti altri studi, soprattutto in relazione all'appartenenza a fasce di reddito più basse. Infatti, la tassazione sui beni per la gestione del ciclo mestruale si lega al più ampio fenomeno della cosiddetta *period poverty*, la "povertà mestruale", ovvero l'impossibilità di vedere assicurate le risorse economiche necessarie per affrontare in sicurezza il ciclo mestruale.

Particolarmente rilevante in tal senso la recente misura scozzese del gennaio 2021: con l'approvazione unanime del *Period Products (Free Provision) (Scotland) Bill* è stato infatti imposto un obbligo per le autorità locali di fornire gratuitamente gli assorbenti a chiunque ne abbia bisogno[74].

L'elevata aliquota IVA sugli assorbenti, in particolare laddove essi sono ascritti alla categoria beni di lusso, rende evidente che la *tampon tax* sia una lesione del diritto alla parità di genere e dunque un ostacolo al raggiungimento del quinto obiettivo di sviluppo sostenibile.

La difficoltà economica nel reperire gli assorbenti lede innanzitutto il diritto alla salute, in quanto molte donne si trovano a fronteggiare emergenze sanitarie derivanti dal protratto utilizzo del medesimo assorbente per un numero di ore ben superiore a quello indicato dai produttori. Inoltre, molte donne sono state costrette, a causa del costo elevato degli assorbenti, a utilizzare strumenti di emergenza non idonei e non igienici, situazione diffusa soprattutto presso le persone senza fissa dimora.

La gravosa aliquota IVA lede, oltre al diritto all'istruzione, come già evidenziato, anche il diritto al lavoro, che tendenzialmente mostra la stessa criticità del forte tasso di assenteismo in ambito lavorativo laddove vi siano situazioni di difficile reperibilità degli assorbenti.

---

[73] I SAGALA , *Kenya has scrapped the tax on menstrual products, but they are still too expensive for rural women*, (15 luglio 2019); G. TESTA, *Perché la tampon tax è un'imposta ingiusta,* L'Internazionale (6 dicembre 2019).

[74] Altrettanto rilevante e anche più recente, è uno studio commissionato da *Period*, organizzazione *no profit*, e *Thinx*, società che produce prodotti per l'igiene mestruale, che ha evidenziato come due terzi delle studentesse del campione osservato si siano trovate in uno stato d'ansia derivante dalla mancanza di accesso ai prodotti per la cura mestruale, che una studentessa su cinque abbia avuto difficoltà a permettersi gli assorbenti o non abbia potuto acquistarli, e una studentessa su quattro abbia saltato giorni di scuola per l'impossibilità di accedere ai prodotti mestruali. Il tema della povertà mestruale è stato altresì esacerbato dalla recente pandemia. Uno studio condotto da Always, azienda produttrice di assorbenti, ha rilevato che una famiglia su tre ha dovuto confrontarsi con il problema di non poter acquistare gli assorbenti.

Conseguenzialmente l'elevata tassazione incidendo sul costo degli assorbenti aumenta il rischio di esclusione sociale causato dal forte tabù che le mestruazioni ancora rappresentano, con conseguente violazione del diritto alla dignità e alla privacy. Non avere un facile accesso ai beni necessari per gestire la mestruazione rappresenta un elemento di rischio per quanto riguarda la difficoltà che la donna, dunque, ha per poter gestire in sicurezza e discretamente la propria mestruazione.

Come è noto, il sistema europeo prevede quattro categorie di tassazione, elencate nella sesta Direttiva IVA, Direttiva del Consiglio 2006/112/EC.

Gli assorbenti e le loro alternative non monouso ben possono essere inseriti nella categoria riguardante i beni necessari; parimenti l'articolo 132 permette l'esenzione da tasse sui beni considerati di "pubblico interesse", tra i quali rientra ciò che riguarda l'ambito medico.

Solo nel 2016 il tema della *tampon tax* viene affrontato in modo esplicito dalla Commissione Europea che aveva proclamato il suo impegno per permettere agli stati membri l'eliminazione della tassazione sugli assorbenti, pur nella latitanza del Parlamento. Solo il 24 giugno 2021 il Parlamento Europeo ha approvato una risoluzione[75] non legislativa attraverso la quale gli eurodeputati hanno chiesto l'eliminazione della *tampon tax* e dunque l'applicazione di esenzioni o, in alternativa, aliquote IVA ridotte per gli assorbenti e prodotti assimilabili. Inoltre, gli eurodeputati hanno esortato i paesi membri ad affrontare il tema della *period poverty*.

Tale recente risoluzione prevede per la prima volta una proposta di esenzione IVA mentre le altre proposte mosse autonomamente da singoli paesi membri si limitano a prevedere l'applicazione dell'aliquota relativa ai beni di prima necessità in linea con quanto previsto dal quadro europeo attualmente vigente.

I paesi membri godono di ampia discrezionalità in questo ambito, come risulta evidente se si analizzano le tassazioni applicate agli assorbenti nei vari paesi che sono assolutamente non uniformi.

Fra i vari esempi che possono essere riportati abbiamo il caso della Francia, dove un primo tentativo di ridurre la *tampon tax* al 5%[76], partendo dal 20%, risale al 2016. L'emendamento è stato inizialmente rigettato con la motivazione che ciò avrebbe diminuito in maniera sostanziale le entrate statali generate dalla tassa. Tuttavia, a causa della risposta dell'opinione pubblica, l'allora Primo Ministro Manuel Valls ha affermato che il governo aveva a disposizione i fondi necessari per ammortizzare la riduzione nella tassazione e infatti, infine, l'IVA è stata ridotta al 5%.

Il caso della Germania è interessante per quanto riguarda l'escamotage che è stato utilizzato per attirare l'attenzione dell'opinione pubblica sul tema.

Una startup, *The female company*, ha messo in vendita *The tampon book*, un libro contenente, oltre a diversi racconti relativi alle mestruazioni, anche una confezione

[75] Risoluzione del Parlamento Europeo del 24 giugno 2021 sulla situazione della salute sessuale e riproduttiva e relativi diritti nell'UE, nel quadro della salute delle donne (2020/2215(INI)).

[76] *Tampon tax: France MPS back vat cut on sanitary products*, BBC News (11 dicembre 2015).

di assorbenti[77]. Poiché la confezione faceva parte del libro, è stata tassata al 7% come quest'ultimo, mentre normalmente la Germania prevedeva in quel momento per gli assorbenti l'IVA del 19%. L'iniziativa, accompagnata da una petizione online indipendente, ha sortito l'effetto sperato, portando l'esecutivo tedesco a ridurre l'IVA al 7% a partire dal primo gennaio 2020.

Di particolare rilevanza in ambito europeo sono anche i casi relativi la Repubblica d'Irlanda e il Regno Unito (pre Brexit), con un ruolo di particolare importanza spettante alla Scozia.

L'Irlanda risulta ad oggi l'unico paese membro con una tassazione sui beni mestruali allo 0%, questo in quanto la detassazione risale al 2005, dunque a prima dell'entrata in vigore della Direttiva, senza valore retroattivo.

Il Regno Unito si è mosso per la completa eliminazione della *tampon tax*, e il tema è stato financhе utilizzato come argomento a favore della fuoriuscita dall'Unione Europea. La riduzione al 5% risaliva già ad una campagna svoltasi fra il 2000 e il 2001. A partire dal 2015 il governo aveva destinato il fondo raccolto dall'IVA sugli assorbenti al *tampon tax fund*, per permettere la realizzazione di progetti a favore di donne e ragazze in situazione di vulnerabilità. Al 2016 risale la prima approvazione da parte del governo inglese per l'eliminazione della tassazione, ma ai tempi il governo si era trovato vincolato dalla Direttiva europea. Con l'uscita dall'Unione Europea si è resa effettivamente possibile la completa eliminazione della *tampon tax*.

La Scozia, come già accennato, ha avuto un ruolo particolarmente rilevante specialmente per l'attenzione che ha posto al tema della *period poverty*. La Scozia garantiva già la distribuzione gratuita di assorbenti nelle scuole e nelle università, e oggi con l'approvazione del *Period Product (Free Provision) (Scotland) Bill*[78], ha destinato circa 9,2 milioni di sterline affinché la distribuzione degli assorbenti avvenga attraverso non solo le autorità locali, ma anche attraverso le associazioni di benevolenza e le società sportive.

Tali esempi virtuosi non devono tuttavia far dimenticare che molteplici sono i paesi che considerano ancora gli assorbenti come beni di lusso, e dunque l'aliquota IVA risulta particolarmente elevata. In particolare, basta citare gli esempi dell'Ungheria, che prevede un'aliquota IVA del 27%, e della Danimarca e la Svezia in cui l'aliquota si attesta al 25%.

In Italia l'IVA sugli assorbenti, dalla sua introduzione nel 1973, è aumentata nel tempo dal 12% al 22%. Solo con la più recente Legge di Bilancio 2022 l'aliquota è stata portata al 10%.

---

[77] F. PIVA, *Il libro con gli assorbenti allegati: ecco come in Germania hanno aggirato la tampon tax*, Wired, (25 giugno 2019).

[78] C. DIAMOND , *Period poverty: Scotland first in world to make period products free*, BBC, (24 novembre 2020).

La prima proposta per portare la tassazione di tutte le tipologie di assorbenti al 5% fu depositata nel 2016 dal partito di Giuseppe Civati, Possibile, ma non riuscì neanche ad arrivare alla discussione parlamentare, in quanto non ritenuta una priorità.

Il tentativo successivo è stato un emendamento al decreto legge fiscale con prima firmataria Laura Boldrini, che prevedeva di ridurre la tassazione al 10% e che non è andato a buon fine in quanto si è ritenuto che non ci fossero le coperture finanziarie necessarie per gestire il mancato gettito derivante dal, seppur limitati o taglio di entrate. Vi è stata però una prima apertura che ha visto la riduzione dell'IVA seppur limitata a una categoria specifica di assorbenti: attualmente, infatti, l'IVA è ridotta al 5% per gli assorbenti compostabili e biodegradabili, generalmente comunque più costosi e più difficili da reperire. Inoltre, poiché non tutte le donne possono utilizzare i prodotti disponibili in commercio, è probabilmente facile dimostrare che questa differenza di tassazione possa addirittura risultare discriminatoria. La motivazione data per questa riduzione specifica è di tipo ambientale[79], tesa a scoraggiare il ricorso a prodotti ritenuti inquinanti, sebbene sia da notare che ad oggi non sono presenti studi della comunità scientifica riguardanti l'impatto ecologico degli assorbenti comparato a quelli di prodotti alternativi.

Dunque, in Italia non sembra essere ancora maturo il tempo per una riduzione dell'IVA a livello nazionale, sebbene il dibattito sia aperto e acceso e siano emerse recentemente alcune iniziative importanti per ridurre, temporaneamente o localmente, la tassazione sugli assorbenti.

Di grande risonanza in particolare si richiamano tre importanti iniziative, diverse fra loro.

La prima iniziativa è stata portata avanti da *Coop Italia* che, nella settimana della Festa della Donna ha tassato gli assorbenti al 4% e ha proposto un packaging specifico per rilanciare la raccolta firme per l'abolizione della *tampon tax*[80]. Nonostante l'iniziativa sia durata solamente pochi giorni, ha avuto una grande risonanza per via della dimensione e diffusione sul territorio dell'azienda.

La seconda iniziativa viene dalla catena *LloydsFarmacia*, società farmaceutica britannica, che a livello nazionale ha azzerato l'aliquota IVA sugli assorbenti fino a fine dicembre 2021. La decisione è stata motivata asserendo che si tratti di beni da considerarsi primari e non di lusso, e con l'auspicio che questa iniziativa possa rappresentare un segnale piccolo ma significativo a livello nazionale.

La terza e forse più importante iniziativa, perlomeno nell'ottica di un possibile passaggio verso una detassazione nazionale, è la modalità intrapresa da alcune amministrazioni locali che hanno emanato specifiche mozioni per poter permettere alle farmacie comunali di vendere gli assorbenti a prezzi agevolati. In particolare, i prodotti

---

79 *Cosa sappiamo dell'impatto ambientale degli assorbenti*, Il Post, (24 maggio 2019).

80 G. MANCINI, *"Close the Gap": Coop Italia Lancia la campagna per la parità di genere*, in Alley Oop de Il sole 24 ore, (26 febbraio 2021).

verranno messi in vendita senza alcuna tassazione e, in alcuni casi, con un ulteriore sconto il cui costo sarà a carico dei singoli comuni promotori[81].

Tale iniziativa è sicuramente da vedersi come un importante passo in avanti verso una presa di coscienza e consapevolezza a livello nazionale del fenomeno, specialmente considerando l'importante diffusione dell'iniziativa, ma presenta alcune importanti criticità.

La prima è, sicuramente, la disomogeneità che viene a crearsi sul territorio nazionale per quanto riguarda l'accesso a un bene che viene utilizzato da tutti coloro che sono soggetti a ciclo mestruale.

La seconda riguarda la durata temporale delle iniziative, in quanto in molti casi le mozioni hanno una data oltre la quale tornerà ad applicarsi l'IVA regolarmente prevista - ad esempio, la citata mozione del Comune di Firenze per ora è in vigore solo fino al 31 marzo 2022.

La terza, importante, criticità è rappresentata purtroppo dallo scarso impatto concreto che l'iniziativa può raggiungere: le mozioni riguardano infatti solo le farmacie comunali, ma l'acquisto di assorbenti difficilmente viene effettuato nelle farmacie, a causa dei prezzi spesso leggermente più alti praticati rispetto a quelli di altri canali di vendita e a causa della poca scelta presente.

Altri progetti che hanno avuto l'obiettivo di portare l'attenzione dell'opinione pubblica, o meglio di piccole comunità, sul tema sono perlopiù gestiti da associazioni scolastiche o universitarie che hanno introdotto dei contenitori dove poter, su base volontaria, donare e/o prendere assorbenti, anche se tali iniziative spesso comportano problematiche relative all'igiene alla sicurezza dei prodotti. In altri casi sono stati invece introdotti distributori di assorbenti, sia a pagamento che gratuiti.

Il sistema interno, dunque, pur evidenziando una serie di tentativi di diverso genere[82], si dimostra ancora lontano da una reale presa di posizione.

La problematica rappresentata dall'abolizione della *tampon tax* non può essere limitata a iniziative sporadiche, per quanto queste possano essere più o meno diffuse e capillari, ma deve essere gestita a livello interno ed europeo, con l'impegno di proseguire nella direzione della completa detassazione di assorbenti e prodotti assimilabili.

Solo in tal modo, infatti, è possibile ipotizzare una concreta azione in ottemperanza a quanto previsto dal diritto alla parità di genere, oggi ancor più cogente per un concreto raggiungimento del quinto obiettivo sostenibile.

---

[81] Le diverse mozioni, come si può notare ad esempio dalla mozione numero 2019/01336 del Comune di Firenze, spesso prevedono che il Comune si faccia carico di sollecitare Governo e Parlamento per ottenere una riduzione dell'aliquota e arrivare, infine, alla totale detassazione per i beni essenziali alla salute e all'igiene femminile (possibilità che ora può essere effettivamente presa in considerazione in quanto in linea con la recente risoluzione del Parlamento Europeo precedentemente citata) e di chiedere l'approfondimento del fenomeno della "povertà mestruale".

[82] F.GINESU , *La lotta contro la tampon tax non si ferma. La petizione di Onde Rosa* in Alley Oop de Il Sole 24 Ore (9 dicembre 2019); B. NEPITELLI , *tampon tax, le deputate ci riprovano: Iva al 5% sugli assorbenti* in Alley Oop de Il Sole 24 Ore (10 Dicembre 2020).

GRACIAS POR CONFIAR EN NUESTRAS PUBLICACIONES

Al comprar este libro le damos la posibilidad
de consultar gratuitamente la versión ebook.

Cómo acceder al ebook:

- **Entre en nuestra página web,** sección Acceso ebook (www.dykinson.com/acceso_ebook)
- **Rellene el formulario** que encontrará insertando el código de acceso que le facilitamos a continuación así como los datos con los que quiere consultar el libro en el futuro (correo electrónico y contraseña de acceso).
- Si ya es **cliente registrado**, deberá introducir su **correo electrónico y contraseña habitual.**
- Una vez registrado, **acceda a la sección Mis e-books de su cuenta de cliente**, donde encontrará la versión electrónica de esta obra ya desbloqueada para su uso.
- Para consultar el libro en el futuro, ya sólo es necesario que se identifique en nuestra web con su correo electrónico y su contraseña, y que se dirija a la sección Mis ebooks de su cuenta de cliente.

CÓDIGO DE ACCESO

DYK067834

Rasque para ver el código

Nota importante: Sólo está permitido el uso individual y privado de este código de acceso. Está prohibida la puesta a disposición de esta obra a una comunidad de usuarios.